中國學術思想

研究輯刊

三九編

林慶彰 主編

第 16 冊

走出「中國藝術精神」
——徐復觀美學研究集釋（上）

劉建平 著

花木蘭文化事業有限公司

國家圖書館出版品預行編目資料

走出「中國藝術精神」——徐復觀美學研究集釋（上）／劉建
平 著 -- 初版 -- 新北市：花木蘭文化事業有限公司，2024〔
民 113 〕

序 8+ 目 2+162 面；19×26 公分
（中國學術思想研究輯刊 三九編；第 16 冊）
ISBN 978-626-344-588-8（精裝）
1.CST：徐復觀 2.CST：學術思想 3.CST：美學
030.8 112022477

ISBN-978-626-344-588-8

9 786263 445888

中國學術思想研究輯刊
三九編 第十六冊 ISBN：978-626-344-588-8

走出「中國藝術精神」
——徐復觀美學研究集釋（上）

作 者 劉建平
主 編 林慶彰
總 編 輯 杜潔祥
副總編輯 楊嘉樂
編輯主任 許郁翎
編 輯 潘玟靜、蔡正宣 美術編輯 陳逸婷
出 版 花木蘭文化事業有限公司
發 行 人 高小娟
聯絡地址 235 新北市中和區中安街七二號十三樓
電話：02-2923-1455 ／傳真：02-2923-1452
網 址 http://www.huamulan.tw 信箱 service@huamulans.com
印 刷 普羅文化出版廣告事業
封面設計 劉開工作室
初 版 2024 年 3 月
定 價 三九編 23 冊（精裝）新台幣 62,000 元

走出「中國藝術精神」
——徐復觀美學研究集釋（上）

劉建平　著

作者簡介

劉建平，湖北武漢人，畢業於武漢大學哲學系，先後獲得學士、碩士及博士學位，曾先後任臺灣大學、香港中文大學以及美國愛達荷大學高級訪問學者，現任西南大學文學院教授，主要研究哲學、美學前沿問題。在國際 A&HCI 期刊及《文藝理論研究》《清華大學學報》《武漢大學學報》《中國社會科學評價》等 CSSCI 期刊發表論文百餘篇，論文多次被《新華文摘》《人大複印資料》《高等學校文科學術文摘》等全文轉載。代表專著有《徐復觀與二十世紀中國美學》《東方美典》等。

提　要

　　徐復觀是 20 世紀中國美學研究的大家，本書的寫作有為徐復觀美學思想申冤昭雪、撥亂反正之意。一方面，學界不少大家在編寫中國現當代美學史時，傲慢地無視徐復觀以及現代新儒家對中國現代美學理論發展的貢獻，把他們排除在主流美學史之外。另一方面，學界有將徐復觀的美學和藝術思想研究單線化、歸約化、庸俗化的傾向，低水平複製的現象還比較嚴重，新觀點、新方法、論證嚴謹的學術研究還不多見；在很多期刊論文乃至博士、碩士論文中，較普遍地存在著研究文獻上不夠全面、不夠系統、視野狹隘等問題。以徐復觀為代表的現代新儒家美學可以說是 20 世紀上半葉中國美學與中國當代美學之間的一個橋樑和中介，缺少了這一重要的環節，中國現代美學史是斷裂的、不完整的。我根據二十餘年的研究經驗，對相關資料進行重新梳理與編排，為後來的研究者提供文獻上的方便，使其不至於在零碎資料、片斷文獻中耗費大量時間；力圖完整地呈現國內外徐復觀美學和藝術思想資料以及研究文獻的全貌，並有針對性地分析、指出徐復觀美學思想研究中存在的問題和得失，為將來的研究者劃定邊界，奠定基礎，提出新的問題，為將徐復觀美學和藝術思想研究乃至中國當代美學研究推向更高的水平盡一份力。

序*

劉綱紀

　　徐復觀是一位在美學研究方面取得了重要成就的哲學家。在西方近現代哲學史上，哲學家兼為美學家，一身而二任焉的情況很有不少。在中國近現代哲學史上則不同，研究哲學的學者很少關注、研究藝術與美學問題。反過來說，專門研究美學的學者，雖然有他們的哲學思想，但也很少有人把自己的哲學思想系統地闡發出來。總的而論，在中國近現代哲學史上，哲學與美學基本上處於一種相互游離的狀態。如果我們要去找一位專門研究哲學，同時又致力於藝術與美學問題的研究、並寫下了系統的著作的學者，那就可以說只有徐復觀一人了。

　　近代以來，王國維較早引進西方哲學與美學來研究闡明中國古代文藝與美學，他可以說是中國近現代美學的奠基者。其後，蔡元培繼續進行了這一工作，並產生了很大的影響，但他對中國古代文藝與美學關注與研究的程度不及王國維。蔡元培之後，有一批學者專門致力於藝術與美學問題的研究，其中成就卓著者，當推鄧以蟄、宗白華、朱光潛三人。除他們三人之外，方東美在建構他自己的哲學體系時也涉及了審美與藝術問題，並發表了有啟發性的重要見解。但這在他的整個哲學體系中，只處於次要地位，還沒有充分地展開與論證。上述各位學者對藝術與美學問題的研究都與哲學有密切關係，並且都涉及了中國傳統的哲學、藝術與美學理論，有的還對中國儒道禪三家的哲學與美學

---

* 本書初稿 2018 年春業已完成，當時我電請劉綱紀老師作序，劉老師雖年事已高仍欣然應允。他同意我用他的一篇舊文代序，同時在電話中又補充了一段內容。可惜人世紛爭、命運多舛，直到劉老師仙逝，書稿仍沒有出版。衷心感謝花木蘭文化事業有限公司的垂青以及楊嘉樂副主編的熱心，使得拙搞能順利面世。

思想提出了很為深刻的見解（如宗白華）。但他們都主要是從解決他們所關心的藝術與美學問題的角度涉及中國傳統的哲學、藝術與美學理論，還沒有直接從中國哲學史、思想史的角度來系統地觀察研究中國傳統的藝術與美學理論。徐復觀則系統地進行了這一研究，他是作為一個中國哲學史家、思想史家來觀察研究中國傳統的藝術與美學理論的，這是他的美學思想的特點，也是他的特殊貢獻之所在。

徐復觀之所以在美學方面作出了自己的貢獻，大致上有下述幾個原因。（1）徐復觀在青年時代就很喜歡中國詩文，還曾一度關注「五四」新文學，讀過魯迅及其他人的一些作品。在他轉向藝術與美學問題的研究之前，又曾花了很多工夫來瞭解與研究中國畫。（2）他的哲學十分重視價值問題的研究，而審美與藝術問題顯然是價值問題不可忽視的重要方面。對價值問題的思考與研究把他推向了審美與藝術問題的研究。（3）他系統地思考與研究了中國古代的人性論，這種研究同藝術與美學問題的關係也是十分重要而密切的，很自然地為他對藝術與美學問題的研究奠定了一個堅實的基礎。

徐復觀在美學方面主要有以下貢獻：一、徐復觀從中國哲學史、中國古代人性論的角度系統分析了儒道兩家的美學思想。他正確地指出了儒家所說的「禮樂」與中國藝術和美學發展的密切關係，提出「禮」是「人類行為的藝術化、規範化的統一物」，並分析了「禮」與「樂」的內在聯繫，孔子的「仁美統一」「美善統一」的思想內涵及其重要價值。他通過對道家哲學特別是莊子哲學的分析，闡明了「老莊思想當下所成就的人生，實際是藝術地人生；而中國的純藝術精神，實係由此一思想所導出」。「莊子之所謂道，其本質是藝術性的」。「莊子所把握的心，正是藝術精神的主體」。所有上述分析，特別是對莊子思想的藝術精神的分析很有創見，對中國美學史的研究具有重要價值。二、徐復觀把他對儒道兩家美學的分析應用於對歷代中國文藝理論、特別是對中國畫論的分析，提出了不少新穎的、有哲學深度與啟發性的看法。三、徐復觀在許多方面論證了中國古代藝術與美學傳統不可磨滅的偉大的地方，對西方現代藝術所存在的問題與弱點提出了不少中肯的批評。四、徐復觀在研究闡發中國古代藝術與美學精神的同時提出了他自己對美學問題的不少重要看法，但這些看法尚未以充分系統的形式表述出來，有待於今天的研究者去加以歸納、整理和闡釋。

　　同時徐復觀美學思想也存在若干值得我們進一步思考的問題：一、徐復觀給了道家（莊子）美學以比儒家美學更高的評價，這是很有見地的，但因此又相對地忽視了儒家美學的重要性，對儒家美學的分析闡釋不足。此外，不論是對道家或儒家美學的分析，都還有若干尚待完善的地方。二、由於十分重視道家（莊子）美學，徐復觀在分析歷代文藝與美學時，有一種忽視儒家美學的重要影響、儒家美學與道家美學的相互滲透，從而將中國歷史上多樣的美學思想歸結為莊子美學的傾向。這種單線式的分析，不免脫離了中國美學發展的多樣性與複雜性。就先秦而言，他忽視了與《詩經》不同的、由《楚辭》所體現的楚騷這一美學系統及其在後世的影響。就先秦之後而言，他忽視了莊學的藝術精神與玄學的藝術精神之間的差別，往往把兩者看作是一個東西。他把佛學禪宗對中國藝術的影響歸結為其中所包含的「與莊學在同一層次」的思想的影響，否認佛學禪宗有不同於莊學的藝術精神。筆者認為，中國古代美學實際上有六大系統。除儒道這兩個根本性的系統之外，尚有楚騷、玄學、佛學禪宗以及明中葉後以湯顯祖、李贄、袁宏道為代表的自然人性論美學系統。這最後一個系統，已具有近代人文主義的色彩，開始出現了突破過去儒、道、禪等等思想系統的動向。此外，先秦時期的楚騷美學已是儒、道融合的產物。至魏晉，儒、道、玄、佛往往是相互滲透的。至唐，特別是中唐以後，這種情況更為明顯。三、徐復觀對歷代文藝與美學的分析，既提出了不少有創意的新見，同時也包含了不少尚待進一步商榷的問題。四、徐復觀對西方現代藝術存在的問題，常有尖銳而中肯的批評，但也有偏頗的地方，給人以全盤否定的印象。五、儘管有上述問題與不足，徐復觀仍不愧是中國現代一位在美學研究方面取得了重要成就的哲學家。那種抓住他的論述中存在的某些問題大作文章，而否定他在整體上的重要成就的做法是不對的。

　　劉建平博士研究徐復觀美學二十多年了，在這方面出版了兩部專著，發表了不少論文。劉博士獨具創見地將徐復觀美學思想分為「現代藝術時期」「中國畫時期」和「文學時期」，並由此揭示了研究徐復觀美學的三條線索，揭示其思想的流變，為學界瞭解、研究徐復觀的美學思想脈絡奠定了堅實的基礎，這是非常可貴的學術貢獻。即將刊行的這部書，也是劉建平博士這些年勤勤懇懇、日積月累的結果，它提供了不少國內學界經常忽略的海外研究文獻，同時在對相關文獻耙梳、整理的基礎上，又對學界已有的研究給出了

非常中肯的評價，對徐復觀美學研究中存在的問題提出了客觀的批評，對可能的研究方向提出了一些有啟發性的建議。對學界有志於研究徐復觀美學和藝術思想、現代新儒家美學以及 20 世紀中國現代美學理論的學者而言，這本書不僅可以提供文獻上、思想上的便利和啟迪，而且也呈現了徐復觀美學、藝術思想研究的最新進展，對中國當代美學的發展、創新也具有鏡鑒的意義。

2018 年 4 月 7 日於珞珈山

自　序

　　從第一次讀徐復觀先生的書迄今，二十年的時間匆匆而過。二十年間，我去過徐復觀先生的故鄉湖北省浠水縣徐坳村，在他的墳前虔誠祭拜、禱告；我去過他工作的臺灣地區臺中市東海大學文學院空蕩蕩的教室，漫步庭院的草坪、木屋之間，耳畔彷彿聽到他激情慷慨的聲音還在迴響；我還去他晚年漂泊的香港中文大學新亞書院和新亞研究所參訪過，徜徉在九龍土瓜灣農圃道六號的小巷裏，感受著中國文化的足跡和港臺地區學人的溫情……我走徐復觀先生走過的路，就是希望不是懸空地、抽象地走進他的精神世界，而是能從生命體驗和精神安頓的層面，對現代新儒家們的心路歷程和生存環境有更加深入的理解；二十年間，我涉獵了從先秦美學到中國當代美學諸多領域，然而對徐復觀美學思想的研究卻是用功最多也最為熟悉的。然而，即使寫完了兩部研究徐復觀美學思想、共計 70 萬字的專著，我仍然覺得徐復觀和現代新儒家美學有很多值得深入探究和拓展的地方。在學術上，我是個戀舊的人，我討厭有些學者像不成熟的小夥談戀愛一樣，對研究的問題喜新厭舊，打一槍換一個領域；或者像某些研究西方馬克思主義的學者那樣，從盧卡奇、葛蘭西、阿多諾、本雅明、馬爾庫塞、伊格爾頓……一直到齊澤克，像拔蘿蔔一樣一個個研究過去，這種「狗熊掰棒子」式的研究只能得到廣泛而膚淺的「碩果」，離真正的思想很遠。學術研究不應該成為「出版工業」，也不應該停留在翻譯、販賣、獵奇的層面，而應該窮極其人其學，把思想說透，這也是我從事學術研究的初衷。本書中的大部分內容，是我十餘年來如百花採蜜般集腋成裘、披沙揀金而成，希望能為徐復觀和現代新儒家美學、藝術思想研究的同仁提供一些新的材

料和視角；同時，我結合自己的研究經驗，對這些研究的視角、材料和觀點進行評析，如能惠澤學林，則善莫大焉。

以「走出『中國藝術精神』」為名，實包含著三重意涵：一是我們對徐復觀的美學研究，不能再像三十多年前那樣局限於《中國藝術精神》這本書。正如我在《徐復觀與 20 世紀中國美學》一書中所指出的，徐復觀美學論著除了《中國藝術精神》，還有兩本文學論集，還有《石濤之一研究》，還有百餘篇論文、雜文；徐復觀美學和藝術思想的展開脈絡，至少有中國畫、中國文學和西方現代藝術這三條線索及其代表的藝術精神，而這常為學界所忽略。明沈顥云：「專摹一家，不可與論畫；專好一家，不可與論鑒畫。」審美趣味須廣，如此才能品鑒百家；學術視野更應廣博，文獻上、視野上的狹隘必然導致思想上的局限，甚至一葉障目，不見泰山，這是萬萬要不得的。二是「中國藝術精神」問題是現代新儒家美學的核心問題，十餘年來，學界對新儒家美學、徐復觀美學已經有了系統而深入的研究。我們今天研究現代新儒家和徐復觀的美學和藝術思想，不能還停留在緬懷、引介、疏釋乃至吹捧等層面，而應該在繼承、揚棄的基礎上又走出徐復觀，走出現代新儒家在「中國藝術精神」問題上的局限、盲區，這就有賴於我們對學界已有的徐復觀美學思想研究文獻有一個通觀、整體的把握。臺灣地區顏崑陽教授曾在一個訪談中辛辣地指出，有些大陸學者寫論文，對同一領域學者的研究成果不太做文獻檢討（文獻綜述），不僅對港臺地區學者的研究文獻視而不見，甚至對大陸學者自己的研究成果也不理睬，這類中肯的批評可謂振聾發聵。近年學界出版了一批包裝精美、出自名家之手的《中華美學精神》《中國美學精神》的著作，與徐復觀的「中國藝術精神」無絲毫關聯，甚至與 20 世紀中國美學的歷史無關，這類印刷品不過是脫離問題的學術脈絡、背棄問題的歷史視域的應景之作。三是本書承續了《徐復觀與 20 世紀中國美學》《東方美典——20 世紀「中國藝術精神」問題研究》兩部拙著而來，可以看作是我「中國藝術精神」問題研究三部曲的收官之作。誠如馬克思・韋伯所言，學術研究是「一場瘋狂的冒險」，究天人之際，成一家之言，在徐復觀美學思想的脈絡梳理和學術評價上，在 20 世紀「中國藝術精神」問題的「範式」建構和體系化研究上，我總算盡了點學者的本分。

二十年來，個人的經歷和時代的精神都發生了巨大的變化，我從一個哲學的愛好者、碩士博士研究生而成為大學教授，沒有學術靠山，精神上也不願任

人驅使，能堅持到今天真的很不容易。這些年，我先後受黃俊傑、陳昭瑛先生之邀赴臺灣大學人文與社會科學高等研究院做訪問學者，瞭解臺灣地區儒家哲學與美學的研究狀況；赴臺灣宜蘭拜見著名鄉土作家黃春明先生，聽他講述臺灣地區七十年代「鄉土文學論戰」的淵源和背景；受鄭宗義先生之邀赴香港中文大學，學習儒學與現代世界的對話；赴美國愛達荷大學從斯科特・斯洛維克教授學習西方文藝思潮、生態美學的前沿理論……從這些經歷中，我不僅瞭解許多學界前沿的研究和信息，而且還通過與唐君毅、徐復觀、牟宗三、方東美等先賢弟子們的接觸，對現代新儒家所生存的港臺地區人文生態和當代儒者的人格風範都有了切身的體會。令人欣慰的是，我依然保持著對學術的初心，保持著研究的專注，保持著思想的銳利。學術乃天下之公器，而非博取職稱、頭銜、榮譽、帽子的工具，像江西師範大學某名為「水平」實則無水平的某教授那樣，東抄一點西湊一點，把別人的研究成果竊為己有，那樣即使炮製了等身的著作、論文，最終也不免落得個讓人歎息的下場，令人警醒。

　　二十年來，世界形勢也發生了重要的變化，大陸與臺港地區的文化交流從相互隔膜、陌生到彼此尊重、互通有無。「中國藝術精神」問題的思考和建構，並沒有隨著徐復觀和港臺新儒家時代的逝去而終結，反而在新的時代對我們提出了新的挑戰：如何在全球化時代守衛傳統、創建我們的精神家園？如何在東西方文化衝突愈演愈烈的時代捍衛東方文明的價值？如何在一個數字時代、人工智慧時代守護人類的美麗心靈？從文化上、美學上達成一個「文化中國」的共識，遠遠比政治上來的容易，也更為重要。我深信，不同地區文化、美學間的衝突、誤解和論爭都是暫時的，相互交融、共生進而創新才是永恆的，這也是徐復觀和現代新儒家「中國藝術精神」問題現代意義之所在。

　　很慶幸臺灣花木蘭文化事業有限公司的慧眼，拙著才有重見天日之機會。在此，對為此書出版付出辛勤努力的楊嘉樂老師、宗曉燕老師以及武漢大學劉綱紀老師、鄒元江老師、李維武老師、首都師範大學王德勝老師致以誠摯的謝意！感謝我太太海倫的包容和支持，讓我可以多年不用浪費精力申請項目，在經濟方面後顧無憂；臺灣中原大學段宜廷老師、臺北市立教育大學李淑珍老師、華僑大學廖偉凱老師、臺灣陸軍專校張曉芬老師、香港樹仁大學區志堅兄和福建師範大學徐秀慧老師給我提供了寶貴的文獻信息；我的學生徐瑞宏費心費力幫我收集文獻、校對文稿，在此一併致謝！我的故鄉在湖北新洲，老家附近有一座山名曰木蘭山，傳為巾幗英雄花木蘭成長、習武之地；少時，我曾

多次攀登、遊覽木蘭山,這是我和「花木蘭」最早的結緣;本書的出版可謂是第二次結緣,一切似乎都是冥冥中的緣分。徐復觀先生為鄂東吾鄉之名士,傳承他的思想、沿著他開闢的道路上下求索,這既是我的榮幸,也是我輩義不容辭的責任。

　　我相信,思想的生命,會比肉體生命更長久。

劉遠平

2023 年 8 月 15 日廣州天河　無涯齋

目

次

凡　例

　　一、本書所列的徐復觀美學文獻，主要包括美學論著、文藝論文、藝術評論等幾個方面的文章，更為寬泛的哲學思想類、雜文類文章則未列入。

　　二、本書所列的徐復觀美學研究文獻，主要是指以徐復觀美學和藝術思想為研究對象的學術著作（或主要章節）、博碩論文和期刊論文，一般性的書評、介紹性或宣傳性的文字未全部列目；主要研究對象不是徐復觀的美學思想、或僅引用徐復觀的相關觀點進行論證的論文亦未列目。

　　三、本書所列的徐復觀美學研究相關論著、論文，如研究較淺、觀點重複者，或視野偏狹、流於一孔之見者，或內容了無新意者，本書均不作介紹、評論，僅作為文獻存目。

第一章　徐復觀與中國美學的發展

第一節　徐復觀美學研究緣起

徐復觀是 20 世紀中國美學研究的大家，我在《徐復觀與 20 世紀中國美學》一書中對其美學思想的地位作了重要的總結，「在 20 世紀中國美學發展史上，徐復觀是一個承上啟下的人物。從他對『五四』新文化運動以來『人生藝術化』思潮的承接和發展來看，他在中國現當代美學史上是與梁啟超、宗白華同等重要的美學家；從徐復觀對中國美學和藝術精神的現代梳理、開陳出新的努力來看，他的『中國藝術精神』理論與李澤厚的『積澱說』可謂是改革開放 30 年來對中國社會影響最大的美學理論，他對 20 世紀下半葉以來的中國美學界又起著重要的啟蒙和引導作用。」〔註 1〕自 1987 年徐復觀的《中國藝術精神》一書出版，三十餘年來，國內對徐復觀美學研究的成果不少，出現了多部以徐復觀美學思想為主要研究對象的學術專著和博士、碩士論文，至於在學術論文中引述徐復觀的重要思想來論證自己學術觀點的，更是不可勝數，徐復觀在 20 世紀中國美學史上承上啟下的重要地位得到了普遍的認同。時至今日，仍然有不少碩士、博士依然把徐復觀美學作為他們學位論文的研究主題。作為徐復觀美學思想的研究者，我認為這是一個好的現象，更深入地研究徐復觀美學的生存土壤，可以讓我們對臺灣地區的歷史文化以及整個海外新儒家有切身的感受和理解；更廣泛地開展徐復觀與海德格爾、高友工、葉維廉、錢鍾書

〔註 1〕劉建平：《徐復觀與 20 世紀中國美學》，北京：中國社會科學出版社，2015 年，第 220 頁。

等大家的美學思想比較研究，可以讓我們對徐復觀美學思想的特徵及其局限性有一個更清晰的認識和理解，並對 20 世紀中國美學的精神實質和發展脈絡有更清晰的瞭解。

同時，徐復觀美學研究在熱潮湧動下也存在不少問題。一是學術觀點的雷同和機械複製現象比較嚴重，觀點獨到、論證嚴謹的學術思想還不多見，人云亦云並不能推進學術的開展。二是在很多博士、碩士論文乃至一般的期刊論文中，普遍存在著研究文獻上不夠全面、不夠系統、視野狹隘等問題，這可以從兩個方面看，一是對徐復觀自身的美學著作缺乏系統的瞭解，徐復觀的美學思想，主要見於《中國藝術精神》《中國文學論集》及《中國文學論集續篇》等書，另外《石濤之一研究》《黃大癡兩山水長卷的真偽問題》兩書及百餘篇文藝論文也值得我們關注。學界的大部分研究仍然局限於《中國藝術精神》等書，涉及《中國文學論集》《中國文學論集續篇》（華東師範大學出版社合為《中國文學精神》）的都不多，這當然不是一種客觀的學術態度。一個人的學術思想，對專門學術論著的研究自然是必不可少的，但並非至此就「善矣」「全矣」。那些沒有學術論文的形式，然而卻是有感而發，包含著豐富思想和創新見解的雜文、散文，也自有其在理論上的建樹，對學術研究亦能起到積極的推動作用。然而，這樣的學術隨筆因缺乏學術論文的規範和學術論著的「厚重」而常常被研究者所忽略。徐復觀先生的很多美學和藝術文章，自然就屬於這一類。需要說明的是，徐復觀先生的這類文章，往往具有很強的現實針對性，他所面對的，有的屬於政治問題，有的屬於社會問題，有的則屬於文化和藝術問題。然而，即使是政治和社會問題，徐復觀先生也會將它和文化問題、人的問題聯繫起來，探索其歷史的根源。也正因其有很強的現實性，可以讓我們可以更貼近時代，去把握時代精神的脈動和理解一個鮮活的徐復觀先生的思想，而不是在故紙堆中耙梳那些僵死的文字，這樣說來，這類學術隨筆對學術發展所起的推動作用更大，更值得我們加以重視和充分挖掘，本書的資料收集和得失評析正是立基於此的。

第二個方面就是對已有的徐復觀美學思想研究的文獻瞭解不全面，特別是對國外以及港臺地區對徐復觀的相關研究文獻的忽略。海外以及臺灣地區、香港地區不僅在上世紀 80 年代是徐復觀美學研究的發起者，即使在今天仍然是徐復觀美學研究中不可忽視的重要力量。大陸學者囿於對國外的英文文獻及港臺相關研究文獻搜尋不易，對這一方面的成就視而不見，這使得當前的徐

復觀美學研究視野比較狹隘，拓展空間有限，存在著大量重複勞動和閉門造車的案例，從而在研究過程中不能充分利用前人已有的研究做出更深入的分析，存在研究資料文獻上的不足和低水平重複研究的問題。對文獻的掌握是研究者的入門工夫，它可以幫助研究者在現有的基礎上不斷創新，它可以讓我們瞭解作者的研究不同於先前研究之所在，對已有研究文獻不能充分收集、掌握，常常造成研究立論的不充分、研究論據的不足和研究結論的偏頗，這尤其是值得我們引以為戒的。一篇嚴謹的學術論文，應該以充分吸收前人在此問題上的研究成果為基礎，才能「比別人看得更遠」。罔顧學界的研究現狀和研究基礎，閉門造車，炮製各種生僻「概念」和「體系」以自傲；或者對研究對象都不清楚的情況下隨意比較，斷章取義，以發怪論博人眼球，皆非學術研究之正道。事實上，對研究現狀瞭解不夠充分或研究文獻上的不足，與學術論文的嚴謹性、獨立性和學術價值息息相關，也是教育部學位評審專家在是否授予該論文學位資格審查上最應該嚴格把關的一個重要環節。

　　有鑑於此，我撰寫了本著，其意有二：一是力圖完整地呈現國內外徐復觀美學研究的文獻全貌，並指出徐復觀美學思想研究中存在的問題和得失，為將來的研究者劃定邊界，奠定基礎，提出新的問題。牛頓曾說，如果我看得比別人更遠些，那是因為我站在巨人的肩膀上。學術研究就是應該不斷站在前輩們的「肩膀上」提出新問題，找到解決問題的新方法、新思路。離開了前人的「肩膀」閉門造車，學術研究就只是數量的重複，很難談得上有什麼創新性和所謂的「超越」。當下對學術研究水準的評價，論文發表的級別、數量往往成為考核的重要指標，我認為，這二者當然是一個重要的參照，但更重要的是，該論文究竟有沒有在深度上、方法上、視野上為問題的解決做出拓展和推進，並進而為該問題的新的研究制定標準——也就是告訴後來的研究者，不能再重複前輩們的觀點「炒現飯」，製造學術泡沫和垃圾；更不能無視前輩們的研究基礎去大膽「創新」，做一些「任性」而牽強附會的「關聯」和比較研究。當前很多關於徐復觀美學的碩士論文、博士論文乃至一般的著作，就存在這方面的問題。而任何一個所謂的學術「熱點」問題，很多時候也難以逃避這種表面眾聲喧嘩、其實「浮泛」的研究狀態。

　　二是為後來的研究者提供資料和文獻上的方便，將我所掌握的文獻與學界同行共享，使其不至於在零碎資料文獻的摸索中耗費更多的時間，並結合我多年的研究經驗，評點其得失。本書除了一般 CNKI 上可以搜索到的研究論文

外，還有三個方面的文獻是一般研究者容易遺漏的。第一個方面是徐復觀自身的美學、文藝研究論著、論文以及文藝評論。學界關於徐復觀美學的研究，大部分局限於《中國藝術精神》一書。事實上，徐復觀的美學論著除了《中國藝術精神》一書，還有《中國文學論集》（1965）、《石濤之一研究》（1968）、《黃大癡兩山水長卷的真偽問題》（1977）、《中國文學論集續篇》（1981）等著作以及發表在《華僑日報》《民主評論》上的百餘篇文藝論文。徐復觀的人生閱歷非常豐富，思想涉及面自然也非常龐雜，美學、藝術、文化、思想史常常是交織在一起的，甚至其思想史著作中也包含有不少涉及美學的思想和詮釋方法。同時，徐復觀與友人和學生日常通信極為頻繁，很多信件至今仍未曾發表，這些資料的整理和發掘工作對於將來對徐復觀美學思想的研究都是極為重要的，本書在這方面將收集到的有關文獻盡可能完整地呈現出來。第二個方面是海外及港臺地區對徐復觀美學思想的研究文獻，主要有美國、臺灣地區、香港地區關於徐復觀美學的博士論文、碩士論文及研究專著，有不少論文在 CNKI 上難以搜索到，呈現了海外徐復觀美學研究的總體狀況。我將這些年在哈佛大學燕京學社圖書館、哥倫比亞大學東方圖書館、臺灣大學圖書館、香港中文大學圖書館及香港新亞研究所收集到的徐復觀美學研究的相關資料介紹給學界，以期增進海內外學術文化的交流。第三個方面是出版的美學、藝術論著中涉及徐復觀美學研究的專門章節，其中有些作為單篇論文已經發表，而更多的是將徐復觀美學作為 20 世紀中國美學史、藝術史或儒學史的有機組成部分，構成了美學論著的一個章節，在 CNKI 上也搜索不到，因而也常常被研究者所忽視和遺漏。

當然，限於精力所限，本人收集到的徐復觀美學文獻和研究資料，也並非盡善盡美，難免掛一漏萬；有些觀點重複、內容缺乏創新性的文章，本書僅作存目處理，不浪費筆墨另行評析。隨著徐復觀美學思想的研究在如火如荼展開，新的材料和著作會不斷湧現，希望本書對研究現代新儒家美學和徐復觀美學的學者，能起到啟發後學、拋磚引玉的作用。

第二節　徐復觀美學思想研究綜述

徐復觀（1902～1982），是現代新儒學的重要代表人物。20 世紀的中國現代新儒家，從哲學上看，群星璀璨，建樹頗多。然而，在美學和藝術思想的建

構上卻相對單薄，也正因如此，徐復觀在這方面所做的開創性的工作就特別引人注目，他對「中國藝術精神」的詮釋極具學術價值和創造性，也成為近十年來學界研究的熱點問題。在全球化浪潮波濤洶湧及中國經濟高速發展的背景下，中國文化、藝術的現代轉型成為一個世紀性的難題，徐復觀之所以成為中國學術界的熱點，既有上世紀 70 年代以來隨著亞洲四小龍經濟的崛起而出現的國際新儒學研究思潮的影響，也與改革開放以來中國社會、文化自身面臨的現代轉型困境及徐復觀在此一問題上所取得的突出成就有關。在轟轟烈烈的徐復觀研究熱潮中，對徐復觀的美學和藝術思想方面的研究是其中的焦點問題。徐復觀的「中國藝術精神」問題不僅貫穿著徐復觀美學和藝術思想的始終，也是中國美學從莊子到現代一以貫之的重要問題。〔註2〕「中國藝術精神」的命題不是徐復觀首先提出來的，但它正是通過徐復觀的現代詮釋而成為 20 世紀中國美學的重要問題，在 20 世紀下半葉以來的海峽兩岸產生了強烈的反響並成為一個有著鮮明時代烙印的審美「範式」。〔註3〕徐復觀的美學和藝術思想，簡而言之，就是圍繞著「中國藝術精神」這個問題展開的，「中國藝術精神」不僅僅包含徐復觀在《中國藝術精神》一書中所闡明的中國繪畫藝術的精神以及儒家樂教的精神，〔註4〕還應包括他後來在《中國文學論集》及《中國

〔註2〕 陳鼓應認為，中國哲學史上的主要論題和基本觀念，不少是引發於《莊子》。參見陳鼓應：《修訂版前言》，《莊子今注今譯》，北京：中華書局，2008 年，第 1 頁。莊子對「精神」的重視亦引發了中國藝術創造和欣賞的自覺，可以看作是中國藝術的精神源頭，《哲學的藝術精神——從莊子到徐復觀》（劉建平：《哲學的藝術精神——從莊子到徐復觀》，《文化中國》2008 第 1 期。）一文中對此問題進行了詳細論述。

〔註3〕 稱「中國藝術精神」為審美範式，是因為它在 80 年代以來的中國美學中成為一個處於核心地位的主流話語系統，「中國藝術精神」在美學中的這種主流話語形態，高友工也稱之為「美典」，參見高友工：《美典：中國文學研究論集》，北京：三聯書店，2008 年，第 143 頁。

〔註4〕 徐復觀以繪畫為中國藝術的中心，這是從狹義上講的。事實上，藝術應該包括繪畫、文學、音樂、戲劇、電影、雕塑等不同的門類，中國藝術以繪畫為中心，這是藝術史發展的結果。詩歌、書法、繪畫、雕刻等雖屬不同的藝術門類，但隨著中國藝術的發展，這些原本分屬表現與再現、抒情與摹仿、時間或空間的藝術門類逐漸滲透、融合進了繪畫。音樂是最早融入繪畫的，宗白華認為，中國繪畫中的時間感和節奏即來源於音樂，對氣韻的追求即是繪畫音樂感的體現，參見宗白華：《美學散步》，上海：上海人民出版社，1981 年，第 51 頁。而後，文學也滲透進了繪畫，蘇東坡曰：「詩畫本一律，天工與清新。」參見〔宋〕蘇軾：《書鄢陵王主簿所畫折枝二首》，《蘇東坡全集》（上），北京：中國書店，1986 年，第 230 頁。葉燮曰：「畫者，天地無聲之詩；詩者，天地無

文學論集續篇》二書〔註5〕中所闡明的中國文學的精神。徐復觀在中西對話、儒道互補的視野下，堅守中國文化的主體性，他以莊子美學為主、儒家美學為輔來建構「中國藝術精神」體系，就是力圖建立一個與西方文化藝術系統不同的本土審美「範式」。

　　隨著海峽兩岸文化交流的日益頻繁，自 20 世紀 80 年代以來，大陸學術界對徐復觀的政治思想、思想史、文學及美學思想進行了卓有成效的研究，尤其近十餘年來學界出現了徐復觀思想研究的熱潮，我們從徐復觀著作在大陸的出版情況即可見一斑（見圖 1），徐復觀在 20 世紀中國學術思想史上的地位初步得到了肯認，〔註6〕然而要客觀評價其在中國現代美學史上的地位，依然任重道遠。

色之畫。」參見葉燮：《赤霞樓詩集序》，《己畦文集》卷八，《中國美學史資料選編》（下），北京大學哲學系美學教研室編，北京：中華書局，1985 年，第 324 頁。沈宗騫則把詩和畫當作一回事，「畫與詩，皆士人陶寫性情之事，故凡可以入詩者，均可入畫。」（沈宗騫：《芥舟學畫編》）俞劍華則認為文學融入繪畫給中國繪畫帶來了新的活力，「王維以詩境作畫，賦予中國畫以新生命，遂由宗教化而入於文學化。此種文學化之畫，遂日漸擴充，而佔領藝術界之全土，不特以此開中唐以後之風氣，而且立一千餘年文人畫之基礎，以形成東方特有之藝術，矯然獨立於世界。」參見俞劍華：《中國繪畫史》（上），上海：上海書店，1937 年，第 109 頁。西方藝術也有此說，達芬奇曾言：「畫是嘴巴啞的詩，詩是眼睛瞎的畫。」尤其是宋代以來，詩歌、書法、雕刻、金石、建築日益滲透進繪畫藝術之中，很多畫家在這種藝術氛圍中養成了能詩工書善畫的全面素質，畫完後順便題詩、留印成為風氣，同時其所題之詩所刻之印，在書法和篆刻上也需非常之技巧，這樣的一幅畫才算完成。董其昌對仇英評價不高，就是因為仇英不能詩不工書；很多不能書的畫家，在題款時抄前人的詩，或請人代筆，也是常有的事。同時，繪畫中的虛實、氣韻、境界等理論也成為書法、戲曲、建築、雕刻的重要品評標準，因此，宗白華也認為，繪畫是中國藝術的中心，參見宗白華：《美學散步》，第 146 頁。綜上，繪畫可謂是中國藝術的集大成者，徐復觀以中國繪畫為代表而言中國藝術精神，是有一定道理的。

〔註5〕大陸將此二書合編為《中國文學精神》出版，參見徐復觀：《中國文學精神》，上海：上海書店出版社，2006 年。

〔註6〕賀照田在《徐復觀的晚年定論及其思想意義》一文中說：「最近幾年，上海幾家出版社先後推出了徐復觀先生中國思想研究的代表著《中國人性論史·先秦篇》、《兩漢思想史》、《中國思想史論集》、《中國思想史論集續篇》。這些著作的出版事先沒有炒作和宣傳，但許多有影響的學術書店不約而同地在書籍擺放和廣告介紹上處以醒目的位置，這說明徐復觀已被中國大陸知識界普遍待之以經典人物。」參見賀照田：《徐復觀的晚年定論及其思想意義》，《中國圖書商報》第 B08 版，2005 年 8 月 19 日。

1987：《中國藝術精神》，徐復觀著，瀋陽：春風文藝出版社。

1988：《港臺及海外學者論中國文化》，姜義華編，上海：上海人民出版社。

1989：《文化危機與展望——臺灣學者論中國文化》，北京：中國青年出版社。

1993：《徐復觀集》，黃克劍、林少敏編，北京：群言出版社。

1996：《中國人物精神之闡揚：徐復觀新儒學論著輯要》，李維武編，北京：中國廣播電視出版社。

2001：《兩漢思想史》，徐復觀著，上海：華東師範大學出版社。

2001：《中國藝術精神》，徐復觀著，上海：華東師範大學出版社。

2001：《中國人性論史・先秦篇》，徐復觀著，上海：上海三聯書店。

2002：《徐復觀文集》（1～5卷），李維武編，武漢：湖北人民出版社。

2002：《徐復觀論經學史二種》，徐復觀著，上海：上海書店出版社。

2004：《中國思想史論集》，徐復觀著，上海：上海書店出版社。

2004：《中國思想史論集續篇》，徐復觀著，上海：上海書店出版社。

2004：《中國知識分子精神》，徐復觀著，陳克艱編，上海：華東師範大學出版社。

2004：《中國人的抗議精神》，徐復觀著，陳克艱編，上海：華東師範大學出版社。

2004：《中國學術精神》，徐復觀著，陳克艱編，上海：華東師範大學出版社。

2004：《中國人的生命精神：徐復觀自述》，徐復觀著，胡曉明、王守雪編，上海：華東師範大學出版社。

2004：《中國的世界精神：徐復觀國際時評集》，徐復觀著，姚大力編，上海：華東師範大學出版社。

2005：《中國人性論史》，徐復觀著，上海：華東師範大學出版社。

2006：《徐復觀論經學史二種》，徐復觀著，上海：上海書店出版社。

2006：《中國文學精神》，徐復觀著，上海：上海書店出版社。

2007：《中國藝術精神》，徐復觀著，桂林：廣西師範大學出版社。

2014：《徐復觀全集》（1～26冊），北京：九州出版社。

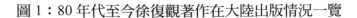

圖 1：80 年代至今徐復觀著作在大陸出版情況一覽

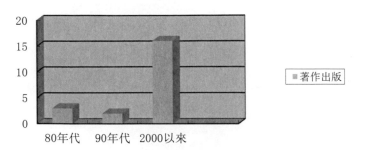

　　在美學思想的研究方面，學界無論是對徐復觀美學思想的內在脈絡、線索、體系、思想特點的梳理，還是對徐復觀與 20 世紀中國美學發展之間內在根源性的聯繫的探索都顯得很不夠。從港臺地區的情況來看，對徐復觀美學思想的研究始於 1982 年，在徐復觀的追悼聚會上，臥雲在《徐復觀文學論著評介》中對其文藝思想進行了整體的介紹和評價。其後，徐復觀的美學思想在一些港臺的學術專著和研究論文中被屢屢提及、引用，如黃錦鋐在《莊子及其文學》〔註7〕中認為，莊子的「遊」是中國文學的靈魂。鄭樹森在《現象學與文學批評》〔註8〕中認為：「最早運用現象學觀念來作文藝批評的，是香港新亞研究所的徐復觀教授。」朱榮智在《莊子的美學與文學》〔註9〕中認為：「莊子雖不是為談美學而談美學，可是他的立論，正是美學家所追求的目的。」這與徐復觀對莊子的論斷如出一轍。董小蕙在《莊子思想之美學意義》〔註10〕一書中則指出，老莊思想內涵雖深遠但卻是整體生命徹底的落實，是從生命的根源處來洞燭人生問題，這其中當然也包括藝術問題。陳昭瑛在《臺灣儒學的當代課題：本土性與現代性》〔註11〕一書中認為，徐復觀對儒學生態學的提示和中國藝術精神的現代詮釋，對中國文化在臺灣地區的本土化和臺灣地區的「中國人主體性」意識的啟蒙具有重要作用，代表著「一個時代的開始」。另外，顏

〔註7〕黃錦鋐：《莊子及其文學》，臺北：東大圖書有限公司，1977 年。
〔註8〕鄭樹森：《現象學與文學批評》，臺北：東大圖書有限公司，1984 年。事實上，在港臺地區，比較早運用現象學的研究方法分析文藝作品的還有胡秋原，他在 1963 年 5 月《中華雜誌》上發表了《現象學的文藝理論》一文，對現象學美學進行了介紹和論述。參見胡秋原：《現象學的文藝理論》，《文學藝術論集》（上），臺北：學術出版社，1979 年，第 426～429 頁。
〔註9〕朱榮智：《莊子的美學與文學》，臺北：明文書局，1992 年。
〔註10〕董小蕙：《莊子思想之美學意義》，臺北：臺灣學生書局，1993 年。
〔註11〕陳昭瑛：《臺灣儒學的當代課題：本土性與現代性》，北京：中國社會科學出版社，2001 年。

崑陽的《莊子藝術精神析論》、〔註12〕鄭峰明的《莊子思想及其藝術精神之研究》、〔註13〕陳引馳的《莊子文藝觀研究》、〔註14〕孫中峰的《莊學之美學義蘊新詮》〔註15〕都多次引用徐復觀《中國藝術精神》中的觀點為其佐證，等等。

　　港臺地區和海外對徐復觀美學和藝術思想的深入研究則始於 1992 年，臺灣地區東海大學為了紀念徐復觀逝世 10 週年，於 1992 年 6 月專門舉辦了「徐復觀學術思想國際研討會」，這次大會共收到學術論文 24 篇，其中涉及徐復觀美學和藝術思想研究的有 4 篇，分別是：謝仲明的《論徐復觀對莊子的解釋》、洪銘水的《徐復觀先生對中國傳統藝術的玄學觀》、翁同文的《論高手的繪畫摹本自有超越原作的可能》及薛順雄的《李義山〈錦瑟〉詩剖析》。由此，徐復觀的美學和藝術思想才開始進入人們的研究視野，林顯庭、張展源發表了《莊學、禪、與藝術精神之關係：由徐復觀「禪，開不出藝術」之說談起》〔註 16〕等研究論文，並產生了以李淑珍的 Xu Fuguan and New Confucianism in Taiwan （1949～1969）： A Cultural History of the Exile Generation（美國布朗大學 1998 年博士論文）、鄭雪花的《徐復觀美學思想研究》（臺灣地區成功大學 2002 年碩士論文）、李嘉玲的《莊子藝術精神新探》（臺灣地區成功大學 2014 年碩士論文）和黃聲涵的《徐復觀音樂思想中的「和」》（臺灣地區中山大學 2017 年碩士論文）為代表的一批專門研究徐復觀美學思想的博士、碩士學位論文。

　　從中國大陸的情況來看，因為歷史和現實的原因，對徐復觀的研究起步略晚於港臺地區，但發展勢頭和成果卻後來居上。1987 年，《中國藝術精神》由春風文藝出版社出版，這是徐復觀的著作首次在大陸出版。〔註17〕同年，

〔註12〕顏崑陽：《莊子藝術精神析論》，臺北：華正書局，1985 年。

〔註13〕鄭峰明：《莊子思想及其藝術精神之研究》，臺北：文史哲出版社，1987 年。

〔註14〕陳引馳：《莊子文藝觀研究》，臺北：文史哲出版社，1994 年。

〔註15〕孫中峰：《莊學之美學義蘊新詮》，臺北：文津出版社，2005 年。

〔註16〕林顯庭、張展源：《莊學、禪、與藝術精神之關係：由徐復觀「禪，開不出藝術」之說談起》，《中國文化月刊》第 182 期，1994 年 12 月，第 111～118 頁。

〔註17〕然而徐復觀學術思想在大陸傳播並非自 1987 年開始。1981 年，徐復觀自知時日不多，將他已經發表的論著如《中國人性論史・先秦篇》《中國藝術精神》等分成兩大包，分別贈送給中國社會科學院哲學所和他的故鄉湖北省圖書館，這是徐復觀學術思想在大陸傳播的濫觴。無論是李澤厚還是劉綱紀，他們在 1981 年後肯定能讀到徐復觀的《中國藝術精神》。我們在 20 世紀 80 年代很多闡釋莊子美學的論著中都可以看到徐復觀思想的痕跡。儘管由於政治禁忌和當時尚無嚴格的學術規範意識，這些學者並未注釋其思想的出處。

方克立、李錦全主持的「現代新儒家思潮研究」課題組將徐復觀列為課題組重點研究的當代新儒家代表人物展開專門性的研究。最早涉及徐復觀的學術專著是 1991 年李維武的《二十世紀中國哲學本體論問題》〔註 18〕，其中有一章「徐復觀：消解形而上學」是研究徐復觀思想的專論；1995 年方克立、鄭家棟的《現代新儒家人物與著作》〔註 19〕中有一章也專門對徐復觀學術思想進行了評介；2000 年，黃克劍的《百年新儒林──當代新儒學八大家論略》〔註 20〕中有專門的章節介紹徐復觀的哲學和美學思想；其後，黃俊傑的《儒學與現代臺灣》〔註 21〕和張重崗、王來寧的《現代新儒家傳》〔註 22〕也涉及徐復觀美學思想的探討。大陸學界的徐復觀研究更直接的推手是多次國際學術會議的舉辦，1995 年 8 月，武漢大學和臺灣地區東海大學在武漢聯合舉辦了「徐復觀思想與現代新儒學發展」學術研討會，這是中國大陸首次舉辦徐復觀思想研究的專題學術會議。這次會議共收到學術論文 34 篇，其中有 8 篇論文涉及徐復觀美學思想的探討，分別是劉綱紀的《略論徐復觀美學思想》、李維武的《徐復觀對道家思想的現代疏釋》、夏可君的《試論徐復觀對「莊子的再發現」》、李西成的《〈富春山居圖〉的藝術精神》、李淑珍的《徐復觀論現代藝術──就臺灣文化生態及儒家人性論雙重脈絡的考察》、胡曉明的《思想史家的文學研究──徐復觀〈中國文學論集〉及〈續篇〉讀後》、張法的《徐復觀美學思想試談──讀〈中國藝術精神〉》以及朱哲的《唐、牟、徐之道家思想比觀》，至此，徐復觀美學和藝術思想才開始真正引起大陸學界的關注；2003 年 12 月，武漢大學哲學學院、武漢大學中國傳統文化研究中心聯合舉辦了「徐復觀與 20 世紀儒學發展」海峽兩岸學術研討會，一共收到論文 60 餘篇，其中涉及徐復觀美學與藝術思想研究的論文 10 篇，分別是鄒元江的《必極工而後能寫意──與徐復觀「氣韻生動」辯難》、胡曉明的《中國千年文學的守靈人》、張思齊的《徐復觀〈文心雕龍〉研究中的比較意識》、張世保的《評徐復觀對先秦樂教思想的研究》、張晚林的《大

〔註 18〕李維武：《二十世紀中國哲學本體論問題》，長沙：湖南教育出版社，1991 年。

〔註 19〕方克立、鄭家棟：《現代新儒家人物與著作》，天津：南開大學出版社，1995年。

〔註 20〕黃克劍：《百年新儒林──當代新儒學八大家論略》，北京：中國青年出版社，2000 年。

〔註 21〕黃俊傑：《儒學與現代臺灣》，北京：中國社會科學出版社，2001 年。

〔註 22〕張重崗、王來寧：《現代新儒家傳》，濟南：山東人民出版社，2002 年。

地的兒子與上帝的選民——徐復觀、牟宗三對杜詩的不同評價的成因探析及
其啟示》、劉建平的《莊子精神與現代藝術——徐復觀藝術思想淺析》、王守
雪的《生命與理性的合一——徐復觀「心的文化—心的文學」論》、劉毅青
的《中國畫筆墨的形上性品格——徐復觀對中國畫筆墨特性的闡釋》、蕭洪
恩的《儒學救世與文學救世——新文化視野下的徐復觀與沈從文救世理想比
較研究》和張文濤的《沒有「道」的道路，迷茫一片——略評徐復觀藝術論
中的西學解讀》，這次會議掀起了研究徐復觀美學與藝術思想的高潮，大陸
學術界開始對徐復觀其人其學有了更深入的瞭解，有力地推進了中國大陸徐
復觀美學思想研究的開展。2003 年，肖鷹的《體驗與歷史——走進歷史之
境》〔註23〕第三章概括了徐復觀以西方文藝理論闡釋莊子藝術精神、以莊子
來梳理中國繪畫思想的獨特貢獻；2004 年，張毅的《儒學文藝美學——從原
始儒家到現代新儒家》〔註24〕第六章「現代新儒家的生命哲學和美學」對徐
復觀美學思想進行了細緻的耙梳；2006 年，王南溟在《藝術必須死亡——從
中國畫到現代水墨畫》〔註25〕第八章「水墨的東方化：從林風眠到臺灣現代
美術運動到東方主義」中，以「精神的流失：徐復觀的《中國藝術精神》」
為題，對徐復觀的藝術思想提出了嚴厲的批判；2008 年，李維武的《大家精
要——徐復觀》〔註26〕第七章以「中國藝術精神的疏釋」為題，從莊子與中
國藝術精神的關係、由思的世界到畫的世界、中國畫的現代意義三個方面對
徐復觀的美學思想進行了深入的剖析。同時，近年來海峽兩岸出現了多部學
術專著及博士論文專門研究徐復觀的美學思想，〔註27〕從徐復觀思想研究

〔註23〕 肖鷹：《體驗與歷史——走進歷史之境》，北京：作家出版社，2003 年。
〔註24〕 張毅：《儒學文藝美學——從原始儒家到現代新儒家》，天津：南開大學出版
社，2004 年。
〔註25〕 王南溟：《藝術必須死亡——從中國畫到現代水墨畫》，上海：上海書畫出版
社，2006 年。
〔註26〕 李維武：《大家精要——徐復觀》，昆明：雲南教育出版社，2008 年。
〔註27〕 代表性的博士論文有：1990 年文潔華的《儒道傳統與當代中國馬克思美學中
的「自然人化」觀——試論中國傳統美學現代化的可能》；1998 年李淑珍的 *Xu
Fuguan and New Confucianism in Taiwan (1949~1969): A Cultural History of the
Exile Generation*；2002 年侯敏的《現代新儒家文化詩學研究》；2004 年王守雪
的《心之文學——徐復觀與中國文學思想經脈的疏通》；2005 年張晚林的《徐
復觀藝術思想詮釋體系研究》；2005 年耿波的《自由之遠與藝術世界的價值根
源——徐復觀藝術思想擴展研究》；2006 年孫琪的《臺港新儒學闡釋下的「中
國藝術精神」》；2006 年劉桂榮的《徐復觀美學思想研究》；2007 年張宏的《徐

的主題來看，徐復觀的美學和藝術思想正成為一個研究熱點；從徐復觀思想研究的地域來看，研究中心已經由港臺轉移到了中國大陸。迄今為止，涉及到徐復觀「中國藝術精神」問題的論著論文共計有 10 部學術專著、270 餘篇學術論文、18 篇博士論文和 31 篇碩士論文（見圖 2）。

圖 2：80 年代至今研究徐復觀美學思想研究論文一覽

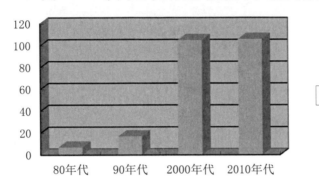

以上是大陸、港臺地區及海外徐復觀美學思想研究的大致狀況，統計難免掛一漏萬，但學界關於此一問題研究的大體情形，應該已經可以初見端倪了。查中國知網可知，僅自 1991 年 1 月至 2023 年 8 月，相關文章就有 270 餘篇之多，可謂大觀！可見，對徐復觀美學思想的研究，至少是當下學界中國美學研究最熱門的主題之一。這些研究開拓了徐復觀美學思想研究的視野，完善和深化了學界對 20 世紀中國美學研究的相關問題。這些論文和論著主要是圍繞以下六大方面展開的：

1. 從思想史的角度對徐復觀美學和藝術思想進行闡釋，這方面的代表有李維武的《徐復觀對道家思想的現代疏釋》《徐復觀對中國藝術精神的闡釋》、

復觀中國古典美學研究論評》；2010 年劉建平的《20 世紀「中國藝術精神」問題研究——以徐復觀為出發點》；2013 年洪雅琳的《徐復觀的〈莊子〉研究》；2013 年馬林剛的《道德與藝術的雙重變奏——徐復觀文藝美學思想研究》等。代表性的學術專著有：侯敏：《有根的詩學》，上海：上海人民出版社，2003年；王守雪：《人心與文學——徐復觀文學思想研究》，鄭州：鄭州大學出版社，2005 年；耿波：《徐復觀心性與藝術思想研究》，北京：中國傳媒大學出版社，2007 年；張晚林：《徐復觀藝術詮釋體系研究》，上海：上海古籍出版社，2007 年；劉桂榮：《徐復觀美學思想研究》，北京：人民出版社，2007 年；鄭雪花：《徐復觀美學思想研究》，臺北：花木蘭文化出版社，2010 年；孫琪：《中國藝術精神：話題的提出及其轉換——臺港及海外新儒家的美學觀照》，廣州：世界圖書出版廣東有限公司，2012 年；劉建平：《徐復觀與 20 世紀中國美學》，北京：中國社會科學出版社，2015 年。

張法的《徐復觀美學思想試談——讀〈中國藝術精神〉》、王守雪的《徐復觀對儒、道藝術精神關係的疏通》、劉建平的《儒道美學在徐復觀藝術思想中的地位論辨》等。

2. 從文學的角度切入探討徐復觀的美學和藝術思想，這方面的代表有胡曉明的《思想史家的文學研究——徐復觀教授〈中國文學論集〉、〈中國文學論集續篇〉讀後》《重建中國文學的思想世界如何可能——以新儒家詩學一個案為中心的討論》、張思齊的《徐復觀〈文心雕龍〉研究中的比較意識》、侯敏的《徐復觀心性美學思想探論》、張重崗的《徐復觀與中國現代詩學的認同》等。

3. 對徐復觀美學和藝術思想中的問題進行反思和批判，這方面的代表有劉綱紀先生的《略論徐復觀美學思想》、章啟群的《怎樣探討中國藝術精神？》、鄒元江的《必極工而後能寫意——對「中國藝術精神」的反思之一》、孫邦金的《儒家樂教與中國藝術精神》等。

4. 利用西方現代哲學理論和方法對徐復觀美學和藝術思想進行新的詮釋，這方面的代表有閻月珍的《現象學與中國文藝理論溝通的可能性——以劉若愚、徐復觀、葉維廉的理論探索為例》、劉毅青的《解釋學的限度與重建中國解釋學——以徐復觀為例》、朱洪舉的《追體驗、解碼、暗道之尋找——對徐復觀〈環繞李義山（商隱）錦瑟詩的諸問題〉一文之發微》等。

5. 通過對徐復觀與 20 世紀中國美學家、現代新儒家在藝術思想方面的比較，探討徐復觀美學和藝術思想的特色，這方面的代表有張節末的《比較語境中的誤讀與發明——推求徐復觀、葉維廉、高友工、方東美等學者重建中國美學的若干策略》、張晚林的《大地的兒子與上帝的選民——徐復觀、牟宗三對杜詩的不同評價的成因探析及其啟示》、劉建平的《不同世代的精神共鳴——「現代藝術論戰」中的徐復觀與劉國松》、張毅的《智的直覺與中國藝術精神》等。

6. 圍繞《中國藝術精神》一書展開的書評及背景分析，這方面的代表有盧善慶的《中國古代文化中藝術精神的探源溯流——讀徐復觀〈中國藝術精神〉》、張志偉的《讀徐復觀〈中國藝術精神〉》、孫琪的《〈中國藝術精神〉：問題何以提出？》、夏明釗的《為人生而藝術——簡評徐復觀〈中國藝術精神〉》等。

這些論著論文從不同視角、不同層面揭示了徐復觀美學思想的本質和內涵，有力地拓展和深化了徐復觀美學思想研究空間，對於徐復觀美學思想研究

和 20 世紀中國美學思想研究都具有重要的創新性，但同時也存在一些問題，尤其是從近十年來的相關著作和博士、碩士論文中不難發現，低水平複製、觀點重複、文獻不全、斷章取義等不良學術傾向仍然十分嚴重，這無疑是熱熱鬧鬧的徐復觀美學思想研究背景下的一大缺憾。這主要表現在以下四個方面：

（1）研究主體上本末倒置。通過仔細的統計分析，筆者認為在徐復觀「中國藝術精神」體系中，繪畫佔有主導性的地位，現行的很多有關徐復觀「中國藝術精神」的研究大多側重於文學，這無異於南轅北轍，找錯了方向，對中國藝術精神的把握自然難得其要。同時，對徐復觀美學思想的研究比較分散，對「中國藝術精神」問題缺乏深入而系統的探究。

（2）研究對象上求大求全，缺乏精細化分析。徐復觀在《中國藝術精神》中，對「遊」「樂」「虛靜」「心齋」「坐忘」「氣韻生動」「傳神」「和」「淡」「文以載道」等一系列古典美學的概念、命題進行了創造性的闡釋，應該會啟發、增進我們對中國美學範疇史、關鍵詞研究，然而學界在這方面的研究依然極少，尤其是在這些問題上和宗白華、鄧以蟄、俞劍華、馬采等人的比較研究，幾乎還是空白。

（3）研究方法上的「以西釋中」。學界比較流行利用西方哲學的理論和方法，例如現象學、存在主義、解釋學等理論來解讀徐復觀的美學思想，甚至把徐復觀「懸空」起來處理，從而對徐復觀的「中國藝術精神」問題造成了諸多的誤解和歪曲，這也是中國哲學詮釋「主體性」坎陷病症在徐復觀研究上的反映。

（4）研究文獻上的一孔之見。對徐復觀美學和藝術思想的研究大多局限於《中國藝術精神》一書，或局限於兩部文學論集的分析，忽略了作為《中國藝術精神》姊妹篇的《石濤之一研究》《黃大癡兩山水長卷的真偽問題》和百餘篇文藝論文的價值，〔註28〕忽略了徐復觀的「中國藝術精神」與整個學術思想之間的關聯，因而顯得零碎，不夠系統。過去研究徐復觀的學者對後者重視

〔註28〕以往研究徐復觀的美學和藝術思想者大多著眼於其文學和藝術類的學術專著，本書雖將其重要的文藝論文、雜文納入研究範疇，但仍不能說是完備的。眾所周知，徐復觀的思想非常龐雜，美學、藝術、文化、思想史常常是交織在一起的，其思想史方面的著作中包含的美學思想不容忽視。同時，從徐復觀去世前兩年的日記看，其與友人和學生日常通信極為頻繁，很多信件至今仍未曾公開，這些資料的整理和發掘工作對於研究徐復觀美學和藝術思想仍然是非常重要的。

不夠，其實這些論著論文的重要性不亞於前者，徐復觀在文藝論文中闡發了很多新的思想，極富啟發性，不研究這些論著論文，對徐復觀的美學思想就不可能有一個全面的認識。除了以上論及的論著論文外，在《中國人性論史・先秦篇》《兩漢思想史》等哲學、思想史著作中也有不少關於美學問題的論述值得我們留意。

目前國內外關於徐復觀美學與藝術思想研究的趨勢是：

（1）從研究方式上看，由以「述」為主走向以「論」為主，由巡禮式的背景介紹、思想闡釋轉向批評辨析、論證考疏的擴展研究，由對徐復觀美學思想的介紹、贊同、附和轉向批評、辯難、反思。

（2）從研究方法上看，由單純的中國傳統詮釋方式或單純的西方的解釋學、存在主義等理論的運用走向了多種方法、多維視野綜合的分析和反思，中外美學家闡釋方法的對話、比較。

（3）從研究內容上看，由對徐復觀《中國藝術精神》一書的單一把握走向對「中國藝術精神」問題的整體學術探討以及在此問題下展開深入的專題研究，出現了借徐復觀以言美學、藝術問題，或借徐復觀談中國美學的現代轉型問題、「莊子美學」命題合法性的思維進路。

第三節 徐復觀美學思想的分期與結構

在 20 世紀中國美學發展史上，學界公認的美學大家有王國維、梁啟超、宗白華、朱光潛、李澤厚……但是很少會提到徐復觀（1902～1982）。部分學者在編寫「中國美學全史」「中國現當代美學史」時，或礙於學術視野狹隘，或受學養所限，常常把港臺地區文化和美學的發展置於中華文化和中國美學的發展視野之外，把徐復觀、方東美、唐君毅等現代新儒家的美學思想排除在20 世紀中國美學史之外，例如在葉朗主編、朱良志副主編、彭鋒撰寫的《中國美學通史・現代卷》〔註29〕中，專章討論了王國維的美學、蔡元培的美學、魯迅的美學、朱光潛的美學、宗白華的美學、馮友蘭的美學、豐子愷的美學、蔡儀的美學以及鄧以蟄、滕固、馬采的美學，然而完全沒有提到徐復觀的美學；在祁志祥撰寫的《中國美學全史・現當代美學》〔註30〕中，在「第八編 當代：

〔註29〕彭鋒：《中國美學通史・現代卷》，南京：江蘇人民出版社，2014 年。
〔註30〕祁志祥：《中國美學全史・現當代美學》，上海：上海人民出版社，2018 年。

中國化美學原理的建構、解構與重構」中，從第一章「20 世紀 50 年代末：中國化美學學派的誕生和馬克思主義美學主導地位的確立」到第二章「八九十年代：實踐美學原理的定型與突破」提到了朱光潛、蔡儀、高爾太、呂熒、李澤厚、繼先、楊黎夫、錢谷融、周來祥、蔣孔陽等人的美學體系建構，卻一筆也沒有提徐復觀在 20 世紀六七十年代對本土美學和文藝體系的建構，憑空在 20 世紀五十年代和八九十年代之間留下了二十年的歷史「窟窿」；還有趙士林在《當代中國美學》〔註31〕中，在第十九章「當代中國美學史研究重要論著評述（一）」中，分別評述了李澤厚的《美的歷程》、〔註32〕李澤厚和劉綱紀合編的《中國美學史》〔註33〕以及於民的《春秋前審美觀念的發展》〔註34〕等論著，也沒有提到徐復觀的《中國藝術精神》。學界之所以忽視以徐復觀為代表的現代新儒家、美學家的學術貢獻，一方面是由於他們「雜家」的身份，這使得我們在徐復觀作為 20 世紀現代新儒學的代表人物、作為一位在先秦人性論和兩漢思想史研究上作出重要貢獻的思想家的身份之外，很容易忽略了徐復觀作為一名 20 世紀在美學領域思想獨特、有著重要理論建樹的中國美學家的身份。另一方面則是由於海峽兩岸長期的隔絕和政治因素的影響，學者們對於傳統的所謂「權威」美學家的思想過於崇拜，對於改革開放以後、視域擴大以後的新人物、新思想、新學術形勢視而不見、故步自封。如果是 20 世紀八九十年代寫美學史、當代美學史出現這種「學術盲區」還情有可原，然而在 21 世紀學界已經對徐復觀、唐君毅、方東美等新儒家學者美學思想有深入研究、其美學地位獲得普遍肯定的當下，還抱著傳統「主流」的名單不放，不肯打開視野，敞開心胸，接納新知，更新觀念，這絕非一個中國現代學者該有的見識和氣度。我曾在《儒家美學的「大時代」——現代新儒家與中國美學的發展》一文中指出：「現代新儒家美學可以說是 20 世紀上半葉中國美學與中國當代美學之間的一個橋樑和中介，缺少了這一重要的環節，中國現代美學史是斷裂的、不完整的。」〔註35〕在「坐井觀天」視野下寫出來的美學史，無論如何不能說是「全

〔註31〕趙士林：《當代中國美學》，北京：人民教育出版社，2008 年。

〔註32〕李澤厚：《美的歷程》，北京：文物出版社，1981 年。

〔註33〕李澤厚、劉綱紀主編：《中國美學史》（第一卷、第二卷），北京：中國社會科學出版社，1984/1986 年。

〔註34〕於民：《春秋前審美觀念的發展》，北京：中華書局，1984 年。

〔註35〕劉建平：《儒家美學的「大時代」——現代新儒家與中國美學的發展》，《首都師範大學學報》（社會科學版）2023 年第 3 期。

史」、信史，這也不是一種客觀的、嚴謹的、公正的學術態度。

　　特別值得關注的是，學界有一批學術嗅覺十分敏銳的學者已經注意、把握到了這種變化。汝信、王德勝編的《美學的歷史——20 世紀中國美學學術進程》〔註36〕集數十位知名美學學者合作之力，全面考察 20 世紀中國美學學術進程，在 2000 年出版的舊版本基礎上，在「增訂本」中又增加了「民族審美心靈的再造——徐復觀與 20 世紀中國美學」「生命、美感、宇宙三位一體的本體與價值統合美學——方東美與 20 世紀中國美學」等章節，積極肯定了徐復觀、方東美等新儒家學者對 20 世紀中國美學理論發展的貢獻，呈現了「思想整體性」和「文化聯繫性」的學術史研究旨趣；李松在《中國美學史學術檔案》〔註37〕中，在「近百年中國美學史研究經典論著評介」中，將王國維的《古雅之在美學上之位置》、蔡元培的《以美育代宗教》、魯迅的《摩羅詩力說》、宗白華的《中國藝術意境之誕生》、徐復觀的《中國藝術精神》、錢鍾書的《談藝錄》、李澤厚的《華夏美學》、李澤厚和劉綱紀編的《中國美學史》、葉朗的《中國美學史大綱》等量齊觀，並在「評介」中特別指出，徐復觀在《中國藝術精神》中採用「向內反省」和「放眼外看」兩種視角研究中國美學，由反省中國藝術的源流而確立了莊子的主體性地位，並向外援引西方現代美學家的觀念加以比較論證，「給後人以極大的啟發和引導，尤其是在中國美學和藝術理論的研究中，具有重要意義。」〔註38〕王德勝、李松等學者以開闊的視野、開放的胸懷觀照新時期中國美學的發展，對學界而言可謂是一股新風，它也啟發著我們在學術研究中要以更全面、更多元的視角對中國美學的發展作整體的把握。鑒於徐復觀在 20 世紀中國美學發展史上原創性的理論建構和承上啟下的重要地位，對徐復觀美學思想進行重新研究和定位，有助於我們更完整地理解和把握 20 世紀中國美學史發展的歷史脈絡，尤其是他在「中國藝術精神」問題上的現代疏釋凸顯出了港臺地區和大陸美學界之間學術上的關聯性，對中華美學精神的發掘作出了重要貢獻。以往學界對徐復觀的諸多研究在文獻上、視野上的局限使得對徐復觀美學思想在深度和廣度上的把握顯得膚淺、零碎而不成系統，同時忽略了徐復觀的美學思想與 20 世紀中國美學發展之間的關

〔註36〕汝信、王德勝主編：《美學的歷史——20 世紀中國美學學術進程》，合肥：安徽教育出版社，2016 年。
〔註37〕李松：《中國美學史學術檔案》，武漢：武漢大學出版社，2017 年。
〔註38〕李松：《中國美學史學術檔案》，第 121 頁。

聯性，從而不能貼近徐復觀美學思想自身的發展邏輯，不能對他在 20 世紀中國美學史上的地位作出客觀的評價。

一、中西對話：徐復觀美學思想的理論背景

徐復觀美學思想有著多重的理論背景。首先，徐復觀的美學思想受到了整個西方近代美學和藝術思潮的衝擊，尤其是康德美學的影響。徐復觀在辨析儒道美學的差異時，時常借用康德美學的觀點來加以印證。康德將美分為「純粹美」和「依存美」，「純粹美」是指純粹的、自由的美，只在於形式，排斥一切利害關係，但不是理想的美，理想的美是「審美的快感與理智的快感二者結合」〔註39〕的一種美，即「依存美」。徐復觀認為莊子美學比較接近於康德的「純粹美」，代表著中國的「純藝術精神」，而儒家美學則接近於康德的「依存美」，是「仁美合一」的典型，「為藝術而藝術」與「為人生而藝術」正好體現了藝術的「無目的性」與「合目的性」之間的二律背反。其次，從徐復觀對藝術功能的認識來看，他把藝術看作是陶冶民眾、重塑靈魂、提升道德境界、完善健全人格的重要方式，這也與 19 世紀以來以席勒、康德為代表的德國美學思想的影響有莫大的關係。康德認為科學有自身的界限，如果不加限制地把科學思維擴展到人類所有領域，那麼將毀滅很多真正有價值的東西。康德的三大批判把知、情、意作為把握世界的三個途徑，「情」是溝通「知」和「意」的橋樑，藉此消解工業文明和人類詩意生存的對立，康德在為科學認識劃出可靠的領地──「自然」的同時，也為道德實踐留下了無限的意義領域，這就是徐復觀所說的：「康德在純粹理性批判、實踐理性批判之外，另建立判斷力批判；在判斷力批判中，強調了對美的判斷，與前兩者並不相同的特別性格，使之不致互相混淆混亂，因而奠定了近代美學的基礎。」〔註40〕而在「自然」和自由之間，人還擁有一片詩性的審美空間，徐復觀稱之為「最後的真實」。〔註41〕康德不僅把人看作是藝術和美的創造主體，而且強調審美超越現實功利的愉悅感，徐復觀認為康德在《判斷力批判》中提出的審美判斷，不是認識判斷，而是趣味判斷，「乃是純粹無關心

〔註39〕〔德〕康德：《判斷力批判》（上卷），宗白華譯，北京：商務印書館，1965 年，第 68 頁。

〔註40〕徐復觀：《石濤之一研究》，臺北：臺灣學生書局，1979 年，第 21～22 頁。

〔註41〕徐復觀：《不思不想的時代》，李維武編《徐復觀文集》第一卷，武漢：湖北人民出版社，2002 年，第 191 頁。

的滿足」,〔註42〕審美判斷對於提高人的想像力、知解力、情感力和鑒賞力、使自然的人上升為道德的人具有重要作用。康德美學關於審美無功利性的思想和價值論的視角對於 20 世紀中國社會的現實困局無疑具有積極的對治作用,無論是王國維的「境界說」,還是蔡元培「以美育代宗教」的教育理念,其背後都有康德美學的影子。徐復觀也認為立基於人性論的藝術精神,正是作為人類進入文明時期以後的「宗教」,它安頓著人類分裂、疲憊而迷惘的心靈。

除了康德美學的影響之外,徐復觀的美學思想還受到德國哲學家卡西爾的影響。卡西爾的《人論》承秉古希臘認識自我的人文主義思想,上溯蘇格拉底、亞里士多德,下及蒙田、德羅等,他把藝術看作是人類創造的文化符號,在藝術作品中,我們看到的是人類靈魂最深沉、最多樣化的運動,卡西爾說:「藝術是一條通向自由的道路,是人類心智解放的過程;而人類的心智解放則又是一切教育真正的、終極的目標。藝術必須完成自己的任務,這項任務是其他任何功能所不能取代的。」〔註43〕藝術從一個新的廣度和深度揭示了生活的本質,傳達了人類的偉大和苦痛。徐復觀深深服膺於卡西爾把理性批判變成文化批判的思想,他在解釋「詩,可以觀」「文以氣為主」「逍遙遊」等重要概念時,多次引用卡西爾的思想與自己的解釋相互印證。

徐復觀一方面把西方美學作為其立論的依據,另一方面又在中西對照的視角下將莊子思想納入世界美學和藝術大潮中進行比較分析,以平等、客觀的態度對其進行條分縷析,使其與文學上的意識流,心理學上的深層心理、行為主義,哲學上的現象學、柏格森的生命主義、薩特的實存主義、邏輯實證論,政治上的納粹主義及物理學上的原子論等相遇,尋求中西美學和藝術之間的會通點,並對西方美學的思想和概念進行了創造性的詮釋,給我們反觀傳統提供了一個新的視角。

其次,徐復觀美學思想的基礎是儒道兩家的人性論。立基於人性論的新儒家美學理論並不從某件具體的藝術作品本身去探討中國藝術精神,而是試圖直接從中國文化、中國哲學中發掘其根源,這個認識無疑是很有洞察力的。藝術精神蘊涵著一種文化的根本觀念,它雖不脫離藝術作品本身,但也不可能直

〔註42〕徐復觀:《中國藝術精神》,第 56 頁。
〔註43〕〔德〕恩斯特·卡西爾:《語言與神話》,於曉等譯,北京:三聯書店,1988 年,第 197〜198 頁。

接來自藝術本身,而應該源於民族文化中最核心處的東西──哲學或宗教。如果我們說海德格爾從藝術作品入手追問藝術本源的方式是由下往上溯,那麼徐復觀從哲學和文化入手探索藝術精神的方式則是由上往下落,一部《中國藝術精神》就是描述一條莊子藝術精神如何呈現、豐富、發展、落實為具體的藝術形式的線。在 1960 年前後的「中西文化論戰」中,徐復觀感到有必要把中國文化中有價值的成分有條理地作出現代闡釋,使其融入世界文化主流中。徐復觀正是以這種中國文化本位主義的文化觀寫出了《中國人性論史·先秦篇》,其後,他感到有更多的東西在人性論史中未能得到充分闡發,那就是獨立於科學精神和道德精神之外的藝術精神,這就是《中國藝術精神》的寫作背景,從人性論的發掘到藝術精神的詮釋,二者之間有一條明晰的思維脈絡。很多學者認為人性論與美學和藝術思想無涉,而忽略了此方面之研究。但如果我們把它放在徐復觀美學思想發展過程的大背景中去看,就會發現人性論在其美學思想的形成過程中實起著奠基的作用。徐復觀雖然在《中國人性論史·先秦篇》中沒有過多談論藝術問題,但是對儒家和道家哲學的分析已經奠定了其美學思想的哲學基礎。

徐復觀認為人性論是理解文化中一切問題的基礎,「(人性論)是一個起點,也是一個終點。文化中其他的現象,尤其是宗教、文化、藝術乃至一般禮俗、人生態度等,只有與此一問題關連在一起時,才能得到比較深刻而正確的解釋」〔註 44〕。人性論史的闡釋尤其對藝術精神的展開具有奠基性的重要意義。通過對人性論的梳理,他發現了儒道人格修養的偉大,「中國只有儒道兩家思想,由現實生活的反省,迫進於主宰具體生命的心或性,由心性潛德的顯發以轉化生命力的夾雜,而將其提升,將其純化,由此而落實於現實生活之上,以端正它的方向,奠定人生價值的基礎。所以只有儒道兩家思想,才有人格修養的意義。因為這種人格修養,依然是在現實人生生活上開花結果,所以它的作用,不止是文學藝術的根基,但也可以成為文學藝術的根基。」〔註45〕人性論是儒道兩家的思想基礎,也是中國藝術精神的落腳之處,徐復觀認為,「我國的藝術精神,則主要由莊子的人性論所啟發出來的」。〔註46〕通過藝術審美

〔註44〕 徐復觀:《自序》,《中國人性論史·先秦篇》,李維武編《徐復觀文集》第三卷,第 1 頁。

〔註45〕 徐復觀:《儒道兩家思想在文學中的人格修養問題》,《中國文學精神》,第 8 頁。

〔註46〕 徐復觀:《自敘》,《中國藝術精神》,第 2 頁。

來恢復人性的完整，這也是席勒在《審美教育書簡》中的核心思想，徐復觀對人性論的重視推進了中國傳統美學與西方美學之間的溝通與融會。在 20 世紀中國美學史上，對藝術精神持這種看法的美學家為數不少，如宗白華認為，中國畫的境界似乎主觀而實為一片客觀的全整宇宙，和中國哲學及其他精神方面一樣。〔註47〕方東美也說：「如果從藝術史來看，則整個中國藝術所表現的創造精神，正是儒道兩家在哲學上所表現的思想。」〔註48〕徐復觀對中國藝術精神的闡釋及對現代藝術的批判，也是由此出發的，他明確指出：「儒道兩家人性論的特點是：其工夫的進路，都是由生理作用的消解，而主體始得以呈現；此即所謂『克己』、『無我』、『喪我』。」〔註49〕並由此而成就了偉大的藝術精神，它在根本上體現為一種肯定人性、肯定自我價值、追求自由解放的新人文精神。儘管儒道走向了兩種藝術形態，但其出發點和歸宿點依然是落實於現實人生之上，這就是徐復觀所說的「為人生而藝術，才是中國藝術精神的正流」。〔註50〕與海德格爾側重於探究美與真理之間的關係不同，徐復觀重視美與善之間的關係，美與善是並列的價值系統，藝術與道德在其根源上是融會統一的，兩者可謂相輔相成，殊途而同歸。在這個過程中，徐復觀發現了文學、藝術還有自己獨特的闡釋方法──「追體驗」，這也大大豐富了其人性詮釋的深度和力度。

另外，鄂東歷史文化的傳承、薰陶和影響對徐復觀美學思想的形成是不可忽視的，這種影響一方面滲透到他的精神血液和生命情感中，潛移默化地使他無論身在港臺還是美國，都有著濃厚的鄂東鄉土情結，另一方面又通過熊十力的言傳身教最終體認到中國文化最基本的特徵即是「心的文化」，這也成為他學術思想的基石。

鄂東有著悠久的「心學」傳統。歷史上鄂東是佛教發展的中心，東晉慧遠大師在鄂州創立了淨土法門，淨土即是淨心，慧遠曰：「睹夫淵凝虛鏡之體，則悟靈相湛一，清明自然。察夫玄音以叩心聽，則塵累每消，滯情融朗。非天下之至妙，孰能與於此哉？」（慧遠：《念佛三昧詩集序》）淨土理論把佛性建立在人的心性之上。禪宗的三祖僧璨、四祖道信、五祖弘忍皆出自鄂東，道信

〔註47〕宗白華：《美學散步》，第 133 頁。
〔註48〕方東美：《中國藝術的理想》，馮滬祥譯，牟宗三等編《中國文化論文集》（第二編），臺北：幼獅文化事業公司，1980 年，第 336～337 頁。
〔註49〕徐復觀：《中國藝術精神》，第 115 頁。
〔註50〕徐復觀：《中國藝術精神》，第 118 頁。

提出「念佛即是念心，求心即是求佛」（道信：《入道安心要方便法門》），強調每個人通過內在心性的修煉即可把握佛性；弘忍認為日常生活即是禪修，他主張「守本真心，妄念雲盡，慧日即現。」六祖慧能也是在鄂東黃梅形成了自己的禪學思想，「菩提自性，本自清淨，但用此心，直了成佛。」（慧能：《壇經·行由品第一》）禪宗將「心」的作用推到了一個極高的位置，這種轉變可以說是在鄂東之地完成的。宋明新儒家很好地繼承和發展了這種心性傳統，宋代朱熹，元代龍仁夫，明代王陽明、耿定向、鄒元標、顧憲成、高攀龍，清代曹本榮、于成龍、楊守敬、張之洞等諸大儒均到鄂東講學佈道，〔註51〕以致清代湖廣提學使蔣永修贊曰：「惟楚有材，雄長天下，獨黃（州）為之冠。」（蔣永修：《問津書院碑序》）尤其是王陽明的心學大盛於鄂東，王陽明的弟子郭善甫（黃岡）、泰州學派的耿定向、耿定理（紅安）、顧問、顧闕（蘄春）等人都為心學的繼承和發展作出了重要貢獻，崇正書院、問津書院是鄂東長期傳播陽明心學的基地，書院講學之風一直延續到晚清。關於這段歷史，熊十力有精要的概括：「夫古今言哲理者，最精莫如佛，而教外別傳之旨，尤為卓絕。自達摩東渡，宗風獨盛於蘄、黃。蘄水三祖、蘄春四祖、黃梅五祖，迭相授受，獨成中國之佛學。黃梅傳慧能、神秀，遂衣被南北，永為後世利賴。有明心學興，黃岡郭氏、黃安（即紅安，筆者注）耿氏、蘄春顧氏，並為荊楚大師。」〔註52〕

徐復觀受到鄂東「心學」傳統的影響，並非直接上承於陸象山、王陽明，而主要是通過深受陸、王思想影響的熊十力。熊十力早年追慕王夫之，而後以孟子陸王之「心學」融攝《易經》並會通佛學而成《新唯識論》，認為造化之本在無我無人之法體，也即本心。熊十力寫作《心書》和《新唯識論》，就是把要鄂東的這種文化傳統繼承、發揚下去，他說：「識者，心之異名。唯者，顯其特殊，即萬化之原而名以本心……《新論》究萬殊而歸一本，要在反之此心，是故以唯識彰名。」〔註53〕認為本心是自身與天地萬物所同具的本體。受此影響，現代新儒家學者大都重視「心」的作用，牟宗三講心體與性體以建立

〔註51〕根據清代《問津院志》記載，以上這些大儒均曾蒞臨「問津書院」講學佈道，「問津書院」乃西漢淮南王劉安所建，位於武漢市新洲區舊街鎮夫子河畔。新洲區在唐末以前是古黃州府府治所在地，自唐末至 1983 年一直屬於黃岡地區，亦屬鄂東地區。

〔註52〕熊十力：《心書》，蕭萐父主編《熊十力全集》第 1 卷，武漢：湖北教育出版社，2001 年，第 23 頁。

〔註53〕熊十力：《新唯識論·序》，臺北：臺灣學生書局，1972 年，第 1 頁。

道德的形上學，唐君毅講生命存在與心靈境界的心通九境論，徐復觀則提出「形而中者謂之心」〔註54〕，把心作為人生價值的根源，「中國傳統的學問，乃是一種『心學』。」〔註55〕徐復觀在《中國藝術精神》中，認為藝術的根源和精神自由解放的關鍵來源於人的具體生命的心、性，莊子由「心齋」的工夫「所把握的心，正是藝術精神的主體」。〔註56〕「假定談中國藝術而拒絕玄的心靈狀態，那等於研究一座建築物而只肯在建築物的大門口徘徊。」〔註57〕鄂東的「心學」傳統構成了徐復觀學術思想的哲學基礎。

二、「中國藝術精神」：新美學範式的形成

徐復觀的美學思想，簡而言之，就是圍繞著「中國藝術精神」這個問題展開的。徐復觀不僅注重對中國傳統美學資源進行「現代疏釋」，還創造性地發掘出中華美學精神具有反專制統治以及反省現代性的現代價值，可見他有從解決「中國藝術精神」問題出發、重構中國美學研究範式的企圖。徐復觀的「中國藝術精神」不僅僅包含《中國藝術精神》一書中所闡明的中國繪畫藝術的精神以及儒家樂教的精神，還應包括他後來在《中國文學論集》及《中國文學論集續篇》兩書中所闡明的中國文學的精神。徐復觀以莊子美學為主體、儒家美學為補充來建構他的「中國藝術精神」體系，就是力圖建立東方美學的新「範式」。

（一）問題的提出

英國19世紀著名批評家阿諾德曾這樣說過：「在某時代的文學中，從文學的支流，辨別出何者是它的主流，是文學批評的最高任務。」余英時在談到清代思想史時，曾提出了一個「內在理路」〔註58〕的思想史研究方法，與阿諾德的說法有異曲同工之妙，筆者以為這種方法對於徐復觀美學思想的研究也是非常適用的。自1987年大陸開始公開出版徐復觀的著作以來，學界先後有百餘篇學術論文、十八篇博士論文和十餘部學術專著〔註59〕涉及儒道美學在徐

〔註54〕徐復觀：《心的文化》，李維武編《徐復觀文集》第一卷，第33頁。

〔註55〕徐復觀：《如何讀馬浮先生的書？》，李維武編《徐復觀文集》第二卷，第360頁。

〔註56〕徐復觀：《中國藝術精神》，第61頁。

〔註57〕徐復觀：《自敘》，《中國藝術精神》，第5頁。

〔註58〕余英時：《清代思想史的一個新解釋》，載《歷史與思想》，臺北：聯經出版實業股份有限公司，1995年，第124～125頁。

〔註59〕學術論文從1987年盧善慶（《中國古代文化中藝術精神的探源溯流——讀徐復觀〈中國藝術精神〉》，《中國文化》，上海：復旦大學出版社，1987年）起統計至2023年8月。

復觀美學思想中的地位的探討，然而徐復觀美學和藝術思想的核心是什麼？儒家美學和莊子美學何者是徐復觀美學和藝術思想的主體？這二者在徐復觀美學思想體系中又佔據有何種地位呢？不少學者頗為「中庸」地將徐復觀的美學思想歸結為「儒道互補」，這個說法聽起來似乎是放之四海而皆準的，然而落實到具體的美學家的思想研究上，則似乎相當於什麼也沒說——事實上，徐復觀的美學思想，恰恰是從「儒道分疏」這個視角展開的，「互補」是建立在區分基礎上的互補，忽略了這一點，就很難對徐復觀的美學思想世界有一個整體的把握。研究陣容的聲勢浩大和研究結論的膚淺單調相映成趣，這就是徐復觀美學、藝術思想研究的現狀。在對以上問題的回應中，以「重莊輕儒」「根儒道華」「儒學化的莊子」三種觀點最具代表性。

1.「重莊輕儒」。劉綱紀認為，徐復觀從哲學史、思想史的角度來考察中國美學和藝術理論，突破了鄧以蟄、宗白華、朱光潛等人從美學和藝術角度觀照中國美學理論的限制，這是徐復觀美學思想的特點，也是其貢獻所在。但徐復觀給了道家美學比儒家美學更高的評價，對儒家美學的分析闡釋不足，這種單線條式的分析不免脫離了中國美學發展的多樣性與複雜性。〔註60〕孫邦金亦認為徐復觀的藝術精神有歸約化的傾向。〔註61〕從《中國藝術精神》一書來看，劉綱紀的論斷是非常中肯的，該書共十章，除第一章談儒家美學在音樂上的落實、轉化外，其餘九章都是談論莊子美學在繪畫上的展開與落實。然而，如果我們突破《中國藝術精神》一書的局限，放眼徐復觀的整個美學思想，從《中國文學論集》（1965）、《石濤之一研究》（1968）、《黃大癡兩山水長卷的真偽問題》（1977）、《中國文學論集續篇》（1981）等論著以及百餘篇文藝論文入手，則會發現儒家美學其實在徐復觀的美學思想中亦佔有非常重要之地位，本書將在下節對此進行詳細的論證。在《儒道兩家思想在文學中的人格修養問題》一文中，徐復觀明確指出：「中國有文字的文學的根，只能求之於儒家的經。」〔註62〕「由道家回到儒家的大統，亦即是回到文學的主流。」〔註63〕從

〔註60〕劉綱紀：《略論徐復觀美學思想》，《徐復觀與中國文化》，武漢：湖北人民出版社，1997年，第509頁。

〔註61〕孫邦金：《儒家樂教與中國藝術精神》，《武漢大學學報》（人文社科版）2002年第1期。

〔註62〕徐復觀：《儒道兩家思想在文學中的人格修養問題》，《中國文學精神》，第13頁。

〔註63〕徐復觀：《儒道兩家思想在文學中的人格修養問題》，《中國文學精神》，第13～14頁。

徐復觀美學思想的整體看，徐復觀給予了儒家美學足夠的重視，他其實是以儒家美學為中國文學精神的主體的，因此，認為徐復觀忽略了儒家美學的論斷有失偏頗。

2.「根儒道華」。李淑珍也認為徐復觀是從道家中發現儒家的特質，而不是在儒家中尋找道家的痕跡，因而其美學思想更接近於儒家「美善合一」的典型；〔註 64〕耿波則明確提出了「根儒道華」的觀點，認為徐復觀藝術之思的最終點，實際是以儒家為根柢。〔註 65〕的確，從藝術作為一種文化現象的角度看，徐復觀對西方文化和現代藝術猛烈批判的姿態，無疑受到了儒家美學「文以載道」傳統的影響。然而，從藝術作為一種自足、自律的存在形態來看，這種觀點忽略了徐復觀對藝術之不同於文化現象的獨立價值的發現，其出發點大多是從徐復觀寫作《中國藝術精神》的動機入手去詮釋《中國藝術精神》文本本身的意義，再由此而詮釋徐復觀美學思想的主旨。然而，作者的意圖並不等於文本的意圖，正如艾柯所指出的：「『作者前文本的意圖』──即可能導致某一作品之產生的意圖──不能成為詮釋有效性的標準，甚至可能與文本的意義毫不相干，或是可能對文本意義的詮釋產生誤導。」〔註 66〕詮釋既要受到特定歷史和語境的制約，又要接受客觀文本的檢驗，如果我們稱徐復觀美學思想是「根儒道華」，那麼徐復觀為何主張「根儒道華」？我們又該如何解釋徐復觀以儒家美學來闡釋音樂、文學，而獨在對作為「純藝術精神」的繪畫的詮釋上，旗幟鮮明地標舉莊子美學的大旗呢？以莊子美學論繪畫，以儒家美學論音樂、文學，這恰恰體現了徐復觀對中國藝術精神的獨到理解。

3.「儒學化的莊子」。劉桂榮認為徐復觀有將莊子儒學化的傾向，〔註 67〕李薇的《徐復觀莊子思想儒學化傾向研究》一文也持此論。將莊子看作儒學的信徒，這種論斷其實古已有之。《史記·老莊韓非列傳》中謂莊子「其學無所不窺，然其要本歸於老子之言」。莊子生活的時代，各種思想相互激蕩、衝突、融合，從《莊子》中我們可以發現，莊子對當時流行的各家思想都頗有研究，

〔註 64〕　參見李淑珍：《徐復觀論現代藝術──就臺灣文化生態及儒家人性論雙重脈絡的考察》，《徐復觀與中國文化》，第 558 頁。

〔註 65〕　參見耿波：《徐復觀心性與藝術思想研究》，北京：中國傳媒大學出版社，2007年，第 21 頁。

〔註 66〕　〔意〕艾柯等：《詮釋與過度詮釋》，柯里尼編，王宇根譯，香港：牛津大學出版社，1995 年，第 10 頁。

〔註 67〕　參見劉桂榮：《生命境界的會通──徐復觀文學精神的美學闡釋》，《名作欣賞》2007 年第 6 期。

並自有取捨，其思想除了主要受老子的影響之外，還受楊朱「保身、全性」、宋鈃與尹文子「齊物」、列子「貴虛」思想以及惠施論辯藝術的影響，〔註68〕當然儒家的影響也少不了。〔註69〕後世也有人將莊子比附為儒學弟子，認為其思想不僅不與儒家相悖，反而大有助於儒學之弘揚，如唐韓愈云：「盡子夏之學，其後有田子方，子方之後，流而為莊周，故莊子之書喜稱子方之為人。」〔註70〕認為莊周乃子夏、子方之後學；宋蘇東坡在《莊子祠堂記》中也認為莊子之言對孔子皆「實予而文不予，陽擠而陰助之」。〔註71〕清代劉鴻典也持此論：「且夫莊子受業於子夏之門人，則其所學者猶是孔子之道，孔子之言性與天道，不可得聞，而心齋坐忘，直揭孔顏相契之旨。」〔註72〕劉鴻典認為莊子之尊孔，其功不在孟子之下；李澤厚也認為老莊道家是孔學儒家的對立的補充者：「孔子對個體人格的尊重，一方面發展為孟子的偉大人格理想，另方面也演化為莊子的遺世絕俗的獨立人格理想。表面看來，儒道是離異而對立的，一個入世，一個出世；一個樂觀進取，一個消極退避；但實際上他們剛好相互補充而協調……『身在江湖』而『心存魏闕』。」〔註73〕黃錦鋐在《莊子及其文學》一書中，對儒家和《莊子》一書的關聯有較詳細的考證，他認為，《莊子》中的《天地》《天道》《天運》諸篇可能出於秦至漢初的儒家手筆；至於《天下》

〔註68〕 郎擎霄認為，莊子學說當出自老子而自立為一家，其學較老子為博大。除老子外，對莊子產生影響的人還有楊朱、尹文子、惠施、列子、東郭子、商太宰蕩、曹商等，參見郎擎霄：《莊子學案》，天津：天津市古籍書店，1990 年，第 9～17 頁。

〔註69〕 莊子對孔子也表示過欽佩，《寓言》云：「莊子謂惠子曰：孔子行年六十而六十化。始時所是，卒而非之。未知今之所謂是之非五十九非也。」惠子曰：「孔子勤志服知也。」莊子曰：「孔子謝之矣，而其未之嘗言也。孔子云：夫受才乎大本，復靈以生。鳴而當律，言而當法。利義陳乎前，而好惡是非直服人之口而已矣。使人乃以心服而不敢蘁，立定天下之定。已乎，已乎！吾且不得及彼乎！」這裡體現了莊子對孔子的讚賞與傾慕，瑞士漢學家畢來德就認為莊子發揮了儒家學說為自己立說。但綜觀《莊子》全篇，莊子對孔子和儒家基本上還是持嘲笑和批判的態度，他藉田圃之口諷刺孔子「身之不能治，而何暇治天下乎！」（《天地》）借扁子之口批評儒家「飾知以驚愚，修身以明污，昭昭乎若揭日月而行也」（《山木》）。他認為儒家「夫仁義之行，唯且無誠，且假乎禽貪者器」（《徐无鬼》）。

〔註70〕 錢伯城導讀：《韓愈文集導讀》，成都：巴蜀書社，1993 年，第 152 頁。

〔註71〕 （宋）蘇軾：《莊子祠堂記》，《蘇東坡全集》（上），北京：中國書店，1986 年，第 251 頁。

〔註72〕 （清）劉鴻典：《莊子約解》，轉引自郎擎霄：《莊子學案》，第 358 頁。

〔註73〕 李澤厚：《美的歷程》，第 53 頁。

篇，則為戰國後期或漢初儒家後學的作品無疑；〔註74〕劉笑敢在《莊子哲學及其演進》中，也對《莊子》的內、外、雜諸篇從語言及思想的角度進行了詳細的考證和辨析，認為《莊子》內篇基本為莊子所作，而外篇、雜篇則多為莊子後學及漢代儒生雜湊而成。由此可見，儒、道之間的共通和互補是歷史上存在的客觀事實。徐復觀通過臺灣地區「現代藝術論戰」和《中國人性論史・先秦篇》的研究，發現莊子美學於儒家美學之外，實有其特異而獨立的精神價值，因此走出了這一傳統詮釋模式的束縛。徐復觀通過《中國藝術精神》所要辨明的，不是莊子儒學化的一面，而是要凸顯儒道美學相異的一面；不是莊子美學與儒家美學相通的一面，而恰恰是莊子美學中為儒家美學所遮蔽而獨有的一面。

以上三種對徐復觀美學思想的解讀，大多脫離了臺灣地區的歷史文化傳統和「現代藝術論戰」的歷史背景，脫離了徐復觀個人的性情、遭遇及其內心情感，更忽略了徐復觀美學思想的豐富性和內在脈絡的差異性。

（二）兩個主旨

理解一個問題，其實就是對這個問題提出問題。徐復觀並非如其他人那樣籠而統之地談論「儒道互補」，〔註75〕而是既會通又能銓別，他以中國藝術的兩大主幹繪畫和文學為例，通過對儒道美學的梳理和區分，圍繞著繪畫和文學這兩條路徑來建構「中國藝術精神」體系，儒道美學這種既對立又統一的關係在徐復觀的美學思想中體現得尤為明顯。

徐復觀在《中國藝術精神》中認為中國文化「從人的具體生命的心、性中，發掘出藝術的根源，把握到精神自由解放的關鍵，並由此而在繪畫方面，產生了許多偉大的畫家和作品。」〔註76〕這點出了中國藝術精神的兩個重要層面，一是由反省而來的人格修養和人生價值的確立，「中國只有儒道兩家的思想，才有人格修養的意義。」〔註77〕這是儒道之會通的一面。徐復觀謂莊子的藝術精神是中國藝術精神的主體，「徹底是純藝術精神的性格」，顯然不是要闡述儒道之間的這種相通性，而是在經過深入的研究和思考之後對儒道美學之間差異性發掘的基礎上，對「中國藝術精神」問題作出的新詮釋。那麼，徐復觀發現的儒道美學間

〔註74〕黃錦鋐：《莊子及其文學》，第18～40頁。
〔註75〕李澤厚：《美的歷程》，第54頁。
〔註76〕徐復觀：《自敘》，《中國藝術精神》，第1～2頁。
〔註77〕徐復觀：《儒道兩家思想在文學中的人格修養問題》，李維武編《徐復觀文集》第二卷，第364頁。

的根本性差異是什麼呢？這就涉及到中國藝術精神的第二個層面——以精神的自由解放為旨歸。這一點上，儒道美學呈現出了完全不同的價值取向。

首先，從對藝術的態度看，由孔子所代表的儒家藝術精神，注重對上古詩教、樂教〔註78〕的傳承，強調藝術對人的行為規範和道德教化作用，這種「文以載道」「藝以載道」的藝術觀無疑是有其局限性的。徐復觀也敏銳地覺察到了儒家藝術精神的這種缺失，「儒家所開出的藝術精神，常需要在仁義道德根源之地，有某種意味的轉換。沒有此種轉換，便可以忽視藝術，不成就藝術。」〔註79〕它無論是對促進藝術自身的自律，還是對藝術在人格獨立和精神自由解放方面所做的開拓，以及在現實中對人生活的安頓，都和莊子所代表的藝術精神大相徑庭。李澤厚說：「（儒家）由於其狹隘的功利框架，經常造成對審美和藝術的束縛、損害和破壞；那麼，後者（道家）恰恰給予這種框架和束縛以強有力的衝擊、解脫和否定。浪漫不羈的形象想像，熱烈奔放的情感抒發，獨特個性的追求表達，他們從內容到形式不斷給中國藝術發展提供新鮮的動力。」〔註80〕藝術精神在莊子哲學體系中，具有某種意義上的獨立地位。儒家和道家，一體現為道德精神，一體現為藝術精神，徐復觀顯然注意到了莊子精神的這種藝術化傾向，他用了洋洋三十餘萬言來發掘、闡釋這一影響中國藝術數千年而又往往為人們所忽略的藝術精神的根源，可謂前無古人；他對儒道美學這一差異的挖掘和闡釋，獨具慧眼，表現出了偉大的異端精神。由此，我們可以理解徐復觀之獨鍾情於莊子精神的緣由了，他獨具個性的藝術思想恰恰是從對儒道藝術精神的區分開始的。

其次，徐復觀看重莊子精神，恰恰是領悟到了其追求精神自由解放的獨特意義，這不僅是莊子精神的核心，也是中國藝術精神的核心。徐復觀痛心地看到，儒學在長期的專制暴政統治下，日益淪落變異為專制的附庸，從「大丈夫」蛻化為「軟體動物」，〔註81〕受儒家藝術精神支配的文學、詩歌等成為歌功頌德的載體，日益失去了其諷諫的現實意義。在《石濤之一研究》中，徐復觀認為石濤晚年棄僧入道亦有反抗專制政治之精神趨向，所以他的「畫筆浩瀚縱恣，實以此一

〔註78〕孔門的「樂教」只是一種「樂正」和「政成」，而非藝術和審美，政治和藝術有關聯性，但在根本上是不同的，徐復觀在這個認識上有偏差。
〔註79〕徐復觀：《中國藝術精神》，第118頁。
〔註80〕李澤厚：《美的歷程》，第54頁。
〔註81〕徐復觀：《痛悼吾敵 痛悼吾友》，見蕭欣義編《儒家政治思想與民主自由人權》，臺北：臺灣學生書局，1988年，第333頁。

生命的大昇華大解放為基底，不能僅從筆墨技巧上去加以解釋。」〔註82〕徐復觀曾以岩石中的種子以喻道家的這種精神，「松樹的種子，偶然被風吹墮到岩石的縫隙裏，因被岩石所逼，不容許它直挺挺的伸長出來。但種子中的生命力，並未曾因此罷休；不能直挺著伸長，便曲折的伸長；不能成為撐天蔽日的形態，卻成為鉤銅曲鐵的形態；伸長的途徑不同，成就的形態各異，要其終能突破岩石的壓力而能有所成，以無負於一粒種子所含蘊的價值則一。」〔註83〕這粒在岩石縫隙中生存的種子，其實就是在專制統治下追求精神自由解放的莊子精神的真實寫照。在現實生活中，追求精神自由解放即是要做一個「真人」，這種趨向體現在政治上，就是一種「不合作」的姿態，不受任何組織和權力的控制；體現在思想上，則表現為批儒諷墨的「異端」立場，〔註84〕對主流的價值觀念和權威進行無情的批判和徹底的解構；體現在藝術上，則是與山水畫自然融為一體、「獨與天地精神往來」的純粹的藝術精神。徐復觀認為爭自由解放「必然要迫進到莊子所要求的做一個『真人』的立場。」〔註85〕這種「真人」人格，後來成為魏晉名士們的人生理想，宗白華贊之曰：「這是真性情、真血性和這虛偽禮法社會不肯妥協的悲壯劇。」〔註86〕徐復觀對莊子這種求自由解放精神的發掘，超越了個人私心夾雜、時代界限而具有永恆性的意義。

再次，從儒道美學的本質來看，莊子精神較儒家美學更具有現實的、現代的、世界性的意義。從現實的角度看，孔子通過音樂所顯現出的藝術精神，即是仁美合一的境界，有其永恆的藝術價值，「它將象天體中的一顆恒星樣的，永遠會保持其光輝於不墜。」〔註87〕這種藝術精神高超玄妙，樹立了人類永恆的美的標杆，但它不容易在現實中生根落腳，尤其是對於臺灣地區當時的藝術風氣而言，讓人有「猶河漢而無極也」之感，遙不可及。在這個意義上，徐復觀恰恰不是給了道家美學比儒家美學更高的評價，而是充分肯定了儒家美學的重要地位。此外，徐復觀還通過對「文以載道」「溫柔敦厚」等概念的辨正，

〔註82〕徐復觀：《石濤之一研究》，第 103 頁。

〔註83〕徐復觀：《張佛千先生文集序》，《徐復觀雜文補編・思想文化卷》上冊，第 484～485 頁。

〔註84〕蕭萐父：《道家傳統與思想異端》，見朱哲編《吹沙紀程》，上海：上海文藝出版社，1998 年，第 42～46 頁。

〔註85〕徐復觀：《從「哈哈亭」向「真人」的呼喚》，見曹永洋編《徐復觀文存》，臺北：臺灣學生書局，1991 年，第 163 頁。

〔註86〕宗白華：《美學散步》，上海：上海人民出版社，1981 年，第 223 頁。

〔註87〕徐復觀：《中國藝術精神》，第 35 頁。

將中國文學精神歸之於「文以載道」的「道統意識」和「不平則鳴」的批判精神。以莊子美學論繪畫，以儒家美學論文學正體現了徐復觀對中國藝術精神的獨到理解，開啟了中國美學現代轉型的思潮。

從徐復觀美學思想的整體視角看，徐復觀在儒道互補、詩畫融合的基礎上又看到了儒道美學、繪畫和文學之間的差異，從而突破了傳統的以儒家美學為主導的固有思維模式，對莊子美學作出了富有創造性的現代詮釋。落實於繪畫的莊子美學是徐復觀美學思想的核心，而落實於音樂、文學的儒家美學則是徐復觀美學思想的重要補充。

（三）三條線索

徐復觀的美學思想是通過三條重要的線索展開的，起於「現代藝術論戰」，成熟於中國畫史的梳理，並通過中國文學得以發展。徐復觀曾明確指出：「中國藝術精神的自覺，主要是表現在繪畫與文學兩方面，而繪畫又是莊學的『獨生子』。」〔註88〕通過統計分析，筆者認為，在徐復觀美學體系中，繪畫佔有主導性的地位。徐復觀的美學論著合計 5 本，藝術研究類文章共 117 篇（另有 26 篇是談文化現象，共計 143 篇）。其中繪畫方面的論著 3 本，論文合計 67 篇；文學方面的論著 2 本，論文合計 43 篇；另有音樂、戲劇、電影及雕塑方面的論文 7 篇。由此看來，以繪畫作為徐復觀美學思想的中心是可以得到確證的，而文學則是徐復觀美學思想的重要補充（見圖 3）。學界關於徐復觀美學思想的研究大多側重於文學，這無異於本末倒置，難得其要。

圖3：徐復觀藝術論著論文繪畫、文學、電影等比重一覽

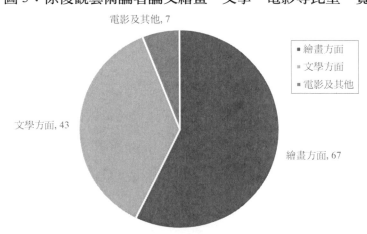

電影及其他, 7

文學方面, 43

繪畫方面, 67

- 繪畫方面
- 文學方面
- 電影及其他

〔註88〕徐復觀：《自敘》，《中國藝術精神》，第 5 頁。

通過對徐復觀美學思想的梳理和論著論文的統計分析，我們發現徐復觀的美學思想是圍繞著現代藝術、中國畫和文學這三條線索展開的，由此其美學思想也可劃分為現代藝術、中國畫和文學三個時期。1957～1962 年間徐復觀談現代藝術的文章有 15 篇（占現代藝術論文 27 篇的 55.6%），1963～1969 年間有 7 篇（占現代藝術論文 27 篇的 25.9%），1970～1982 年間有 5 篇（占現代藝術論文 27 篇的 18.5%），因而，1957～1962 年可以被看作圍繞臺灣地區「現代藝術論戰」展開的現代藝術時期（見圖 4）；談中國畫的文章 1957～1962 年間有 7 篇（占中國畫論文 40 篇的 17.5%），1963～1969 年間有 24 篇（占中國畫論文 40 篇的 60%），1970～1982 年間有 9 篇（占中國畫論文 40 篇的 22.5%），顯然，1963～1969 年為以《中國藝術精神》為中心的中國畫時期（見圖 5）；談文學的論文 1957～1962 年間有 12 篇（占全部文學論文 43 篇的 27.9%），1963～1969 年間有 6 篇（占全部文學論文 43 篇的 14%），1970～1982 年間有 25 篇（占全部文學論文 43 篇的 58.1%），1970～1982 年可以被看作去香港後的文學時期（見圖 6）。由以上的統計我們可知，繪畫是徐復觀美學思想展開的主要線索，而文學、音樂則是其美學思想展開的重要補充。從繪畫論文的內容看，主要是探討中國畫和西方現代藝術，合計 67 篇；從這些論著和論文的寫作時間看，繪畫類的論文基本集中於現代藝術時期（1957～1962 年）和中國畫時期（1963～1969 年），分別為現代藝術時期 21 篇，中國畫時期 31 篇，香港時期 15 篇；而文學方面的論文主要集中於去香港後的文學時期（1970～1982 年）。徐復觀曾說：「在文學方面，到 1965 年為止，僅寫了八篇文章，匯印成《中國文學論集》，以後每重印一次便增加若干文章，到 1980 年的第四版，長長短短的，共增加了十六篇，由原來的三百多頁，增加到今天的五百五十七頁。」〔註89〕在這個過程中，1969 年是一個重要的轉折點。徐復觀 1969 年秋到香港中文大學新亞書院哲學系任客座教授，主要開設「《文心雕龍》研究」及「中國文學批評史研究」兩門課程。徐復觀自謂「我也想藉此機會，寫一部像樣點的《中國文學批評史》……今後假定還能僥倖多活幾年，按原計劃再寫幾篇，加到《續篇》的再版中去，那便太幸運了。」〔註90〕他原計劃在文學批評方面選擇若干關鍵性的題目，寫 10 篇左右深入而具綱維性的文章，可

〔註89〕參見徐復觀：《自序三》，《中國文學精神》，上海：上海書店出版社，2006 年，第 3 頁。
〔註90〕參見徐復觀：《自序三》，《中國文學精神》，第 3 頁。

惜天不假年，除了《陸機〈文賦〉疏釋》及《宋詩特徵試論》等文章完成外，其餘篇章均未及動筆。可見，徐復觀晚年除了集中精力於「兩漢思想史」的研究外，在藝術上是以文學為其主要研究對象的，而「寫一部像樣點的《中國文學批評史》」則是其晚年的心願。

圖 4：徐復觀現代藝術論文在三個時期所佔比重一覽

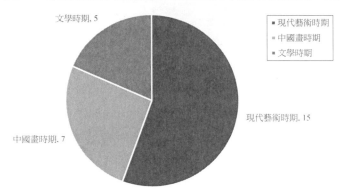

圖 5：徐復觀中國畫論文在三個時期所佔比重一覽

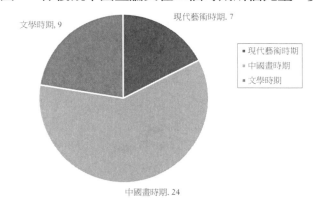

圖 6：徐復觀文學論文在三個時期所佔比重一覽

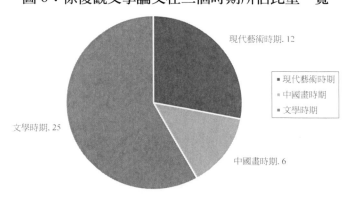

綜上所述，本節試作結論如下：

1. 從詮釋路徑來看，徐復觀敏銳地洞察到了儒道美學間的差異，從而突破了傳統的以儒家為主導的固有思維模式，為中國藝術精神開闢了一片新的天地。徐復觀以儒家美學闡釋文化、音樂和文學之外，旗幟鮮明地標舉莊子精神為中國藝術精神的主體，體現了徐復觀對中國藝術精神的深刻領悟。徐復觀寫《中國藝術精神》，就是要通過現代語言，把以莊子為代表的道家美學的這種為儒家美學所遮蔽的光輝梳理、凸顯出來，並通過有組織的語言對其現代的、世界的意義作出創造性的詮釋。莊子精神是徐復觀美學思想的起點，也是「中國藝術精神」問題最終的歸結點，這是我們研究徐復觀美學思想必須把握的一個關鍵。

2. 在徐復觀美學思想發展的三個時期中，其主題和思考重點是有所變化的，澄清這一點對我們把握徐復觀美學思想具有重要價值。具體而言，就是1957～1962 年以臺灣地區「現代藝術論戰」為中心展開的現代藝術時期，這一時期徐復觀美學思想的重點主要體現為對西方現代文明危機的反思；1963～1969 年以《中國藝術精神》為中心展開的中國畫研究時期，這一時期徐復觀美學思想的重點主要體現為對莊子美學和中國畫現代意義的詮釋；1970～1982 年去香港後以兩部文學論集為中心的文學研究時期，這一時期徐復觀美學思想的重點主要體現為對中國文學精神的探索。

3. 結合中國的文化傳統和學術傳統來探究人物的思想脈絡，這對我們梳理和詮釋傳統中國知識分子的思想是非常重要的。作為一代新儒學大家的徐復觀，何以對道家的莊子精神推崇備至呢？這在經過嚴格的現代學術規範訓練的人眼裏，無疑是一個思想的矛盾。艾愷（Guy Salvatore Alitto）在研究梁漱溟先生的思想時，也曾大惑不解：一個人如何可以既是佛家又是儒家？既認同馬列思想又贊許基督教？後來他終於明白：「這種可以融合多種相互矛盾的思想，正是典型的中國傳統知識分子的特質。」〔註91〕徐復觀也無疑具備了傳統中國知識分子的這種「特質」，這種「矛盾」對徐復觀而言，顯然不是一個問題，「儒道兩家精神，在生活實踐中乃至於在文學創作中的自由轉換，可以說是自漢以來的大統。因此劉彥和由道家的人格修養而接上儒家的經世致用，在他不感到有矛盾。」〔註92〕由此，我們不僅可以理解徐復觀對莊子精神情有

〔註91〕（美）艾愷採訪、梁漱溟口述：《這個世界會好嗎？梁漱溟晚年口述》，一耽學堂整理，上海：東方出版中心，2006 年，第 2～3 頁。
〔註92〕徐復觀：《中國文學精神》，第 13 頁。

獨鍾的緣由,亦可發現他在唐君毅、牟宗三等「書齋型」的新儒家研究路向之外開闢「學術與政治之間」的學術之路的獨特價值了。

三、歷史定位:承上啟下的美學大家

如前所述,徐復觀是一位在中國現代美學史中「消失」了的美學大家。事實上,徐復觀美學思想的形成與 20 世紀中國美學的發展是同步的,在對五四啟蒙精神的繼承與發展、對傳統美學思想資源的詮釋、對文藝論爭中熱點問題的辨析、對中國美學現代價值的發掘等問題上的思考又具有前瞻性和啟蒙意義,他不僅深刻影響了三十年來中國美學的發展,而且也成為我們認識和瞭解港臺美學的一面鏡子。徐復觀對中國美學的重要貢獻是一方面放眼全球,在中西美學比較的視野下挖掘中華美學精神,檢討中國傳統美學資源的現代價值並對世界美學思潮作出回應;另一方面是對中國藝術精神的現代重構,他認為中國美學體系的建立,不能是西方美學的主體加上幾個中國美學的名詞概念,而應建立自己的理論系統和解釋系統。具體而言,體現在以下三個方面:

(一)開啟了中國美學現代轉型的思潮

近百年來,中國文化在世界文化版圖上已經被邊緣化了,即使在中國內部,香港地區一度是中國文化的「沙漠」,臺灣地區「去中國化」的文化、政治運動也愈演愈烈,大陸則經過了半個多世紀的社會和政治運動,文化傳統幾度中斷,傳統精神喪失殆盡,這是我們不願承認卻不得不面對的現實。宗白華在感慨中國文化藝術精神的消失時說:「一個最尊重樂教、最瞭解音樂價值的民族沒有了音樂。這就是說沒有了國魂,沒有了構成生命意義、文化意義的高等價值。」〔註93〕中國社會從傳統到現代的斷裂使得傳統藝術精神成為一個無處附體之「遊魂」,成為一首盪氣迴腸的歷史輓歌,成為一個和現代中國人的現實生活、生命情感失去了天然聯繫的瑰麗幻影,中國美學和藝術也面臨著自身身份焦慮和轉型的危機,徐復觀於此背景下重構中國藝術精神可以看作是建立此類範型的一個嘗試。

從整個 20 世紀中國美學發展的歷史脈絡看,徐復觀的美學思想與梁啟超、蔡元培、朱光潛、鄧以蟄、方東美等幾位美學家相似的地方就在於它不是單純從學科意義上作美學理論性的建構,而是直面現實中人的生存意義和價值問

〔註93〕宗白華:《中國文化的美麗精神往那裏去?》,《藝境》,北京:北京大學出版社,1987 年,第 172 頁。

題去思考美學何為，從而在理論形態、話語方式上具備了與西方美學、與現實的社會人生對話的思想基礎。中國美學在他們的努力之下擺脫了傳統的詩話、詞論的束縛，而成為一種新的話語形態。在徐復觀之前，有對「中國藝術精神」問題的思考而沒有產生廣泛的影響；在徐復觀之後，對「中國藝術精神」問題的探究開始成為一種有意識的思想自覺，因此徐復觀在 20 世紀「中國藝術精神」問題的鏈條上可謂是一個「原點」。「中國藝術精神」的命題不是徐復觀首先提出來的，但毫無疑問，他是 20 世紀「中國藝術精神」問題探索者中影響最大的。換句話說，「中國藝術精神」問題正是通過徐復觀的現代詮釋而成為 20 世紀中國美學的重要問題，並在 20 世紀下半葉以來的海峽兩岸產生了強烈的反響，成為一個有著鮮明時代烙印的美學「範式」。

　　同時，對中華美學精神的「開陳出新」也是方東美、唐君毅、徐復觀等現代新儒家美學思想的主題。方東美被稱作「詩人哲學家」，他善於用抒情的筆觸，採用東西方的詩詞來象徵、比喻中國美學意境中蘊涵著的同情交感、天人和諧之神韻，〔註94〕尤其是長篇論文《中國藝術的理想》，把中國藝術精神的源頭追溯到「生生之德」；唐君毅在 1953 年出版的《中國文化之精神價值》一書中以兩個專章來論述中國藝術精神並將之歸結為孔子的「遊」；〔註95〕而在「中國藝術精神」問題上影響最大者則非徐復觀莫屬，徐復觀在中西文化衝突和西方文明危機的憂患中，以全新的研究方法從藝術史發展的層面反思中國美學及藝術精神的本質，在現代視野下與世界文化藝術精神相互比較、衡量中反觀民族藝術精神的價值及其限度，並由此開陳出新，重構現代中國藝術精神的價值體系，豐富並充實了 20 世紀中國美學的原創理論，更是以此努力對世界範圍內「藝術終結論」的思潮作出有力的回應。

　　近年來，學界陸續出現了一批印刷精美、出自名家之手的《中華美學精神》《中國美學精神》的書，細讀之下卻發現與徐復觀的「中國藝術精神」無關，甚至與 20 世紀中國美學的歷史無關，這類脫離問題的學術脈絡、脫離問題的歷史意識的論著不過是無源之水、無根之木。在全球化浪潮及大眾消費文化的衝擊下，中國美學當下也面臨著「非中國化」「非藝術化」以及精神的虛無化、

〔註94〕蔣國保、余秉頤：《方東美思想研究》，天津：天津人民出版社，2004 年，第379 頁。

〔註95〕分別為「第十章：中國藝術精神」「第十一章：中國文學精神」，見唐君毅：《中國文化之精神價值》，臺北：正中書局，1987 年。

粗俗化等問題，人類「異化」的生存狀態使得生活世界失去了讓我們可感受的多樣性和豐富性，而淪為一種日常生活式的平庸、貧乏。正是在此意義上，徐復觀對中國藝術精神的建構才會進入我們的視野，它是我們解決現代中國人詩意匱乏、精神疲困以及重建人生理想和精神家園的重要資源。在《中國藝術精神》中，徐復觀這樣寫道：「回顧我們學術界的現狀，我寧願多做點開路築基的工作，而期待由後人鋪上柏油路。」〔註96〕由徐復觀所開創的這條中國藝術精神的現代轉型之路，並未隨著《中國藝術精神》的出版而完成，相反，它所激起的思考和探索才剛剛開始。

（二）從反省現代性的視角反觀中國美學和藝術的現代價值

20 世紀中國美學的核心問題，表現為中國美學家們從現實生存體驗和個體感性生命的視角，如何通過審美重建現代人格、重構價值體系以安頓個體的精神生命的問題。這個主題從王國維、蔡元培到宗白華、朱光潛、鄧以蟄，再到徐復觀、李澤厚等人的美學思想一以貫之，在人格重建和價值重構問題的解決上，徐復觀做出了重要的貢獻。賀麟曾指出，新儒家思想的發展，將是中國現代思潮的主潮。以徐復觀為代表的海外新儒學思潮的勃興可以看作是對五四思潮的一次承接和發展，他繼承了「五四」新文化運動注重思想啟蒙的傳統，又從莊子思想中發掘出自由解放的真精神，並創造性地闡發了中國美學具有解蔽現代科學技術、極權政治所造成的人性缺失、工具理性的反省價值。

徐復觀的美學和藝術思想是當代思想與傳統文藝資源成功嫁接的典範。徐復觀站在人性論的立場上，在 20 世紀 60 年代臺灣地區「現代藝術論戰」中對現代藝術展開了一系列的批判，這些批判正源自他對現代文明所造成的詩意缺失和精神危機的反省。徐復觀對現代藝術反形相、訴諸感官、變態人格的批判，其本質就是在對西方現代性文明危機反思的基礎上，以中國傳統藝術為本位對現代藝術進行新的解讀，他在現代的視野下在與世界文化美學精神相互比較、衡量中反觀民族藝術精神的現代價值及其限度，形成了以中西對照的視野來闡釋中國藝術的特點、內涵和現代價值的美學觀，正如董小蕙所指出：「從莊子思想裏我們可以看到全幅精神生命向上的提升，這確實是現代藝術觀中所欠缺且忽略的。在此我想要提出對『創作能力』補充的看法，『創作能力』不應只表現在新鮮的形式呈現，而更應指那份對人生普遍關懷的能力，以

〔註96〕徐復觀：《自敘》，《中國藝術精神》，第 8 頁。

及精神品質的提升能力。換句話說，藝術不假外求，它是創作者生命通融後的自然映照。」〔註97〕在《中國藝術精神》中，徐復觀對中國藝術精神作了很多重要的澄清和還原工作，徐復觀強調中國畫如同「炎暑中的清涼飲料」，可以療治現代工業文明和工具理性所導致的心理病患，針對的正是 20 世紀西方現代社會人性分裂的精神危機。值得注意的是，徐復觀提出「藝術療治」理論的目的與蔡元培恰恰相反，徐復觀是以美育所代表的道德理性和價值理性來對抗科技文明的現代性危機，進而救治在現代文明中沉淪的人性，具有反省現代性的重要價值；而蔡元培則認為美育是現代文明的象徵，「以美育代宗教」即是以作為「現代文明的象徵」的美育來掃除封建愚昧和黑暗，其理論還停留在「前現代」層面，這是二者之根本不同處。

從現代社會發展的角度看，20 世紀現代文明的發展造成了單向度的人、虛無主義、工具理性、極權政治等現代性的危機，作為莊子精神在現實中的落實的中國畫，對於由機械、社會組織、工業合理化等而來的精神自由的喪失，以及生活的枯燥、單調，乃至競爭、變化的劇烈而產生的精神病患，能產生積極的治療作用，這即是中國畫的「反省性的反映」的現代意義之所在。〔註98〕中國藝術精神對詩意生存狀態的堅守，對人與自然融合為一的理想追求，對人類心靈世界的開拓和對多樣化、個性化的生存狀態的尊重具有重要的現代意義，它對於解蔽被功利、物慾所遮蔽的現代人類精神，解蔽現代性對人類心靈的束縛和異化具有積極的時代價值。徐復觀從反省現代性出發，對西方現代文明和藝術進行深刻反思，並以中國的哲學、文化作為建構中國藝術精神的思想基礎，這體現了他對文化主體性、藝術主體性的堅守。現代化不是西方化，宗白華也認為，「現在我們的責任，首在發揚我們固有的森林文明，再吸收西方的城市文明，以造成一種最高的文化，為人類造最大的幸福。我們少年中國的團體，也可以以此作最後的大目的。我們在山林高曠的地方，建造大學，研究最高深的學理，發闡東方深閎幽遠的思想，高尚超世的精神，造成偉大博愛的人格，再取西方的物質文明，發展我們的實業生產，精神物質二種生活，皆能

〔註97〕董小蕙：《莊子思想之美學意義・自序》，臺北：臺灣學生書局，1993 年。
〔註98〕事實上，儒家美學所影響的音樂、文學同樣具有「反省」的現代意義，韶樂之「入人也深，化人也速」，《詩經》之「思無邪」，都可以促進人心靈的淨化，精神的提撕，解現代文明之蔽。徐復觀只看到莊子精神以及中國繪畫的這種「功效」，無疑是有失偏頗的。

滿足。」〔註99〕也正是在此意義上，中國藝術精神對人類文明未來發展的重要價值是不可替代的。

（三）開啟了莊子詮釋的新「範式」

徐復觀在《中國人性論史·先秦篇》《中國藝術精神》等論著中最為精彩的見地，莫過於他對莊子思想作出的現代詮釋，他消解了莊子思想的形而上學性，袪除了莊子思想中的神秘主義色彩，莊子藝術精神除了具有反省現代性的意義之外，另有一層深意，那就是以追求精神的自由解放為旨歸，這不僅是莊子精神的本質，也是中國藝術精神的核心。徐復觀凸顯了莊子哲學的這個思想，使其從前現代意義向現代發生了轉化，從而賦予它新的時代價值。陳鼓應說：「我於六十年代，在一個特殊的環境下，對莊子富有抗議性的言論及其突破儒學框架的思想視野發生興趣。」〔註100〕他在《莊子今注今譯》一書中多次引用徐復觀對莊子的詮釋，這可看出徐復觀的影響。

徐復觀對莊子思想更重要的貢獻莫過於從文藝美學上對莊子思想作出現代性詮釋，把莊子所創造的藝術化的生活態度及生存方式作為中國藝術精神的主體，可謂開風氣之先。徐復觀認為，莊子的一生，是體道的一生，即藝術化的人生，莊子以人生之樂為「至樂」「天樂」，人生之美為「天地之大美」，而這種美是在精神的自由解放即「遊」中實現的，「能遊的人，實即藝術精神呈現了出來的人，亦即是藝術化了的人」〔註101〕他還引進西方文藝理論對莊子的藝術心理過程進行層層剖析，細緻入微，在莊學闡釋史上可以說是對莊子藝術美學論述得最完整、最透徹的了。孫中峰在《莊學之美學義蘊新詮》中就明確指出：「徐復觀《中國藝術精神》一書，從美學藝術思想史的角度探究莊子思想，致力抉發莊學中所涵具的『藝術精神』，是一部深具代表性與影響力的專著。在徐氏的大力引證下，莊學與藝術美感精神的聯繫，也獲得了更篤定的確認。莊學具備『藝術性格』的特點，在現今學界中廣獲認同；由一書及審美的角度探究莊子，也已儼然成為一個令人注目的研究方向。」〔註102〕徐復觀將莊子思想重新定位、歸結為精神的自由解放，為海峽兩岸莊子哲學研究者

〔註99〕宗白華：《我們創造少年中國的辦法》，《宗白華全集》第 1 卷，合肥：安徽教育出版社，1994 年，第 38 頁。

〔註100〕陳鼓應：《莊子今注今譯·修訂版前言》（上），北京：中華書局，2008 年，第 1 頁。

〔註101〕徐復觀：《中國藝術精神》，第 55 頁。

〔註102〕孫中峰：《莊學之美學義蘊新詮》，臺北：文津出版社，2005 年，第 12 頁。

開闢了一個新的視角，對大陸、港臺以及海外莊子哲學、美學研究領域產生了重大影響，成為「莊子美學」命題的開創者、詮釋者，幾乎成為莊子詮釋的新「範式」。

　　徐復觀對莊子思想審美化詮釋在半個世紀以來的海外及港臺地區激起了強烈反響，20世紀八九十年代的臺灣地區學術界湧現出了顏崑陽的《莊子藝術精神析論》、鄭峰明的《莊子思想及其藝術精神之研究》、董小蕙的《莊子思想之美學意義》、陳引馳的《莊子文藝觀研究》、孫中峰的《莊學之美學義蘊新詮》、葉維廉的《道家美學與西方文化》〔註103〕等深受其影響的論著，如顏崑陽在《莊子藝術精神析論》中多次直接、間接引用徐復觀對莊子思想的闡釋，充分肯定了徐復觀對莊子美學研究的創見、規模及對學界的貢獻，並作出了積極的補充。可以說，徐復觀對莊子思想的詮釋為後學開展研究提供了一個重要的邏輯起點。徐復觀的莊子研究對 20 世紀八十年代以來的中國大陸學術界也影響深遠，如李澤厚、劉綱紀編的《中國美學史》、漆緒邦的《道家思想與中國文學理論》、劉紹瑾的《莊子與中國美學》、張利群的《莊子美學》、楊安崙的《中國古代精神現象學──莊子思想與中國藝術》以及陶東風的《超邁與隨俗──莊子與中國美學》等論著中，我們都不難發現徐復觀的影響。徐復觀把莊子的人生境界置於美學的視野中加以觀照，為莊子的美學研究打開了寬闊的視野，李澤厚、劉綱紀在《中國美學史》中以四萬餘字的篇幅，從莊子美學的哲學基礎、美的本質、審美感受、歷史地位等幾個方面比較全面地梳理了莊子的美學思想，與徐復觀的《中國人性論史·先秦篇》《中國藝術精神》相比，二者在莊子美學的自由本質與儒道兩家關係的梳理、在中西美學的比較中評價莊子美學的現代意義等思維脈絡和相關論斷上有諸多相似、相合之處；〔註104〕徐復觀通過「中西比較」來闡釋莊子的方法對大陸學者影響深遠，在《中國藝術精神》第二章五萬多字的篇幅中，徐復觀將莊子與康德、卡西爾、胡塞爾、克羅齊、利普斯等重要美學家、哲學家的思想進行比較和印證，劉紹瑾則在《莊子與中國美學》中將莊子與克羅齊、叔本華、現象學進行比較研究，陶東風也在《超邁與隨俗──莊子與中國美

〔註103〕葉維廉：《道家美學與西方文化》，北京：北京大學出版社，2002 年。
〔註104〕對於這個問題，我在《徐復觀與 20 世紀中國美學》一書中有詳細的論述，詳
　　　　見劉建平：《徐復觀與 20 世紀中國美學》，北京：中國社會科學出版社，2015
　　　　年，第 211～220 頁。

學》中援引現代心理學、蘇珊・朗格、阿恩海姆的理論來闡釋莊子,他們通過「中西比較」來闡釋莊子的路徑如出一轍。尤其是引入現象學方法分析中國美學和文藝作品,徐復觀可謂是第一人。〔註105〕徐復觀說:「現象學的歸入括弧,中止判斷,實近於莊子的忘知。不過,在現象學是暫時的,在莊子則成為一往而不返的要求。」〔註106〕楊安侖正是在此基礎上,運用了現象學方法對《莊子》的範疇、命題進行重新解釋,「對莊子研究重新做的一種基礎工作」。〔註107〕綜上所述,徐復觀對莊子哲學的審美詮釋、對莊子批判思想的發掘及對《莊子》「中西比較」闡釋路徑,為莊學研究開闢了新的道路,大大拓寬了《莊子》對中國傳統文化的影響,也極大地豐富了 20 世紀中國的美學理論。

　　事實上,莊子並沒有直接談論審美或藝術問題的意欲,徐復觀指出:「因為他們本無心於藝術,所以當我說他們之所謂道的本質,實係最真實的藝術精神時,應先加兩種界定:一是在概念上只可以他們之所謂道來範圍藝術精神,不可以藝術精神去範圍他們之所謂道。因為道還有思辨(哲學)的一面。」〔註108〕然而,徐復觀對《莊子》思想原初意蘊的區分和辨析卻被大多數研究莊子美學的學者忽略掉了,如李澤厚、劉綱紀認為:「莊子的美學同他的哲學是渾然一體的東西,他的美學即是他的哲學,他的哲學也即是他的美學,這是莊子美學一個突出的特點。」〔註109〕陶東風認為莊子的哲學就是美學,「莊子有關藝術和美學的所有言論,都是與其人生哲學不可分離的,它們同時參與了中國古代文人的心態、人格以及藝術趣味、藝術風格的鑄造」。〔註110〕這裡的「渾然一體」「不可分離」固然是莊子美學的一個特點,但同時也是莊子美學最大的缺陷,這種模糊籠統和語焉不詳的解釋既沒有對莊子的哲學和美學作出區分,也沒有對這種「泛審美化」的解讀方式進行自我規定,以至於造成了莊子思想審美化詮釋的「泛濫」;而以章啟群等人為代表的學者以西方

〔註105〕 參見鄭樹森:《現象學與文學批評・前言》,臺北:東大圖書出版公司,1984年。

〔註106〕 徐復觀:《中國藝術精神》,第 47 頁。

〔註107〕 楊安侖:《中國古代精神現象學——莊子思想與中國藝術》,長春:東北師範大學出版社,1993 年,第 2 頁。

〔註108〕 徐復觀:《中國藝術精神》,第 44 頁。

〔註109〕 李澤厚、劉綱紀主編:《中國美學史》第一卷,第 227 頁。

〔註110〕 相關論述參見陶東風:《從超邁到隨俗——莊子與中國美學》,北京:首都師範大學出版社,1995 年。

美學為標尺，極力否定「《莊子》美學」命題的合理性和「合法性」，一筆抹殺莊子所開創的審美化生存可能性的精神價值，〔註111〕這種「以西釋中」的詮釋進路同樣是不可取的。〔註112〕葉維廉曾說：「『道家美學』，指的是從《老子》、《莊子》激發出來的觀物感物的獨特方式和表達策略。」〔註113〕這可謂一語中的。很多研究中國美學和《莊子》的學者，正是忽略了對《莊子》文本中「道」所蘊含的具有形而上學的哲理意味和具有「潛審美」「前美學」人生論指向這兩重特性的區分，因而無論是對《莊子》思想的闡發，還是對中國美學精神的探索都易流於盲人摸象、一孔之見的「偏論」或者人云亦云的「俗論」。從這一方面看，相當一部分中國美學家對莊子美學的研究和理解還沒超出半個世紀前徐復觀的水平，徐復觀所開創的莊子美學研究「範式」，為後人確立了一個很高的起點。

徹底否定莊子的審美化生存和莊子美學詮釋的合理性，或者把莊子的哲學和美學混為一談、把莊子的生存論和審美論等同起來，這兩類學界流行性、「共識」性的闡釋《莊子》的方式，反映的恰恰是莊子思想研究單一化、膚淺化的傾向。對此，傅偉勳曾提出過嚴厲的批評。〔註114〕畢來德也對國際漢學界詮釋莊子的傾向進行了嚴厲批判，他說：「其實大家之所以如此眾口一詞，恐怕是因為這樣的觀念，讓人大可不必細讀文本，盡可能人云亦云，生套些陳詞濫調，或對莊子隨意詮釋解說，也不必擔心遭到別人的反駁。」〔註115〕他們的批判對國內學界也同樣具有警示作用。學術工作就是要從這籠統、龐雜中梳理出頭緒，給予各種思想適當的定位，徐復觀無疑在這方面做出了很好的示範。葉維廉通過對《莊子》文本細緻考據、分析之後，又將道家美學置於全球

〔註111〕 參見章啟群：《怎樣探討中國藝術精神：評徐復觀〈中國藝術精神〉的幾個觀點》，《北京大學學報》（哲學社會科學版）2000 年第 2 期；章啟群：《作為「悖論」的〈莊子〉美學》，《文藝爭鳴》2018 年第 2 期。

〔註112〕 參見劉建平：《再論怎樣探討中國藝術精神——評〈中國藝術精神〉兼與章啟群諸先生商榷》，《社會科學評論》2008 年第 1 期；劉建平：《〈莊子〉美學的「悖論」及其反思——兼與章啟群先生商榷》，《中國社會科學評價》2019 年第 1 期。

〔註113〕 葉維廉：《道家美學與西方文化》，北京：北京大學出版社，2002 年，第 1 頁。

〔註114〕 參見傅偉勳：《審美意識的再生——評介李澤厚與劉綱紀主編〈中國美學史〉第一卷》，《「文化中國」與中國文化》，臺北：東大圖書股份有限公司，1988 年，第 187～189 頁。也可參見：FU Wei-xun, "Beyond Aesthetics: Heidegger and Taoism on Poetry and Art, Kenneth K. Inada, ed., East-West Dialogues in Aesthetics," *Asian Studies Series*, State University of New York at Buffalo. 1978.

〔註115〕 〔瑞士〕畢來德：《莊子四講》，北京：中華書局，2009 年，第 2 頁。

對話的開放語境中，並對其現代價值進行了深刻反思，「最耐人尋味的是，當海峽兩岸的精英分子正沉迷於趕上西方的狂熱之際，西方的前衛詩人和藝術家卻靜靜地移向近似道家去語障解心囚的表達，對復歸本樣的自然與生命作出巨大的肯定。」〔註116〕特別是在今天學界全盤西化、唯洋是瞻、價值虛無的當下，徐復觀立足中國美學、中國藝術的主體性，通過中西比較、東西對話的方式試圖建構本土性的美學理論體系和藝術話語體系，可謂是高瞻遠矚的智慧之舉，有望開啟中國學術研究的新風氣。

綜上，在20世紀中國美學史上，徐復觀是一個承上啟下的人物。從他對「五四」新文化運動以來「人生藝術化」思潮的承接和發展來看，他在中國現當代美學史上是與梁啟超、宗白華同等重要的美學家；從徐復觀對中國美學和藝術精神的現代梳理、開陳出新的努力來看，他的「中國藝術精神」理論與李澤厚的「積澱說」可謂是改革開放30年來對中國社會影響最大的美學理論，他對 20 世紀下半葉以來的中國當代美學的發展又起著重要的啟蒙和引導作用。

〔註116〕葉維廉：《道家美學與西方文化》，第 164 頁。

第二章　徐復觀美學文獻集略

　　徐復觀的美學文獻主要涉及三個部分。第一部分是美學論著，這方面主要有《中國藝術精神》《中國文學論集》及《中國文學論集續篇》《石濤之一研究》《黃大癡兩山水長卷的真偽問題》。第二部分是文藝論文，主要涉及到文藝現象分析、文學與藝術史研究、電影及戲劇研究等百餘篇論文、雜文。第三部分是藝術論戰文章，其中涉及徐復觀的部分第二節有內容介紹，此處主要收集了「論敵」劉國松、虞君質、李漁叔等人的文章。「論敵」的文章也是徐復觀美學研究的重要文獻，偏聽則暗，兼聽則明，這類文章對於我們深入理解和客觀評價徐復觀的美學思想具有重要的參考價值。

第一節　徐復觀美學專著集略

一、徐復觀：《中國藝術精神》，春風文藝出版社，1987 年。

　　《中國藝術精神》初版於 1966 年，由臺灣中央書局出版。全書共十章，第一章《由音樂探索孔子的藝術精神》論述儒家思想及其在上古音樂藝術中的呈現，第二章《中國藝術精神主體之呈現——莊子的再發現》對莊子藝術精神的內涵進行了周密細緻的詮釋，第三至十章梳理莊子藝術精神在繪畫上的落實，對「氣韻生動」「逸格」「第二自然」等重要概念進行了辨析。附錄中主要論述書法和繪畫的鑒定問題。綜觀此書的思維進路，除呈現出文獻資料的搜集、歸納與縝密的探索外，主要是得力於「整體論的方法」與「比較的觀點」

的治學路徑。該書集中探討的問題是：1. 中國藝術的核心精神是什麼？2. 它是如何呈現和落實的？3. 中國畫的現代價值是什麼？它會不會成為博物館的古董？徐復觀認為，中國文化中的藝術精神只有孔子和莊子兩個典型，只有儒道兩家的思想，才有人格修養的意義。這種人格修養，依然要在現實人生上開花結果，所以它可以作為包括文學藝術在內的整個人生的根基。由此也奠定了中國藝術的主要特徵，「為人生而藝術」才是中國藝術精神的正統。儒家作為中國人文精神核心的思想，這種思想體現在藝術上，即是仁與美、道德與藝術在究極之地的統一，它主要落實於音樂上，其價值「象天體中的一顆恒星樣的，永遠會保持其光輝於不墜」。由孔門樂教所顯出的藝術精神，是道德與藝術合一的性格，然而這種藝術精神自先秦以後，便逐漸衰落了。這主要有兩個原因：一是由儒家所開出的藝術精神，立足於仁義道德，需要經過某種意味的轉換才能成就藝術，沒有這種轉換便不能成就藝術；二是孔門的樂教精神，高固高矣，美固美哉，但畢竟是「曠千載而一遇」的。更能代表中國藝術精神的，是莊子的藝術精神。

（一）音樂是中國古典藝術中的中心。從現在考古發掘出土的樂器、詞譜等文物來看，中國古代的音樂達到了很高的藝術水準，三代至先秦，「樂」開始產生兩極分化，一部分成為廣大勞動人民口耳相傳的民間俗樂，另一部分則是統治階級、士人及藝術家所推崇的宮廷雅樂。周代設有專門管理音樂的機構，長官為「大司樂」，主掌「成均之法」，秦、漢兩朝也有「樂府」這樣的專門機構。這樣，「樂」不僅成為人娛人、娛神的一種藝術表現形式，同時也日漸成為道德教化和政治統治的重要手段。

事實上，在先秦儒家思想中，「樂」是「樂教」，是「禮樂」文明的重要組成部分，「樂」只在很少的時候才作為一門獨立的藝術形式存在。先秦的「樂」，並非現代意義上作為藝術門類的音樂，先秦有燦爛的「樂」文化，但並沒有燦爛的音樂藝術。概而言之，先秦的「樂」兼有三個方面的價值：

第一，政治價值。「樂」在禮樂文明中是一種非常重要的秩序維繫手段。儒家美學之所以重視音樂，並非把「樂」與仁混同起來，而是出於古代的傳承。「樂」有助於政治的教化，「樂合同」「樂者異文合愛者也」，儒家要求把情感納入理性的軌道，使之受到節制，並要為政治、道德、禮儀服務。作為藝術的「樂」本身並不是目的，而只是服務於某種目的的工具和手段，《禮記・樂記》云：「凡音者，生於人心者也。樂者，通倫理者也。是故知聲而不知音者，禽

獸是也。知音而不知樂者，眾庶是也。唯君子為能知樂。是故審聲以知音，審音以知樂，審樂以知政，而治道備矣。」〔註1〕儒家美學帶有濃厚的道德理性和功利氣息的鮮明印跡，讓人覺得窒息和壓抑，人豐富的情感需求和內心世界被簡單化的強制要求扼殺了。供怡情悅性、精神享受、表達個人情緒的藝術，都受到反對和禁止，用這樣的尺度來要求藝術，實際上走向了對藝術的否定。因為唯一被認可的藝術，是為統治者的統治服務的，只能用於特定的場合，只能表達規定的內容，只能遵循一定的規範。總之，種種人為的規範和限定，使藝術被異化成了服務於統治者意志的木偶，這是「樂」非藝術的一面。

第二，認知價值。孔子特別強調《詩經》的認知價值，認為它能開啟人的智慧，使人對自然和社會生活獲得廣泛的認識，「不學《詩》，無以言。」〔註2〕（《論語・季氏》）「小子何莫學夫詩？詩可以興，可以觀，可以群，可以怨。邇之事父，遠之事君；多識於鳥獸草木之名。」（《論語・陽貨》）儒家的樂教以《詩經》為主要內容，自然也非常重視「樂」的認知功能，正所謂「一事不知，儒者之恥」。墨子說儒家「誦《詩》三百，弦《詩》三百，歌《詩》三百，舞《詩》三百。」（《墨子・公孟》）可見，《詩經》是儒家樂教的重要內容，「樂」也是人們認識社會、把握世界、形成人生觀的重要途徑。

第三，審美價值。首先，從藝術表現形式上看，「樂」是一種純粹的藝術，它最生動地表現了自然生命的節奏。安樂哲說：「它也許是最少描述其他事物的構成性中介……音樂的意義只存在於音調的內在關聯中，而不在於分離的音調中。我們面對的是一種純粹的形式，音樂並不代表什麼東西──它只表現它自身。」〔註3〕這裡的「樂」就是藝術性的音樂。我們常常探討音樂對人情感的陶冶、感染作用，卻忽視了音樂也有言志的審美傾向，音樂象徵著人的志向、抱負、理想。知音者，知心也。發生在湖北省武漢市漢陽區鍾家村「高山流水遇知音」的故事，成為中國文化史上的千古美談。音樂，在中國人的交往中被看作是一種高雅而重要的媒介，鍾子期和俞伯牙因為一曲《高山流水》而相遇、相識、相知。《笑傲江湖》中的劉長風和施洋因為「笑傲江湖」曲而結

〔註1〕　《樂記》，北京大學哲學系美學教研室編《中國美學史資料選編》，北京：中華書局，1985年，第59頁。

〔註2〕　程樹德：《論語集釋》第4冊，程俊英、蔣見元點校，北京：中華書局，2006年，第1168頁。

〔註3〕　〔美〕安樂哲：《孔子思想中「聖人」概念淺釋》，臺灣大學哲學系編《「國立」臺灣大學創校四十週年國際中國哲學研討會論文集》，1986年，第265頁。

成生死知己。岳飛在受到排斥、蒙冤受屈時悲憤地發問「知音少，弦斷有誰聽？」魯迅也在《一九三三年錄何瓦琴句書贈瞿秋白》的詩中落寞地感慨「人生得一知己足矣！」知音文化是中國文化和中國藝術最為獨特的地方，因音樂而成全的驚天動地、盪氣迴腸的友情，而結成的生死不渝的情侶、知己舉世罕見，在這個意義上，音樂又成為一種獨立自足的存在而走向其自身。

在徐復觀看來，儒家「樂教」的衰落有三個因素：

第一，「樂」是人格完善的工夫之一，但畢竟不是唯一的工夫，藝術精神的工夫過程，亦可與「樂」毫不相干，「吾非斯人之徒與而誰與」的責任感，這不為藝術所排斥，但亦絕不能為藝術所擔當。徐復觀認為：「人格完成的直接通路，而無須乎必取途於樂。」〔註4〕儒家的藝術精神並不是貫通的，常要在仁義道德之地有某種意味的轉換，也就是說，除了藝術的教化功能以外，儒家對作為藝術形式的音樂本身是不夠重視的。

第二，從日常生活層面上看，韶樂過於「清虛以婉約」，僅僅適合少數知識分子的人格修養，而不一定合乎大眾的要求，因此「雖一唱而三歎，固既雅而不豔」。〔註5〕以魏文侯之好學好古，聞韶樂尚且「唯恐臥」，對一般人而言，儒家的韶樂則難免讓人感覺索然無味。隨著繪畫和文學等藝術的覺醒，音樂作為政治教化和道德鑒戒載體的功能日益喪失，先秦韶樂作為藝術的存在也成為「皮之不存，毛將焉附」而可有可無的了，儒家的樂教走向衰落也是情理中的事情。「樂」的這種在藝術與非藝術之間遊走的二重性，使其從來都不是作為一門獨立的藝術形式而存在。

第三，具有實用價值和大眾趣味的俗樂，始終不能得到儒家的正面承認。〔註6〕事實上，韶樂也是來自原始的巫樂，本身並無雅俗之分，〔註7〕只是後來經過歷代的修正和淘汰，把原始的激情消滅掉了，而呈現出一種「文質彬彬，盡善盡美」的形態，故而孔子稱之為「雅樂」。而所謂「俗樂」主要是指鄭、衛、宋、齊之聲，也稱為新聲，《禮記·樂記》云：「鄭音好濫淫志，宋音燕女溺志，衛音趨數煩志，齊音敖辟喬志。此四者，皆淫於色而害於德，是以祭祀

〔註4〕徐復觀：《中國藝術精神》，第32頁。

〔註5〕（晉）陸機：《文賦集釋》，張少康集釋，北京：人民文學出版社，2005年，第183頁。

〔註6〕徐復觀：《中國藝術精神》，第32頁。

〔註7〕滕固認為韶舞是一種假面和化妝的舞蹈活動，有原始巫術活動的特徵。參見滕固：《抱芬室文存》，沈寧編，瀋陽：遼寧教育出版社，2003年，第133頁。

弗用也。」〔註8〕由此可知，這些新聲是一種含有原始熱情的民間音樂或宗教樂舞，類似於今日的流行音樂、西北之信天遊及少數民族之對歌等，無怪乎魏文侯百聽不倦，頗有孔子聞韶「三月不知肉味」之感。孔子肯定了帶有原始宗教意味的祭祀活動，但卻否定了用於祭祀的民間俗樂的價值，葛瑞漢認為孔子只是對周代的禮樂文明進行保護和修復，而不擅自發明何物，〔註9〕這是不夠客觀的。孔子對周代禮樂有繼承，也有革新，但他對「樂」所進行的改革，不過是把「樂」由宗教的附庸變為道德教化和政治的附庸罷了。孔子對「樂」從道德方面把它劃分為雅俗善惡而不從藝術方面進行審美趣味的劃分，這顯示了他對「樂」的認識是倫理性重於藝術性、工具性重於審美性，因而孔子的「樂正」並不能挽救雅樂。事實上，在中國藝術史上，雅樂與俗樂既相互對立，又相互統一，「就文藝美學來看，『雅』文藝最初都是由『俗』文藝而來的」。〔註10〕在這一點上，孔子不如孟子，齊宣王對孟子說：「寡人非能好先王之樂也，直好世俗之樂耳。」孟子的回答是：「王之好樂甚，則齊其庶幾乎！今之樂，猶古之樂也。」〔註11〕（《孟子‧梁惠王章句下》）雅樂和俗樂有共通之處和相互借鑒的地方，雅樂固然高超飄逸、中庸平和，然不適合時代的精神，又不肯進行自身的改革，受到排斥和走向衰落是必然的事情。

　　（二）徐復觀既將「藝術精神」提升至與「道」等齊的層次，以為「道」本身即具「藝術性」；「道」的形上「藝術性」可以向下落實為藝術人生與藝術創作，於是他肯定「中國的純藝術精神」實係由老莊思想所直接導出。徐復觀對莊子的藝術精神進行了細緻的辨析，他認為老莊所建立的最高概念是「道」，其目的是要在精神上與「道」為一體，即所謂的「體道」，形成「體道」的人生觀，抱著「道」的態度生活。「道」兼具有形上和形下的雙重特質，一方面，順著老莊「道」的思辨的、形而上的路徑看，「道」是一種本體論、宇宙論；若是順著「體道」所達到的人生境界和生活態度看，「道」是人通過修養工夫所獲得的人生體驗，「他們所用的工夫，乃是一個偉大藝術家的修養工夫；他們由工夫所達到的人生境界，本無心於藝術，卻不期然而然的會歸於今日之所

〔註8〕（清）孫希旦：《禮記集解》第 3 冊，沈嘯寰、王星賢點校，北京：中華書局，2007 年，第 1016 頁。

〔註9〕〔英〕葛瑞漢：《論道者》，張海晏譯，北京：中國社會科學出版社，2003 年，第 13 頁。

〔註10〕李天道：《中國美學之雅俗精神》，北京：中華書局，2004 年，第 240 頁。

〔註11〕楊伯峻譯注：《孟子譯注》（上），北京：中華書局，1984 年，第 26 頁。

謂藝術精神之上。」〔註12〕在這裡，我們可以發現，徐復觀對「道」的哲學本體特質和所具有的藝術精神特質是進行了區分的，學界將「《莊子》審美化詮釋的始作俑者」的帽子扣在徐復觀頭上是不客觀、不公正的。通過對「庖丁解牛」等寓言的分析，技與道在藝術精神上達成了完美的統一，莊子所追求的「道」，與藝術家所呈現出的最高藝術精神在本質上是相同的。藝術家由此成就偉大的藝術作品，而莊子由此成就藝術的人生。

接著，徐復觀就《莊子》對美的本質問題進行了深入探索。他對「美」「樂」「巧」等概念進行了分析，從表面上看，莊子對世俗的浮薄之美、感官之美、刻意創作的技巧持否定態度，要從世俗的浮薄之美追溯上去，以把握天地之大美；要從世俗的感官快樂的追求超越上去，以把握人生的大樂；要從各種智慧、狡詐、游離於藝術精神的技術昇華上去，追求「驚若鬼神」、與造化同工的大巧。這裡的「大美」「大樂」「大巧」很顯然都不是從形式美的角度而言的，也不是談的藝術創造，而是立足於一種詩意的、審美的人生態度，立足於人的精神自由解放。由此可見，莊子的美的本質乃至《莊子》美學，都是一種存在論意義上的美學，它可能有反對形式美、反對藝術的傾向，但是並不妨礙它成為一種存在論的美學；它可以影響藝術創作和藝術評價，但是並不必然落實為具體的藝術作品。以莊子為代表的藝術精神，以其獨特的思維方式，凸顯了對自由的追求，並在此過程中將主體與客體、「成己」與「成物」統一起來。這種自由解放，不可能求之於現世，不可能求之於神的恩賜，只能求之於自己的心。莊子用「遊」加以概括，「遊」深刻體現了莊子的審美的人生態度，莊子筆下的「至人」「真人」「神人」都是能遊的人。「遊」就是超功利，就是「無用」，也就是「與天為徒」「入與寥天一」的境界。然而，「無用」作為精神的自由解放，畢竟是一種消極的解脫，更為積極的解脫之道則是「和」，即和諧、統一，體現了「道」的本質和最高的美。

要把握藝術精神的主體，還必須通過「心齋」「坐忘」等方式，一是消解由生理而來的欲望，使人的心靈從被身體所奴役、所驅使的狀態下解脫出來；二是與物相接時，不讓心對物作知識性、概念性的認識活動，這種「忘知」就是忘掉分解性的、概念性的知識活動，剩下的就是徇耳目內通的純直覺活動，徐復觀稱之為「美的觀照」，這與現象學的純粹意識有相似之處。不同的是，莊子的「忘知」在現象學是暫時的「懸置」，在《莊子》中則成為一種一往不

〔註12〕徐復觀：《中國藝術精神》，第 43～44 頁。

返的追求。

（三）以莊子藝術精神與世界藝術精神對話，為中國美學尋找存在合法性的依據，並回應世界範圍內的「藝術終結論」思潮。在窮究美得以成立的歷程和根源時，他認為謝林（Schelling）、左爾格（Solger）和莊子在很多方面出現了驚人的相合點，「他是想在宇宙論地存在論上，設定美和藝術。他把存在所以有差別相的原因，歸之於展相。」〔註13〕在論述自由與美的關係時，他引用海德格爾（Martin Heidegger）的「心境愈是自由，愈能得到美地享受」〔註14〕以證之，並認為黑格爾（Hegel）在《精神現象學》中以人類精神世界的「最高階段為絕對精神王國，藝術乃在此王國中保有其位置」把藝術這一層面的內涵揭示得最為透徹；在談論藝術的對象時，他認為費希爾（F. T. Vischer）的「觀念的最高形式是人格，所以最高的藝術，是以最高的人格為對象的東西」的思想在《莊子》中得到了實際的證明；在談及美的人生時，他認為溫克爾曼（Winckelmann）的「高貴的單純，以及平易的偉大」的希臘藝術之美如果轉移到人自身，當然也就是莊子淳樸淡泊的人生；在談到精神的自由解放時，他提出席勒（J. C. F. Schiller）所言的「遊戲的人」即是莊子藝術化的、逍遙遊的人，二者可以說正是發自同一的精神狀態；在談到莊子「主客合一」而得到美的觀照時，他認為這與克羅齊（Benedetto Croce）在《美學原理》中對「表現」的解釋有相通之處；〔註15〕在談到「無用」時，他認為康德（Kant）在《判斷力批判》中提出的「美的判斷」是一種趣味判斷，是一種無關心的滿足，亦正是藝術性的滿足，這與莊子的「無用之用」相契合；在論及中和之美時，他認為多特罕塔（Todhunter）提出的「美是矛盾的調和」與莊子的「大樂與天地同和」從不同方面揭示了諧和之美；在談藝術精神的境界時，他認為雅斯貝爾斯（Karl Jaspers）的藝術以滿足為本質與莊子「獨與天地精神往來」的圓滿自足狀態一致；在談到莊子的「虛」「靜」時，他認為其相似於哈曼（Richard Hamann）、福多拉（Konnad Fuedler）的美的形相是由知覺的孤立化、集中化及強度化而得到，乃在於撤去心理的主體；在論述莊子的「忘知」時，他認為這與胡塞爾（Edmud Husserl）的將知識歸於括弧，實行中止判斷有異曲同工之妙；在論述「共感」時，他指出了康德（Kant）、柯亨（HCchen）以及派克（Parker）作為個人感情

〔註13〕徐復觀：《中國藝術精神》，第47頁。
〔註14〕徐復觀：《中國藝術精神》，第53頁。
〔註15〕徐復觀：《石濤之一研究》，第29頁。

融合於人類感情的美的情感的必然性與莊子發自虛靜之心的「與物同春」「與物有宜」的共感之間的關係；在論述審美過程的問題時，他認為奧德布李特（Odebrecht）在審美觀照時依靠「第二的新的對象」的論述是對莊子想像力的生產性、自發性的證實；在談論藝術與宗教的關係時，他認為莊子藝術化的人生是為雅斯貝爾斯的「人對宗教最深刻的要求，在藝術中都得到解決了，這正是藝術可以代替宗教之所在」的論斷提供了實證……西方若干思想家，在窮究美得以成立的歷程和根源時，常出現約略與莊子在某一部分相似、相合之點，而這些相似之處正可以旁證莊子之「道」的藝術精神。徐復觀從中國美學的立場出發，尋求中西美學和藝術之間的會通點，以此來回應西方近代以來的「藝術終結論」思潮，給我們反觀傳統提供了一個新的視角。

（四）徐復觀將中國思想史與繪畫史熔於一爐，進一步梳理了莊子藝術精神在中國繪畫史上的落實過程。莊子藝術精神雖然主旨不在藝術創作，然而通過魏晉玄學卻對中國藝術產生了深遠影響，「歷史中的大畫家、大畫論家，他們所達到、所把握到的精神境界，常不期然而然的都是莊學、玄學的境界。宋以後所謂禪對畫的影響，如實的說，乃是莊學、玄學的影響。」〔註16〕魏晉玄學是中國藝術精神走向自覺的產物，它對中國繪畫產生了兩個方面的影響，一是在人物畫方面，魏晉時期的美的自覺是從人物品藻開始的，也就是從人自身形相的審美開始，它最初是以儒家為其根據的。由於老莊思想的影響，人物品藻由政治的實用性，完成了向藝術化的欣賞性的轉換，玄學，尤其是莊學成為人物品藻的根據，由一個人的「形」去把握他的「神」，也就是由人的「第一自然」的形相，去把握形相背後的「第二自然」，也就是「神」，以超實用的趣味欣賞為其目標。由此，「傳神」成為中國人物畫的重要傳統。魏晉玄學對中國繪畫的第二個影響就是魏晉時代所開始的山水畫，才是莊子藝術精神的當行本色。徐復觀認為莊子藝術精神對於人自身之美的啟發，實不如對於自然之美的啟發來得更為深刻。通過對「氣韻生動」「人格」與「畫格」關係的辨析，徐復觀指出藝術家的心靈、藝術家的生命、藝術家的人格，才是藝術作品得以成立的依據，藝術家的人格修養決定了作品境界的高下。宋代以後，成為中國畫主流和骨幹的山水畫，所追求的不是一種純粹的自然景觀，而實則是人的生命存在。

〔註16〕徐復觀：《自敘》，《中國藝術精神》，第3頁。

　　（五）中國畫作為莊子精神的「私生子」，具有反省現代性的重要意義。
莊子的藝術精神本旨並不在藝術創作，但是對中國藝術的發展產生了深遠影
響。藝術是反映時代、社會的。但藝術的反映，常採取兩種不同的方向：一種
是順承性的反映，另一種是反省性的反映。順承性的反映，對於它所反映的現
實，會發生推動、助成的作用。因而它的意義，常取決於被反映的現實的意義。
西方十五、十六世紀的寫實主義，是順承當時「我的自覺」和「自然的發現」
的時代潮流而來的。它對於脫離中世紀，進入到近代，發生了推動、助成的作
用。又如由達達主義所開始的現代藝術，它是順承兩次世界大戰及西班牙內戰
的殘酷、混亂、孤危、絕望的精神狀態而來的。看了這一連串的作品，更增加
觀者精神的殘酷、混亂、孤危、絕望的感覺。此類藝術之不為一般人所接受，
是說明一般人還有一股理性的力量與要求來支持自己的現實生存和對將來的
希望，「中國的山水畫，則是在長期專制政治的壓迫，及一般士大夫的利欲薰
心的現實之下，想超越向自然中去，以獲得精神的自由，保持精神的純潔，恢
復生命的疲困，而成立的；這是反省性的反映……我想，假使現代人能欣賞到
中國的山水畫，對於由過度緊張而來的精神病患，或者會發生更大的意義。」
〔註17〕徐復觀認為莊子由離形去智而來的「虛」「靜」之心，同時是「以天下
為沉濁」及「獨與天地精神往來」的精神，這精神當中實含有至大至剛之氣，
從沉濁中解脫而超昇向「天地精神」的力量。老學莊學之「柔」，實以剛大為
其基柢。莊子拒楚王之聘，是避世，是柔；但能毅然出此，無所顧惜，何嘗又
不是剛？在漫長的歷史長河中，莊子精神被看作是與封建專制的對抗手段和
對現實「反省性的反映」，不僅可為專制統治下的自由靈魂提供一棲息之地，
同時也可以作為現代文明病痛的治療，能夠彌補現代性給人類帶來的各種分
裂和焦慮，具有重要的現代價值。

　　評析：《中國藝術精神》一書是徐復觀在美學方面的代表作，與王國維的
《人間詞話》、宗白華的《美學散步》、朱光潛的《西方美學史》、李澤厚的《美
的歷程》並列為 20 世紀中國美學的經典著作。《中國藝術精神》中有三個方面
的問題值得我們反思：一是莊子思想的美學意涵以及與藝術精神之間的關係。
儘管徐復觀對《莊子》的「道」的兩層意涵作了明確區分，然而直接通過對中
國傳統文藝資源的歸納、提煉進而建構《莊子》的美學體系，仍然很難讓人信
服。學界不少人否定《莊子》有美學思想，這當然是偏狹之見。但直接說《莊

〔註17〕徐復觀：《自敘》，《中國藝術精神》，第 7 頁。

子》有「體系化」的美學思想，也難逃「過度」詮釋的嫌疑。我們只能說《莊子》思想中有美學的意涵、美學的觀念，但不能說有系統的美學體系。「《莊子》美學」基本上是一種形而上的美學，徐復觀發掘了《莊子》中「虛」「靜」「明」的藝術精神並與西方美學對話，但對《莊子》思想缺乏反思，這是值得進一步探究的。二是「《莊子》美學」在何種意義上能與西方美學對話。徐復觀引用的西方美學資料太多太雜，那麼他用這些材料來闡釋中國藝術精神時，就存在一個是否適當的問題，在此基礎上判定中國畫具有反省現代性的現代價值以及「《莊子》美學」相較西方美學而言更具優越性是否合理？尤其是他將現象學的「懸置」與莊子的「心齋」「坐忘」相比擬，以康德的純粹美來談莊子的「超功利」「無用」，都存在著一定的誤解。三是徐復觀多次猛烈批判現代藝術，甚至稱西方現代藝術為「變態的藝術」，這一評價是否合理的問題。事實上，徐復觀對西方現代藝術不是只有批判，也有贊同，在 1966 年的《摸索中的現代藝術》一文中，他提出：「現代藝術，正在作多方面的摸索之中，他們在摸索中前進，在摸索中不斷的揚棄，不斷的發現。任何人都有資格加入到這種摸索行列中去。」〔註 18〕可見，此時徐復觀充分認識到了現代藝術在藝術史上打破成規、創造開新的歷史意義。還有徐復觀對畢加索的評價，「其中例外的也許是畢加索，我特別帶他去看《格爾尼卡》，那幅暫時寄放在紐約、描繪 1937年西班牙內戰的殘酷巨幅。幾十年來，它已成為反佛朗哥獨裁的象徵。因為這位自我放逐的畫家宣稱：只有等西班牙實行民主，他才願意讓這幅畫回到他的故鄉。果然佛朗哥死後，西班牙政府經過幾年的交涉，去年才得以把它迎回娘家。一個畫家與一個獨裁者在這場角逐上誰贏誰輸，在歷史的長流裏，似乎總有討回公平的時日。我知道徐師對畢氏這種抗議精神是欣賞的，在他心目中的二十世紀的美術，畢氏也許是唯一的巨人了。」〔註 19〕可見，徐復觀的思想史發掘、美學闡釋工作與社會文化批判工作，其實是一體之兩面。

二、徐復觀：《中國文學精神》，上海書店出版社，2006 年。

　　《中國文學精神》是徐復觀文學研究論文的合集，主要見於臺版的《中國文學論集》和《中國文學論集續篇》。單篇論文的內容介紹見下節，此處我從

〔註 18〕徐復觀：《摸索中的現代藝術》，蕭欣義編《徐復觀文錄選粹》，臺北：臺灣學生書局，1980 年，第 279 頁。

〔註 19〕洪銘水：《一個巨人時代的終點》，曹永洋編《徐復觀教授紀念文集》，臺北：時報文化出版事業有限公司，1984 年，第 250 頁。

徐復觀對中國文學精神的整體詮釋上，扼要地概括其對中國文學精神的研究。文學在古代常稱作「詩」，詩本來是一種氏族、部落、國家的歷史、政治、宗教的文獻，而非個人的抒情作品。到了先秦的「國風」時代，古代氏族社會相繼解體，各種藝術相繼從宗教祭祀中解放出來走向獨立，詩也就不再是宗教、政治的記事文獻了，「詩言志」就兼有記事和抒情之功能。「文以載道」說代表著中國文學的現實主義傳統，儒家「詩，可以怨」經過屈原、司馬遷、柳宗元等人的發揚，最終由宋代新儒家周敦頤提出了「文以載道」的命題，而成為中國文學的一大潮流。徐復觀認為後世文人「以屈原的『信而見疑，忠而被謗，能無怨乎』的『怨』，象徵著他們自身的『怨』；以屈原的『懷石遂自投汨羅以死』的悲劇命運，象徵著他們自身的命運。」〔註20〕徐復觀將「文以載道」看作是儒家思想在文學上的落實，並將其作為中國藝術精神的重要呈現，「中國文學，自西漢後，幾乎都受有儒、道兩家直接與間接的思想影響。六朝起，又加上佛教。」〔註21〕他獨具慧眼地拈出了中國文學的批判精神，並把文學作為「中國藝術精神」展開的一條重要線索。

　　儒家思想落實於文學，首先就表現在加深、提高、擴大作者的感發和文學的意境上，這種感發主要體現為文學中作者生命力（氣）的貫注，「指明作者內在的生命向外表出的經路，是氣的作用，這是中國文學藝術理論中最大的特色。」〔註22〕它一方面發而為「文以氣為主」的文學之道，另一方面氣又是文學與人之間的一種重要聯結點。中國文學重氣的傳統，應該源自於儒家。儒家的「氣」有兩層含義：一為構成萬物生命的始基，另一為精神氣質、精神境界，儒家的「氣」顯然側重後一層涵義。《孟子》提出了「居天下之廣居，立天下之正位，行天下之大道；得志與民由之，不得志獨行其道；富貴不能淫，貧賤不能移，威武不能屈。」（《孟子・滕文公下》）的「大丈夫」人格，這種「大丈夫」人格的核心就是「善養浩然之氣」（《孟子・公孫丑上》）。這種「以直養而無害，則塞於天地之間」的「浩然之氣」對中國知識分子的影響更多落實於人格修養和道德生活上，而對中國文學、藝術則產生了間接的影響。蘇轍認為孟子和司馬遷的文章「其氣充乎其中，而溢乎其

〔註20〕徐復觀：《兩漢思想史》，李維武編《徐復觀文集》（第五卷），第126頁。
〔註21〕徐復觀：《儒道兩家思想在文學中的人格修養問題》，《中國文學精神》，第7頁。
〔註22〕徐復觀：《中國藝術精神》，第140頁。

貌，動乎其言，而見乎其文，而不自知也。」（蘇轍：《上樞密韓太尉書》）
在魏晉玄學的影響下，曹丕提出「文以氣為主」，陸機撰寫了《文賦》，開始
把「氣」引入文學藝術理論之中。〔註23〕後世甚至認為，只有藝術家善於養
「氣」，才能使創作的藝術作品有「生氣」，「詩文之妙，非命世之才不能也。
惟養浩然之氣，塞乎天地之間，始能驅一世而命之也。」〔註24〕甚至人品氣
質，也影響到藝術作品的風格，「是故其氣盛者，其文暢以醇；其氣舒者，
其文疏以達；其氣矜者，其文礙以紐。」（〔清〕邵長衡：《與魏叔子論文書》）
正是儒家美學這一追求「充實而有光輝」的審美理想影響到了中國文學，使
其追求一種氣韻生動的「生氣」之美。

　　其次，儒家思想在文學上的落實，主要表現為「文以載道」的文學觀念的
形成，「儒家由道德所要求，人格所要求的藝術，其重點也不期然而然的會落
到帶有實踐性的文學方面──此即所謂『文以載道』之文。」〔註25〕「文以載
道」主要強調由「道」與作者生命自然的融合，發而為文章內容與形式的自然
融合，以此達到文章的最高境界。「道」這個詞在中國文化中有著非常複雜的
內涵，有儒家之道，有道家之道，還有佛家之道，那麼「文以載道」的「道」
指的是什麼意思呢？徐復觀所說的「文以載道」的「道」主要還是儒家的「道」，
他說：「『文以載道』的『道』，實際是指個性中所涵融的社會性，及對社會的
責任感。」〔註26〕「古文家的『文以載道』，指的是儒家的道……只有儒家對
現實人生社會有正面的擔當性。」〔註27〕這種解釋有其合理性，但不夠準確。
儒家的「道」既有倫理道德的形下涵義，又有「天道」、天理的形上意味，二
者是不能截然兩分的，「文以載道」也就是通過文學透顯生命，達於理想。道
家之道雖然也有人格修養的意義，但徐復觀認為「一個人，當他在感情的某一
點上，直浸到底時，便把此點感情以外的東西，自然而然的忘掉了，也略近於
道家所要求的虛靜狀態。但這種性情之真，是隱現不常的，所以這種詩人常只
能有一首兩首、一句兩句使人感動的詩，而決不能成為『取眾之意以為己辭』
的偉大詩人，因為他缺乏人性的自覺，因而沒有人格的昇華，沒有情感的昇華，

〔註23〕參見〔晉〕陸機：《文賦集釋》，第 36 頁。
〔註24〕〔明〕王文祿：《詩的》，《揮塵詩話·夷白齋詩話·存餘堂詩話·詩的·國朝
　　　　詩評》，王兆雲等著，北京：中華書局，1985 年，第 217 頁。
〔註25〕徐復觀：《中國藝術精神》，第 115 頁。
〔註26〕徐復觀：《〈文心雕龍〉的文體論》，《中國文學精神》，第 198 頁。
〔註27〕徐復觀：《〈文心雕龍〉淺論之二》，《中國文學精神》，第 221 頁。

不能使社會之心約化到一己之心裏面來。」〔註28〕「道」也就是民族的文化生命和社會的責任感。通過對劉勰《文心雕龍》的分析，徐復觀認為劉勰在《原道》篇中所要還原的「道」是儒家之「道」，他說：「道之文向人文落實，便成為儒家的周、孔之文。於是道的更落實、更具體的內容性格，沒有方法不承認是孔子『熔鈞六經』之道，亦即是儒家之道。」〔註29〕通過對杜甫詩的分析，徐復觀認為杜甫之所以能上繼「風」、《騷》，下開百代，是因為他把整個生命投入到對時代的責任感裏面，他說：「古今中外，斷乎沒有與時代痛癢不關，而能成為一個像樣子點的詩人、詞人的。這才是中國近代出不來一個真正大詩人、詞人的根本原因之所在。」〔註30〕而從整個中國文學史上看，凡是以自己的心靈與時代相融合，因而代表了一個時代的文學作品，便不會是過眼雲煙，而能永垂不朽，「文以載道」的文學觀體現了儒家美學的核心精神。

　　再次，儒家思想對文學的影響，還表現為「文如其人」的批評理論的成熟。什麼是「文如其人」呢？它包含兩層含義：一是文如其人，即由藝術作品可以把握到一個人的心性、心靈；二是人如其文，一個藝術家的人格、心靈可以通過藝術作品得以顯現和印證。從本質上講，文是反映人的，而人是印證文的。文與人如不相符相應，則文為「託之以空言」、無病呻吟的偽文，人則為「口惠而實不至」、虛言以欺世的偽君子。文與人的這種相互映照、印證的關係，使得中國藝術家一方面注意藝術修養中的「文飾」，另一方面又「修齊以立誠」，藝術家以自己全部的生命和人格來立言，以生命為自己的作品作證，徐復觀指出：「在中國傳統的文學思想中，總認為做人的境界與作品的境界分不開。」〔註31〕作者人格修養的境界越高，他就越能將作品提升到一個高超的境界，越能給讀者以強烈的感染力。藝術的境界，也就是由人格修養而來的精神所達到的層次，「取境的大小和作者精神境界的大小，密切相連；作者精神境界的大小和作者人生的修養、學力，密切相連。」〔註32〕這就是中國文學由人品以確定「文品」的品鑒傳統。

〔註28〕　徐復觀：《傳統文學思想中詩的個性與社會性問題》，《中國文學精神》，第 5
　　　　頁。
〔註29〕　徐復觀：《〈文心雕龍〉淺論之二》，《中國文學精神》，第 219 頁。
〔註30〕　徐復觀：《詩詞的創造過程及其表現效果》，《中國文學精神》，第 58 頁。
〔註31〕　徐復觀：《傳統文學思想中詩的個性與社會性問題》，《中國文學精神》，第 4
　　　　頁。
〔註32〕　徐復觀：《詩詞的創造過程及其表現效果》，《中國文學精神》，第 62 頁。

　　海德格爾通過梵高的《農鞋》這幅作品,發現存在者之真理在其中發生了,而「藝術家與作品相比是無足輕重的,為了作品的產生,他就像一條在創作中自我消亡的通道。」〔註33〕在《在通向語言的途中》及《荷爾德林詩的闡釋》等著作中,海德格爾還多次表達類似的思想,「一首詩的偉大正在於,它能夠掩蓋詩人這個人和詩人的名字。」〔註34〕而在中國藝術傳統中,藝術家才是作品生命和價值的來源及最終的歸宿,徐復觀認為:「藝術的究竟義是要表現一個人的人格,並且是要通過藝術而使人格得到充實、昇華,昇華到可以從一個人的人格中去看整個世界、時代。」〔註35〕他通過對趙松雪的分析,體驗到趙氏「沖澹簡遠」的繪畫後面是作者真純的人格;他以「清」來品評趙松雪的藝術心靈,認為趙氏由一顆晶瑩澄澈的「清」的心靈與客觀世界相融相即,「由心靈世界之清,而把握到自然世界之清,這便形成了他作品之清。」〔註36〕也就是說,以藝術家為中心還是以藝術作品為中心正是中西藝術品評系統的根本差異之所在。

　　徐復觀一方面繼承了來源於以《詩經》為代表的史官文化系統中的歷史意識和現實主義立場,高舉「文以載道」的旗幟,對儒家「可以怨」的文學傳統特加表出,另一方面又融合了以《楚辭》為代表的巫官文化系統中的批判意識來完成新的文學精神的建構,這是他結合文化傳統和現實狀況而對中國文學精神作出的新的詮釋。首先,「文以載道」是文學得以成立的根本條件。徐復觀批判了白先勇的「社會意識過剩,以致貶低了藝術的獨立性」的觀點,〔註37〕認為恰恰是社會意識,也就是文學中的這種道統意識和責任意識,才是文學得以成立的根源,他說:「若說這是文學中的功利主義,則這種功利主義正是中國兩千多年來的文學傳統。」〔註38〕而後世卻以藝術性的要求,對文學的這種根源加以忽視和否認,這是中國文學發展中的迷失,徐復觀認為:「《史記》中史公自言『流涕』、『垂涕』者各一,言『廢書而歎』者

〔註33〕〔德〕海德格爾:《林中路》,孫周興譯,上海:上海譯文出版社,1997年,第26頁。

〔註34〕M. Heidegger. *Unterwegs zur Sprache*, Verlag Günther Neske. 1997, p.7.

〔註35〕徐復觀:《石濤之一研究》,1979年,第73頁。

〔註36〕徐復觀:《中國藝術精神》,第383~384頁。

〔註37〕參見白先勇:《社會意識與小說藝術——五四以來中國小說的幾個問題》,見牟宗三等:《中國文化論文集》(第二編),臺北:幼獅文化事業公司,1980年,第377~386頁。

〔註38〕徐復觀:《中國文學討論中的迷失》,《中國文學精神》,第101頁。

三。像這類由時代衝擊而透入於歷史中所流的眼淚和歎聲，豈僅是個人遭遇所能解釋？而後來的文學家，卻只當作一種文章腔調去加以領會，便更思隔千里了。」〔註39〕這種以儒家的中和、溫柔敦厚的審美趣味詮釋文學的傾向，使「文以載道」的批判精神流於散漫虛無。

在「文以載道」的文學觀念中，最大的問題便是對「溫柔敦厚」的誤解。徐復觀嚴厲批判了《禮記正義》對「溫柔敦厚」所作的「溫謂顏色溫潤，柔謂情性和柔。詩依違諷諫，不指切事情，故云溫柔敦厚，是詩教也。」的解釋，認為這是長期專制淫威下形成的苟全心理的解釋，它使得中國文學中怨刺、載道傳統逐漸被一種鄉愿性格的詮釋模式給消解了，徐復觀指出：「對於這類大利大害的問題，而依然假溫柔敦厚之名，依違苟且，詩道之衰，正由於此。」〔註40〕中國文學中的「溫柔敦厚」並不是指審美效果，而是指藝術創作時的心理狀態，情感太過於激烈，無法進行藝術創作；情感太過於蕭瑟冷淡，也無藝術創作的衝動，「溫柔敦厚」即是指一種適當的、有控制的創作心理狀態。事實上，錢鍾書所說的「『發』而能『止』，『之』而能『持』，則抒情通乎造藝，而非徒以宣洩為快」〔註41〕正是孔子所說的「溫柔敦厚」的情感狀態。在這種狀態裏，激烈的情感、溫柔的情感、鄉愿的性格、狂狷的性格都融為一爐，這就構成藝術情感的豐富性、複雜性，徐復觀說：「在反省中發現了無數難以解脫的牽連，乃至含有人倫中難言的隱痛。感情在牽連與隱痛中掙扎，在掙扎中融合凝集，便使它熱不得、冷不掉，而自然歸於溫柔。由此可以瞭解溫柔的感情，是千層萬疊起來的敦厚的感情。」〔註42〕尤其是怨憤的情感，對文學藝術的創作更是具有重要的作用。〔註43〕《禮記正義》對「溫柔敦厚」鄉愿性格的詮釋使「文以載道」陷入教條化、空虛化，它不僅不能加深文學的境界，反而成為文學向前發展的束縛，成為中國文學精神衰落的根源。

其次，「文以載道」是文學走向自覺的標誌。徐復觀認為：「中國把文學從作為道德、政治之手段的附屬地位解放出來，而承認其有獨立價值的自覺，可

〔註39〕徐復觀：《兩漢思想史》，李維武編《徐復觀文集》（第五卷），第 440 頁。
〔註40〕徐復觀：《釋詩的溫柔敦厚》，《中國文學精神》，第 45 頁。
〔註41〕錢鍾書：《管錐篇》（第一冊），北京：中華書局，1979 年，第 58 頁。
〔註42〕徐復觀：《釋詩的溫柔敦厚》，《中國文學精神》，第 46 頁。
〔註43〕參見王先霈：《中國文化與中國藝術心理思想》，武漢：湖北教育出版社，2006年，第 121～140 頁。

以用曹丕的《典論‧論文》作代表。」〔註44〕他認為陸機在《文賦》中的「伊茲文之為用，固眾理之所因。恢萬里而無閡，通億載而為津⋯⋯被金石而德廣，流管絃而日新。」〔註45〕較曹丕的「蓋文章，經國之大業」更言切而意深，這可以說是「文以載道」的深入展開。唐代韓愈提出「文以明道」的主張，「君子居其位，則思死其官。未得位，則思修其辭以明其道。」（韓愈：《答尉遲生書》）周敦頤則在《周子通書‧文辭》中明確提出「文以載道」的概念。值得注意的是，韓愈的「文以明道」出發點是「文」，也即文章應該有豐富而充實的內容；周敦頤的「文以載道」的出發點是「道」，文章只是「道」的載體。徐復觀敏銳地覺察到了這一點，所以他說：「由《堯典》的『詩言志』，到韓愈的『大凡物不得其平則鳴』，都是此物此志。其中把創作的動機、歷程說得最完全的，莫如王褒所引《詩傳》的『詩人感而後思，思而後積，積而後滿，滿而後作』的幾句話。」〔註46〕「文以載道」可以說是「詩言志」走向自覺的必然要求。

值得注意的是，「文以載道」引發的「文的自覺」，其實就是藝術家主體意識和道德意識的覺醒，它由於過分強調了文學的道德價值而淪為政治教化的工具，這種觀點部分言明瞭一個事實：那就是對「溫柔敦厚」鄉愿性格的詮釋方式正是專制統治扭曲中國文學精神、摧毀中國文學真生命的重要表現。什麼是教化呢？黑格爾在《精神現象學》中認為，教化是個體通過異化而使自身成為普遍化的本質存在。〔註47〕也就是說，人之所以成為人，就在於擺脫了直接性和本能性的某些東西，而成為一種精神的存在，人就其本質而言就不是他應當是的東西，因此人類需要教化。伽達默爾則說：「教化作為普遍性的提升，乃是人類的一項使命。它要求為了普遍性而捨棄特殊性。但是捨棄特殊性，從否定方面說，就是對欲望的抑制，以及由此對欲望對象的擺脫和駕馭欲望對象客觀性的自由。」〔註48〕也就是說，教化的目的，是為了達到自由，而不是反被束縛。藝術旨在為人的存在尋求真實，實現和建立超越性的基礎，也就是既

〔註44〕 徐復觀：《〈文心雕龍〉的文體論》，《中國文學精神》，第 147 頁。

〔註45〕 〔晉〕陸機：《文賦集釋》，第 260 頁。

〔註46〕 徐復觀：《中國文學討論中的迷失》，《中國文學精神》，第 100 頁。

〔註47〕 參見〔德〕黑格爾：《精神現象學》（下卷），賀麟、王玖興譯，北京：商務印書館，1979 年，第 41～70 頁。

〔註48〕 〔德〕伽達默爾：《真理與方法》（上卷），洪漢鼎譯，上海：上海人民出版社，1992 年，第 14～15 頁。

把自然狀態加以昇華，又在文明的層面復返於自然，這才是教化。構成教化本質的並不是單純的異化，而是理所當然的以異化為前提的返回自身，這種精神的轉變不是斷裂，而是向普遍性的提升過程。

再次，「文以載道」是文學在藝術上的重要發展。徐復觀認為：「由道德心的培養，以打通個性與社會性中間的障壁的。這是儒家在文學方面的基本要求。」〔註49〕這種「覽一國之意以為己心」的情感有合於藝術家個性的一面，當然也有超越於藝術家個性的一面，文學作品的生命力，就在於通過別具個性的藝術表現方式去「載道」。「道」是文學成立的根源，而個性則是文學的生命力之所在。藝術家的個性和藝術作品中的道不是兩分的，而是一氣貫注、血肉相連的，由提高人以提高作品的養氣的工夫，是中國藝術家最根本的工夫。所以徐復觀認為：「（文以載道）總起來說這必然會加深文學創作的動機，提高文學創作的素質，把中國文學的發展推向一個新的里程碑。」〔註50〕缺乏個性和道德情感的藝術作品，而僅僅以某種使命感、責任感為聖人立言，藝術家往往是被動的、缺乏生氣的，也容易使欣賞者產生心理疲勞和厭惡感。徐復觀嚴厲批判了那些認為藝術與道德不相容的人，「殊不知道德的教條、說教固然不能成為文學，但文學中最高的動機和最大的感動力，必是來自作者內心的崇高的道德意識。道德意識與藝術精神，是同住在一個人的情性深處。」〔註51〕這就把握到了中國文學精神的正途。

徐復觀認為儒家「文以載道」對文學的束縛主要不是儒家思想的過失，而是專制政治之過，「其實，真正束縛文學發展最大障礙的，是長期的專制政治。」「在專制之下，刀鋸在前，鼎鑊在後，貶逐飢寒彌漫於前後之間，以設定人類良心所不能觸及的禁區，凡是最黑暗、最殘暴、最反人性的，禁區的禁愈嚴，時間一久，多數人變麻木了，有的人變為走向反面的爬蟲動物了。」〔註52〕鑒於此，徐復觀認為要中國文學精神從這種衰蔽、虛無的狀態拯救出來，就必須彰顯悲憤、批判的文學傳統，他說：「所以今日之詩，恐非新舊的問題，而是如何將由專制政治所變形之表現方法，一洗舊染之污，使所謂詩人者敢面對現

〔註49〕 徐復觀：《傳統文學思想中詩的個性與社會性問題》，《中國文學精神》，第 4頁。
〔註50〕 徐復觀：《中國文學討論中的迷失》，《中國文學精神》，第 101 頁。
〔註51〕 徐復觀：《〈文心雕龍〉的文體論》，《中國文學精神》，第 198 頁。
〔註52〕 徐復觀：《儒道兩家思想在文學中的人格修養問題》，《中國文學精神》，第 20頁。

實，以適合於自己之氣質者發抒其感情的問題。」〔註53〕這是先秦儒家的真精神，也是中國文學的生命之所在。

評析：徐復觀一方面通過對「文以載道」「溫柔敦厚」的辨正，對儒家美學進行了新的發掘和還原；另一方面徐復觀又清醒地看到，儒家的藝術精神經過孔子對《詩經》的詮釋以及《禮記正義》對「溫柔敦厚」的注解發生了很大的轉變，批判、怨憤、抗議的精神自漢代以後就日益湮沒在專制的淫威之下，他痛心地說：「民國以來可悲可痛之事萬千，而對此現象之發抒之詩篇不見一二……《詩·變風·變雅》中，很露骨的諷刺現實，甚至於是咒罵現實的詩，不在少數。孔子刪《詩》，都要把這一類的錄而存之，使人便於諷誦。」〔註54〕因而，要重建「中國藝術精神」，就是要在還原儒家真精神的基礎上，貼近時代的現實去發現新的生命。徐復觀在20世紀的離亂之世中所把握到的中國文學的精神就是這種「文以載道」的精神，「文以載道」不是以文學為政治服務，而恰恰是以「道統意識」對抗「治統意識」，以文學傳承民族文化的價值生命，以文學來喚醒社會民眾、重建現代中國人的精神家園。

需要指出的是，徐復觀重建中國文學精神仍然是以「文以載道」「藝以載道」的政治社會學作為文學價值指向的。「文以載道」將德性內化於文學中，忽略了個體的內心感受而傾向於社會層面上的話語生產，這就使它難脫「工具」的特性。徐復觀沒有對文學中怨憤、批判傳統的這種倫理──藝術的兩面性作出區分，這就沒有從根本上解決文學如何走出為專制政治服務的歷史命運的問題。

除了對「文以載道」所體現出的中國文學精神的發掘外，徐復觀的中國文學研究還有兩個值得深入探討的問題：一是通過對《文心雕龍》中「文體」問題的辨析，指出《文心雕龍》的核心是「文體」，這是徐復觀的一個重要觀點。徐復觀認為，從鈴木虎雄、青木正兒到劉大杰、郭紹虞以及今天的港臺學者，共同的謬誤就是把《文心雕龍·上篇》說成「文體論」，把《文心雕龍·下篇》說成「創作論」或「修辭學」。徐復觀認為「文體」實際上包含著「體要」（由題材內容而來的生命整體要求）、「體裁」（由語言文字形式而來的生命整體要

〔註53〕徐復觀：《按語〈從小、大雅看上古時代的言論自由〉》，黎漢基、李明輝編《徐復觀雜文補編》（第一冊），「中央研究院」中國文哲研究所籌備處，2001年，第523頁。

〔註54〕徐復觀：《按語〈論陳含光的詩與文藝獎金〉》，《徐復觀雜文補編》（第一冊），第513頁。

求）、「體貌」（由藝術性的形相而來的生命整體要求）、最後統一於「情性」（由藝術家的才氣學習而來的生命整體要求）幾個層面，由此構成了一個語義系統，對「文體」的疏釋關乎《文心雕龍》本身的體系、全書的主旨、全書所論文學特性等一系列問題的理解。二是對中國文學傳統詮釋方法的探討。20 世紀 70 年代初，顏元叔曾在《中外文學》上發表援引西方文論闡釋中國古詩的論文，大力倡導西方新批評理論，葉嘉瑩、夏志清、徐復觀等學者紛紛就這一學術方法發表意見，由此掀起了一場波及整個臺灣地區的關於文學批評標準與方法、文學批評創新標準的學術論爭。葉嘉瑩認為對中國舊詩研究必須瞭解、尊重創作傳統，而不能僅憑一己的想像和西方理論生拉硬套，任意評說；夏志清則批評了顏元叔為「方法至上」辯護的態度。顏元叔則拉起西方文藝理論作為擋箭牌，認為文學批評可以脫離文學傳統而以文本為中心，他指責葉嘉瑩的文學批評僅僅是歷史傳記資料研究的繼續，並無新意。激於義憤，徐復觀在《中國時報》上發表《從顏元叔教授評鑒杜甫的一首詩說起》一文，對顏元叔徵引西方文論闡釋中國舊詩的方法表示肯定，同時又結合自己的文學批評實踐，嚴厲指出顏元叔治學方法上的三點錯誤：1. 對西學的重視遠超過對中國文學，2. 對中國文學缺乏必須的常識，3. 將西方文論生搬硬套至中國文學之中。顏元叔發表《敬覆徐復觀老先生》，承認自己存在抄錯詩文的訛誤，但又指責徐復觀將自己的訛誤擴展到對西方「新批評」理論的治學方法上，他認為徐復觀的這種治學態度並不符合儒家忠恕敦厚的傳統。對此，徐復觀強烈不滿，又寫了《敬答顏元叔教授》一文，指出了顏元叔回覆文章中栽贓問罪、偷換概念等現象，並全面否定了顏元叔的治學態度和治學方式。由此學術論爭也凸顯了徐復觀的文藝批評方法：葉嘉瑩立足個案比較強調傳統的價值；夏志清則思考學術範式，挖掘文學研究內蘊；徐復觀則重視針對學術現象探討治學方法與態度。

三、徐復觀：《石濤之一研究》，臺灣學生書局，1968 年。

　　該書的緣起，主要是針對王世杰評價中國古代畫論「文字很優美，而內容空疏，意義含糊」的一段文字而起，因而此書有以畫論的疏釋反對科學主義的研究方法判定畫論價值的現實旨向。徐復觀通過對石濤的畫語錄的闡釋，試圖建立一個鑒賞和判定中國傳統藝術的科學方法。重點有四個方面：一是由對「一畫」的解釋以把握石濤畫論的理論結構；二是石濤晚年棄僧入道的新發現，對於我們瞭解石濤的生平具有關鍵性的意義；三是破除了很多人對所謂

「石濤畫譜」的妄見,為我們理解、把握石濤的畫論掃除了障礙;四是對石濤生年問題的一連貫辯難,並肯定「為蕭伯玉送信的,只能是靖江王後裔的石濤……這是論定石濤生平的基石。」〔註55〕

　　《石濤之一研究》的基本觀點多是承續《中國藝術精神》中的美學思想而來,徐復觀多次在書中肯認這一點,「他(注:石濤)的作畫,即是他的『體道』。這在他自己,以為所體的是禪,而實際是於不知不覺之間,上冥於莊子之道,即是由自己藝術精神主體的呈現所得到的生命大解脫。」〔註56〕「所以我便寫了《石濤畫語錄中的一畫研究》一文,以補拙著《中國藝術精神》之所未及。」〔註57〕在此基礎上,他又以石濤的畫論思想為案例,探討莊子思想是如何落實、呈現於其中的,作為《中國藝術精神》一書的補充和延伸。首先,在對「一畫」概念的解釋上,「一畫必在以虛靜之心觀照宇宙,宇宙因此而成為美的對象,以至物我冥合時,始能呈現。一畫的畫,指的是在虛靜之心中所呈現出來的美的形相。」〔註58〕「一畫」只能通過虛靜的修養工夫,在自己的生命中呈現。徐復觀強調藝術與人格修養的關係,「畫的真血脈,必自人格根源之地流出。一般畫家的立足地,是聰明再加上技巧的功力,而缺少人格自覺的向上一關。所謂人格自覺,指的是超出於個人利害得失之上的有所守、有所不為的生活態度……包藏在血肉之中的靈機生意,只有在這種精神狀態之下才開啟得出來,以匯成藝術的真血脈;這不是僅憑聰明和技巧所能問津的。」〔註59〕藝術本來就是指向精神解放的,審美所達到的自由境地也須通過工夫才能實現,因而徐復觀指出「作為藝術精神主體的虛靜之心,一畫只能在虛靜之心中成立,這是蒙養工夫的最後到達點。」〔註60〕由此建立了莊子思想與石濤畫論思想之間的關聯性。

　　二是對石濤晚年「棄僧入道」原因的新探索。徐復觀認為石濤晚年「棄僧入道」,既有政治層面的原因,也有內在精神上的要求。政治層面的因素大家都理解,而精神上的因素則常被人忽視,「石濤一旦棄僧服如敝履,也可能有此一廣泛之背景。八大還俗而欲不為滿清之冠髮所污,只有佯狂裝啞。而石濤在當時的

〔註55〕徐復觀:《石濤之一研究‧第三版自序》,第3頁。
〔註56〕徐復觀:《石濤之一研究》,第67頁。
〔註57〕徐復觀:《石濤之一研究》,第171頁。
〔註58〕徐復觀:《石濤之一研究》,第31頁。
〔註59〕徐復觀:《石濤之一研究‧自序》,第9頁。
〔註60〕徐復觀:《石濤之一研究》,第64頁。

社會關係，遠較八大為複雜，所以只好當道士。」〔註61〕這是明末的遺民在身經巨變之後內心無聲的悲泣、抗議。徐復觀將石濤也放在反抗專制政治的視角下加以詮釋，從而為其人生的這一「棄僧入道」之轉變找到了精神依據。「棄僧入道」也就是要拋棄僧服，以隔斷身邊與政治上有千絲萬縷聯繫的和尚之瓜葛；改充道士，其目的是為了保全故國的冠髮，石濤這一身份上、生活上的大轉變，實隱藏著情感上、精神上「淚欲枯」的悲痛，而石濤的藝術作品，也要在此一背景下才能得到深入的理解，「這要算是他生命經過了一大曲折後所得到的一大昇華與解放。他晚年畫筆的浩瀚縱恣，實以此一生命的大昇華大解放為基底，不能僅從筆墨技巧上去加以解釋。」〔註62〕應該說，徐復觀此論極有見地。

　　三是對石濤寫給八大山人的書札真偽的鑒定。在《增補版自序》中，徐復觀勇敢地承認了自己在以前論戰中的錯誤觀點，「我從書法上斷定日人永原織治所藏的一件為偽，萬分羞愧。至於對草書的『濟』字款，也加以懷疑，完全是少見多怪。」〔註63〕在之前的《石濤畫語錄》中的「一畫」研究中，徐復觀認為日本人永原織治所藏的石濤寫給八大山人的書札為假的。而現在通過細心的考證，徐復觀認為橋本關雪在清道人家所看到的書札和張大千自己所藏的書札都是假的，從而不僅從內容上，而且從書法風格上確定永原織治所藏的書札是真本，這體現了他勇於承認錯誤、堅持真理的可貴勇氣。

　　四是對石濤生卒年問題的辨析。與石濤寫給八大山人的書札真偽問題密切相關的是石濤的生卒年問題，傅抱石根據石濤在《重午即景堂幅花卉精品》上的題詩判定石濤生於 1630 年；張大千則根據《庚辰除夜詩稿》，斷定石濤生於 1641 年；阿問先生在美國安娜堡石濤大展上見到的「寄八大山人函」，也為石濤生於 1641 年提供了「堅強的旁證」。徐復觀則根據錢謙益送給石濤的詩「刀劍輪邊杖錫飛」來判斷，石濤應該生於 1630 年比較準確，並排除了送信的石濤非另一個同名「石濤」的可能性。

四、徐復觀：《黃大癡兩山水長卷的真偽問題》，臺灣學生書局，1977 年。

　　該書是臺北故宮博物院中收藏的黃公望的《富春山居圖》之兩山水長卷

〔註61〕徐復觀：《石濤之一研究》，第 94 頁。
〔註62〕徐復觀：《石濤之一研究》，第 103 頁。
〔註63〕徐復觀：《石濤之一研究‧增補版自序》，第 5～6 頁。

《無用師卷》和《子明卷》的真偽問題引發的論戰文章的合集。《無用師卷》和《子明卷》上面都有董其昌的題跋，然而兩者卻被認為一個是真蹟一個是贋品。從內容上，《無用師卷》題跋的內容較多，它包括《子明卷》題跋的全部並且多出五十七個字，因而臺灣地區大部分學者都認為《無用師卷》是真蹟，《子明卷》是後來的摹本。

徐復觀通過對兩卷題跋的字體及藝術風格進行細緻比較後，把研究精力集中到《無用師卷》多出的這 57 個字上。他認為《子明卷》的董跋，若係摹《無用師卷》的董跋，則《無用師卷》多出的 57 字，摹者何以去之？《無用師卷》董跋多出的字，更有可能是作偽者為求取信於人故意加上去的。此跋的漏洞，便出在多出的 57 個字上。為解決此一問題，首先應把董其昌題跋前後的有關行跡弄清楚，也就是從歷史人物的生平考證《富春山居圖》收藏者與董其昌之間有沒有可能產生交集。因此，徐復觀把兩山水長卷的真偽問題放到董其昌所生活的時代環境中加以考察，通過辨析董其昌的生活過程、生平蹤跡及精神狀態來判斷題跋的真偽。徐復觀通過文獻考證的工夫，搜集到了關於董其昌歷史行程的相關記載。與《子明卷》中的題跋相比，《無用師卷》的題跋多出了 57 個字，改動了 1 個字，徐復觀結合董其昌的生平實際情形，通過交通工具、地名辨析來印證他的行跡與畫中題跋的時間並不相合。他通過藝術思想與時代的關係的分析、藝術家的人品來分析藝術的畫品以判斷藝術品的真偽，這種藝術詮釋方式是建立在大量的文獻資料考據的基礎之上的。

除此之外，徐復觀在《石濤之一研究》中進一步強化了他關於藝術作品與人格修養之間對應關係的論斷，繪畫必須表現藝術家的人格，缺少人格修養的畫家，單純只是憑靠著自己的聰明和技巧，必然缺少藝術之為藝術最重要的「精神」本質。他並不把研究的畫作當成是沒有生命的客體，反而是當作有生命的主體來看待，「以心印心」，這種研究方式也是與古人的內心世界對話，我們經常稱之為「互文性」的研究方式。「畫品」和「人品」的相互為證的詮釋進路，增強了徐復觀美學研究的理論深度和邏輯說服力。

第二節　徐復觀美學論文集略

本節為徐復觀在 1955～1982 年間文藝論文、文藝批評、雜文的彙編，共143 篇。其中，部分篇章原來是以論文的形式發表在《民主評論》等刊物上，

後來以章、節的形式納入《中國人性論史・先秦篇》《中國藝術精神》《石濤之一研究》《中國文學論集》等著作中，這類文章此處一般不作重複介紹；還有部分論文涉及考證以及部分雜文為時事介紹、評論，並無具體觀點，此處僅按照發表時間，列目於上，亦不作內容詳介。

1. 《〈詩的原理〉譯序》，1955 年 10 月 15 日；《人生》1958 年第 12 卷第 5 期。

這是徐復觀為日本人荻原朔太郎的著作《詩的原理》翻譯版所寫的序言，介紹了他翻譯此書的緣由和大體章節。徐復觀談到了對詩歌的本質、批評方法及功能的看法。一、從詩的本質上看，「詩是文字的音樂」，這不僅對日本詩歌適用，也是中國詩歌的核心精神。中國幾千年的文化精神，概而言之就是性情之教，主客觀是統一的，這是詩的靈魂。徐復觀又從中西詩歌比較的角度，認為西方詩歌中常存在主觀與客觀的對立，而中國的詩歌常是把主觀的情感通過客觀的事物的形相表達出來，詩中常呈現主客兩忘、渾茫綿邈的境界。二、從詩的功能上看，欣賞詩歌中所蘊藏的真正精神，可以激發人生內在的性情，潤澤人們枯槁的生命，進而增進民族精神的活力。三、從欣賞和批評詩歌的方法上看，中國傳統文藝欣賞強調「只可意會不可言傳」，只能靠反覆吟誦以達到「意會」的目的。傳統文藝批評依然是以詩的表現方法來評論詩，這對現在的年輕人而言是很難把握到詩的意味的。西方文藝批評通過概念的分解，達到理論上的反省，值得我們學習和借鑒。

2. 《論陳含光的詩與文藝獎金》，《民主評論》1957 年第 8 卷第 9 期。

從《自由人》雜誌上對王國維之死所作的人格上的批評談起，認為我們對於個體人格上的批評，應從動機上判斷其是為了個體利益還是自己的所信所愛。如果像王國維那樣是為了後者，寧願犧牲自己的生命，來貫徹他的所信，來填補他情感上的矛盾和人生上的空虛，即使這件事本身對時代、對社會並無太大意義，但我們還是應該給予同情的諒解和尊重，而不應該拿「這種悲涼而乾淨的死」去攻擊他的人格，否定他的文藝成就。

李辰冬對陳含光詩歌的批評也是從人格、政治觀點來評價文學作品的。徐復觀認為：一、文學批評只應該批評作家是否抓住了當下的情感加以充分表現，這是詩歌批評的基礎，而不能以當下情感的流露去推測他的行為、人格，這體現了徐復觀對傳統「文如其人」文藝批評觀的省思。二、中國文學有「興觀群怨」之傳統，《詩經》中就有不少批評現實、諷刺現實的詩，徐復觀悲憤

地寫道:「民國成立以來,可悲可痛的事象,不可以一二數;對許多可悲可痛的事象,若竟無一二詩人,由感發而形之篇什,這可以說是我們民族的情感已經枯竭了。」〔註64〕諷刺現實、批評現實並非等於要推翻現實,並非是要造反,不應把現實的政治意識形態作為評價學術和文藝作品的標準。三、提出要建立中國本土的文藝批評理論,徐復觀認為中國一直到現在都沒有建立起自己的「詩論」,這就必須走進中國文學的生命裏面去發掘其核心精神,陳含光對詩的本質的闡述是建構中國詩歌批評理論的一個嘗試。

3.《傳統文學思想中詩的個性與社會性問題》,《文星》1958 年第 9 期。

徐復觀從三個方面對文學思想中詩的個性與社會性問題進行了分析。一、詩是個性與社會性的統一,一個偉大的詩人,他的精神總是籠罩著整個天下、國家,把天下、國家的悲歡憂樂凝注於詩人的心,以形成詩人的悲歡憂樂,再挾帶著自己的血肉把它表達出來,作者的情感與讀者的情感,通過作品而融合在一起。二、讀者與作者的情感之所以能融合、對話,就在於「得性情之正」,詩人能得性情之正,則性情的本身自然會與天下人的性情相感相通。在中國傳統文學中,總認為做人的境界與作品的境界分不開,其依據正來自於此。三、詩人個性與社會性的統一,並非是消極性的統一,而是統一於「性情之真」。人的情感,是在修養的昇華中而能得其正,在自身向下沉潛中而易得其真,所以道德與藝術,在其最根源之地常融合而不可分。

4.《釋〈詩〉的比興──重新奠定中國詩的欣賞基礎》,《民主評論》1958年第 9 卷第 15 期。

一、「興」是把詩從原始的、素樸的內容與形式推向高峰的最重要的因素,「興」是情感發生的開始,也構成了抒情詩的基礎。二、詩詞中的精彩句子常常是賦、比、興等方法的合體,所謂「言在環中,意超象外」,很難嚴格區分出它到底是「賦」,是「比」,還是「興」,三者都是由情感串起來的。三、一切文學藝術的最高境界,都是在有限的具體事物之中,敞開一種若有若無、給人只可意會而不可言傳的主客合一的無限境界,這就是「興」最重要的功能。

5.《〈文心雕龍〉的文體論》,《東海學報》1959 年第 1 卷第 1 期。

《文心雕龍》的核心是「文體」,這是徐復觀的一大發現。徐復觀認為:

〔註64〕徐復觀:《論陳含光的詩與文藝獎金》,黎漢基、李明輝編《徐復觀雜文補編·思想文化卷》(上),臺北:「中央研究院」中國文哲研究所籌備處,2001 年,第 515 頁。

一、今天的港臺學者的謬誤就是把《文心雕龍》上篇說成「文體論」，下篇說成「創作論」或「修辭學」。他以周密的解析能力、嚴謹的求真精神揭示了「文體」實際上包含著「體要」「體裁」「體貌」三個要素，「文體」可以說是關乎《文心雕龍》本身的體系、全書的主旨、全書所論文學特性等一系列問題的理解。二、在文體的創新上，應在變中把握不變，「一切合理的變都是出之於會通」。三、要把文學從語言、考據的深淵中挽救出來，只有復活《文心雕龍》中的「文體」觀念，並加以充實擴大，才能接上現代文學研究的主流。

6.《詩詞的創造過程及其表現效果——有關詩詞的隔與不隔及其他》，《民主評論》1959 年第 10 卷第 12 期。

王國維在《人間詞話》中提出了「隔」與「不隔」的文藝批評標準問題。「隔」就是晦澀難懂，如同霧裏看花；「不隔」就是寫景如在目前，寫情則沁人心脾，使欣賞者無須從文字上拐彎抹角地去摸索。徐復觀認為：一、王國維所說的「隔」主要是指藝術家表現的能力，「不隔」必須由真切的人生態度發而為真切的情感，以形成創造的衝動，二者的區別就是「真」，真就是「不隔」。他以陶淵明、李白、杜甫為例，來談情感之「真」對藝術創作的影響，「古今中外，斷乎沒有與時代痛癢無關，而能成為一個像樣子點的詩人、詞人的。這才是中國近代出不來一個真正大詩人、詞人的根本原因之所在。」二、徐復觀指出「隔」與「不隔」與易懂不易懂沒有太大關係，一首詩不易懂，除了讀者基本的欣賞能力限制外，還有讀者與作者人生境界上的懸殊所導致，並由此對王國維「境界有大小，不以是而分優劣」提出質疑與批評。

7.《賣文買畫記——故宮名畫三百種印行的感念》，《民主評論》1959 年第 10 卷第 14 期。

徐復觀介紹了購買《故宮名畫三百種》的趣事，表達了三層意思：一、乾枯的生命能得到藝術的滋潤，是莫大的幸福，這是不惜高價購買《故宮名畫三百種》的原因。二、「名畫」的選擇標準和鑒定方法。徐復觀認為，藝術品的鑒定、圖章款識的考證為一類，純美的鑒賞又為另一類，這兩個方面並不矛盾，應該相互輔助，缺一不可，而這兩種才能又很難兼備於一個人身上。《故宮名畫三百種》的選畫標準，主要是偏於前一類人，他們缺乏直接的藝術欣賞體驗，又不具備近代美學的知識，因而他們選擇「名畫」的標準很難說是合理的。三、從美學的觀點來評鑒畫，是要在它的統一體中領會其風格

神味，畫的每一個構成部分都必須在其統一體中取得自身的地位、價值。假如一幅畫是設色畫，那麼色彩必然構成它的藝術統一印象所不可缺少的一部分，甚至在表現氣氛神味上形成它的主要部分，是不可以隨便更改和與其他部分分開的。而此次《故宮名畫三百種》將不少設色畫印成了水墨畫，這在藝術上是一種莫大的損失。

8.《與梁嘉彬先生商討唐施肩吾的一首詩的解釋》，《民主評論》1959 年第 10 卷第 16 期。

該文就梁嘉彬對《隋書‧東夷傳》中的「流求」一詞解釋為「琉球」展開的分析，尤其是通過對唐人施肩吾一首詩的分析，對梁嘉彬的治學態度和方法進行商榷。一、梁嘉彬由施肩吾的西山集中多兒女私情的詩歌，得出「以見其絕無雄心為海外扶餘」，來作施肩吾不會到澎湖立說的根據。徐復觀認為這是從一個人的行為動機上找根據，殊不知中國人對於海中島嶼的興趣，並不完全是來自想為海外扶餘的雄心，也是來自求仙求樂的幻想。二、梁嘉彬把海防考所說的彭湖情形，來與鄱陽湖相比，來引證鄱陽湖就是「澎湖嶼」。徐復觀經過考證，認為梁嘉彬既把施肩吾島夷行的詩，說成是詠歎鄱陽湖的詩，把「海」解釋為「湖」，否定了稱呼「鄱陽湖」為「澎湖」的可能。三、徐復觀提出了學術科學方法的訓練方式，即應細心讀書，字句要弄清楚，居心要誠實，立說要有證據，推論要合乎邏輯。

9.《櫻花時節又逢君》（東京旅行通訊之一），《華僑日報》1960 年 4 月 2 日。

該文是 1960 年徐復觀到日本東京旅行的系列雜文之一。徐復觀通過對東京等現代大都市繁榮的經濟、高速發展的技術的觀察，把握到現代文明的精神症候，「現代之所以成為現代，正是以精神分裂作為其重要的特徵。」徐復觀認為現代社會人與人之間、人與自然之間分裂，彼此間沒有生命關聯的感覺，「人性的喪失」者眼中的櫻花和瘋狂的脫衣舞表演，正是現代社會物慾對情感的剝奪、科技對人性的宰制的體現。

10.《不思不想的時代》（東京旅行通訊之二），《華僑日報》1960 年 4 月 12、13 日。

該文是 1960 年徐復觀到日本東京旅行的系列雜文之二。一、現代文化是一種感官化、平面化的文化，一切都是靠聲色、耳目去把握，徐復觀以現代歌劇為例，指出現代藝術一味求新、求異、求怪，與人的具體生命和心性沒有關

聯。二、現代文明是一種剝奪了人的主體性的文明，人與自然、個體與社會、主觀與客觀發生了分裂，人失去了自我的主體性，「現代人的生活，是在探求宇宙奧秘面前的浮薄者，是在奔走駭汗熱鬧中的淒涼者，是由機械、支票，把大家緊緊地縛在一起的當中的分裂者、孤獨者。」三、徐復觀認為，在人類的生活中，永遠存在著只能由心靈去把握而不能完全訴之於耳目感官去感受的東西，這即是生命最後的真實、最後的需要，也是人從感官化、浮萍化的不思不想狀態中超拔出來，重建自我的主體性，成為更高程度的文明世界中的主人。

11.《如何開始文藝寫作》，《人生》第 19 卷第 11 期。

中國經過了辛亥革命、北伐、抗戰，但似乎並沒有產生過與這些世變的分量相稱的文學作品。徐復觀認為這主要有兩個方面的原因：其一是科學技術的高度發展，使得人們離著有血有肉、有哭有笑的現實人生越來越遠，文學作品應立足於現實人生，將現實人生作為一個統一體來加以感受、把握、提煉，而不能如現代主義文學那樣僅僅從文學結構的技巧上加以表現。其二是文學研究的圈子裏考據學風盛行，使得文學家們對國家、民族、社會、人生失掉了真切的感受性和責任感。徐復觀認為：一、藝術應該反映社會，文學的特性就在於它對人生、社會所表現出的統一性、完整性，一個人的文學作品中蘊涵著他的人生觀、世界觀，蘊涵著他的哲學。藝術作品的價值，是以由感受而來的感動性的大小深淺來決定的。二、一個有作為的文學青年，在精神上要從自己生活的小圈子中解放出來，使自己的心靈能直接和廣大的社會人生照面，「無我」是宗教、道德、科學、藝術所共同要求的最高精神境界。三、寫作的技巧上應先從短篇寫起，一個人要在醞釀中培養自己的創造能力，要在修改中培養自己的寫作技巧，能耐心地改，忍痛地改，這才是寫作的真工夫。

12.《日本的鎮魂劑──京都》（東京旅行通訊之五），《華僑日報》1960年 5 月 18、19 日。

該文是 1960 年徐復觀到日本東京旅行的系列雜文之五。現代文明是把人拉著向前走的文明，激烈的競爭、壓力讓現代人的精神易墮入虛無、暴亂之中。相對於東京的激烈生活節奏和人情的冷漠，京都卻是一個有閑暇和人情味的城市，有生活的情調，「所謂情調，是暫時把眼前的利害忘記，對生活作某方面的欣賞。」有情調的生活、有「人情味」的生活並不是落後、保守，它是對

現代化緊張、壓抑、分裂的一種緩解和制衡，本質上就包含著人生藝術化的訴求。

13.《毀滅的象徵——對現代美術的一瞥》（東京旅行通訊之六），《華僑日報》1960 年 5 月 24、25 日。

整個世界處於美蘇核戰爭危機的威脅下，整個世界將歸於毀滅。而人類自己毀滅自己的行動早就開始了，它體現在人類毀滅過去文化上的成就。一、美術的產生，是人類脫離混沌、野蠻而奠定自己地位的一個標誌，它是人類通過美的形相表現生命價值的一種方式。二、西方現代藝術打破了傳統幽深、高遠、奇崛的形相之美，以「雜亂」「混沌」「破壞」來展現生命內在的原始、幽暗。這種新生命的探索也是新的，「新」到超現實、超現在，會引導人們順著原始的生命盲目性向後退，退到毀滅的深淵。

14.《京都的山川人物》（東京旅行通訊之八），《華僑日報》1960 年 5 月 31 日、6 月 2～4 日。

該文主要介紹了徐復觀拜訪日本漢學界青木正兒、笠原仲二等教授的情形，涉及美學的有兩個方面：一、中國傳統有「城市山林」的說法，也就是把城市和山林兩個分離的東西設計在一起，使城市中有山林的清幽，山林中又有城市的便利，這是理想的人居環境，京都可以看作是一個「從山中展開出來的生活世界」的代表，這是他的都市生態觀。二、京都的建築庭園設計，具有中國文人畫的特色，「在奧曲中表現它的深遠，在錯落中表現出它的疏淡」，這和文人畫刪繁就簡、在簡淡中追求無限的意境是一致的。三、日本的漢學家治思想史重視中國的經學工夫，尤其注重注疏的考證，這是日本學者的治學風氣。

15.《亞洲之文藝復興——評美國派克森教授的呼籲》，《華僑日報》1960 年 12 月 3 日。

派克森教授認為，只有亞洲的文藝復興，才能重新恢復西方文化的活力和生命。西方的文藝復興，主要是通過復興古典以對抗東方文化的侵襲，捍衛自身文化的主體性。而派克森所謂的「亞洲文藝復興」，也是為了對抗西方文化的影響而堅守自身文化的主體性。徐復觀一針見血地批評了派克森的文化殖民觀念，指出不同文化的交流是為了創造出新文化而非強化某一種文化的殖民霸權，「思想觀念最肥沃的地區，乃是各種不同文化的邊緣。」

16.《莊子的祈向精神自由王國的人性論》,《民主評論》1961 年第 12 卷第 9、10 期。

17.《一個原子物理學家論科學與藝術》,《華僑日報》1961 年 5 月 30、31 日。

該文主要介紹了美國著名物理學家奧本海默的《科學與藝術之展望》演講中的觀點。一、奧本海默指出當前文化中秩序感、統一感的缺乏,這不僅是文化的問題,也是科學與藝術的問題之所在,這喚起了徐復觀對現代藝術價值判斷的「共鳴」,他始終認為文學藝術應該與人產生「共感」、感染人作為文藝發展的前途。二、對科學家與藝術家在社會中的存在狀況的關注。藝術家比科學家在社會上更有孤獨感,缺乏與社會溝通的橋樑,由此進一步導致了藝術與社會之間的疏離。

18.《非人的藝術與文學》,《華僑日報》1961 年 7 月 17 日。

從法國物理學家彪封 1753 年的演說談起,徐復觀區分了物理學研究與文學藝術研究的差異,認為文學藝術世界是人類自身活動的世界。奧本海默談的科學與藝術的關係並沒有抓住問題的實質,現代藝術家的孤獨,主要是源自於他們自己背棄了人間,走向了失去「主體性」的非人間的世界。

19.《達達主義的時代信號》,《華僑日報》1961 年 8 月 3 日。

徐復觀認為西方現代藝術中的超現實主義、抽象主義都是達達主義的發展和擴大,其本質是無意義、破壞、否定,它是西方文明危機的信號,是西方文明中機械文明與人文主義之間存在尖銳矛盾和對立的反映。然而,達達徹底的否定精神連自身存在的意義都否定掉了,是「強烈破壞性的胡鬧主義」,希望通過達達主義而求得精神上的自由解放,無異於緣木求魚。

20.《現代藝術的歸趨》,《華僑日報》1961 年 8 月 14 日。

一、現代藝術代表著藝術發展的某種傾向,關乎著人類的未來。二、現代藝術的第一個特徵就是主張破壞藝術的形相,現代藝術家所謂的「抽象」,乃是要把自然形相完全抽掉,這和中國傳統繪畫的「抽象」是截然不同的。藝術的形相是主客合一的結晶,它並非單純地模仿自然,而是一種有情感的創造。三、現代藝術的第二個特徵就是反合理主義,由反合理主義進而反理性、反道德、反人的主體性、徹底否定歷史和現實,走向了幽暗混沌的人性。

21.《從藝術的變,看人生的態度》,《華僑日報》1961 年 9 月 3 日。

一、藝術以形相之美為它的生命,藝術的創新,常常在形相的變化上呈現

出來。然而形相和感官對藝術家而言，只是第二義的；把創新完全寄託在形相的變上面，這就背離了藝術的本質。二、現代的抽象藝術，為了求得感官上的新奇，而寧願犧牲、破壞藝術的一切傳統，甚至否定藝術本身，連美的觀念也否定掉了，這就走向了反藝術。三、現代藝術以形式、技巧上的求新求變為目的，凸顯了西方近代文化的本質即是「官能文化」，一切都要在感官上求滿足、求解決，此形成了大量的、只有感官感覺而無精神境界的現代藝術家。

22.《愛與美》，《華僑日報》1961 年 10 月 1 日。

23.《給虞君質先生的一封公開信》，《新聞天地》1961 年第 716 期。

該文是徐復觀回覆虞君質對《現代藝術的歸趨》的批判，主要涉及三個問題：一、抽象藝術有無思想的問題；二、抽象藝術有無破壞性的問題；三、是否存在給現代藝術家扣帽子的問題。徐復觀的回覆是：一、合理主義是思想，反合理主義也是一種思想，因而抽象主義並非是「沒有思想的藝術」；二、現代藝術具有破壞性，以潛意識作為創作的主導，當然是對傳統藝術創造的破壞，現代藝術之所以為現代藝術，就在於徹底反傳統；三、不應把人身攻擊和扣帽子當作學術論爭。

24.《現代藝術對自然的叛逆》，《華僑日報》1961 年 11 月 5 日。

偉大的藝術品，常表現為物我兩忘、主客合一的境界，抽象藝術和超現實主義是現代藝術中的兩大臺柱，其抽象、變形來自於主體的變態精神，由此形成了現代藝術「非人間」的性格。另一方面，徐復觀也看到了現代藝術是個體情感、精神的表現，「他們用這種方法，要把社會變形，把人生變形，當然也要把自然變形。這種變形，是要把失掉了地位、失掉了自由、失掉了安全感的現代人的苦悶、煩躁、厭惡的感情，表現於他們的作品之上。」這是值得我們注意的。

25.《虛偽地學術爭論──附轉載文四篇》，《民主評論》1961 年第 12 卷第 23 期。

包括前面的《現代藝術的歸趨》《給虞君質先生的一封公開信》以及本章第三節的《抽象評議》《藝術辯論》，共四篇文章。

26.《中國文學的選、注、譯等問題──梁選〈古今文選〉序》，《人生》1961 年第 23 卷第 3 期。

編輯「文選」是文學史上的大事。選文通常有三種標準：一是倫理性選文，二是文獻性選文，三是文學性選文。選文最重要的標準是內容，學術性文章的

內容，是要求對人類的知識能有所增加。而文學作品的本質，是把人生內蘊的生命波動，通過語言文字的技巧表現出來。站在文學的觀點來選文，其著眼點不是某一作品對知識的有無增加，及與時代是否適應，而是對由格律的聲色之粗，以通於神理氣味之精的感受性，文學的價值，乃在表現技巧與生命波動的融合。該文還談到了對文言文翻譯成白話的看法，一是站在文學的立場，任何翻譯，也不能給原有的文學氣氛、情調以損害。神理氣味、格律聲色，是與創造者的個性、教養，乃至創造時的環境與精神狀態，有不可分的關係。二是站在解釋的立場，將文言譯成口語後，並不一定能盡到解釋之責。因為讀者所最難瞭解的常常是字句背後的理路或根據。

27.《答虞君質教授》，《民主評論》1962 年第 13 卷第 2 期。

該文是對臺灣大學哲學系虞君質教授批評徐復觀「《文心雕龍》的文體論」研究的答覆，主要牽涉到三個問題：一是色彩的三原色的說法問題；二是利普斯的「移情說」中情感的「移入」與「移出」的問題；三是《世說新語》中的人物品鑒欣賞的是「活」的人物形象，即容止，那麼如何評價古希臘的靜穆的雕刻人物形象？徐復觀對上述說法進行了一一辨析與回應。

28.《當前的文化問題》，《自由報》1962 年 1 月 24 日。

該文是徐復觀針對胡適在東亞地區科學會議上的演講而寫的批判文章的回應。胡適認為中國文化、印度文化幾乎沒有靈性，徐復觀不滿於胡適一口氣把幾千年中的聖賢、文學家、藝術家、忠臣義士加以污蔑、抹殺的態度，不滿於胡適以科學主義的方法進行《紅樓夢》的考證帶壞了文藝研究的風氣，不滿於胡適只有聰明而沒有分析能力的學術態度，「他的自由主義，實際是魏晉人的清談的性格；自己生活於富貴之中，卻表示另有高情遠致。」

29.《自由中國當前的文化爭論》，《華僑日報》1962 年 2 月 9 日。

30.《文體觀念的復活——再答虞君質教授》，《民主評論》1962 年第 13 卷第 4 期。

該文是對虞君質的《對於徐復觀藝術觀念的批評——兼論徐復觀的品格與風格》一文的回覆。一、「文體」的觀念，在研究文學理論和技巧方面，是居於中心、統攝的地位，劉勰的《文心雕龍》就是一部深入而完整的文體論。徐復觀的《〈文心雕龍〉的文體論》一文，正是要復活傳統的「文體」觀念，為研究《文心雕龍》及傳統文學理論的人開闢出一條大路，並進而通中西文學理論、技巧之郵。二、時下有人把「文體」稱為「風格」，更多人把「文體」

譯為「Style」都是不準確的。離開了文學的藝術形象,便無所謂氣氛、情調,「形象」是對藝術的基本規定。「文體」之「體」,就包含了這種形象性,而「風格」概念不容易把「文體」的這一層意涵表達出來。三、回應虞君質關於「文體」的諸多誤解和批評,明確指出「文體」包含有「體裁」「體要」「體貌」三個層面的意義。

31.《歷代詩論·序》,《歷代詩論》,香港民主評論社,1962 年。

這是為《民主評論》編輯金達凱《歷代詩論》一書所寫的序。徐復觀認為:一、以金達凱的人生經歷和生命歷程為出發點,他在顛危變幻的憂患之中,深契古人之心,從而使其不能向外發抒的生命力,於沉潛往復中與古人的心魂相遇。二、徐復觀對滿清乾嘉訓詁考據的學風進行了批判,除了少數精勤嚴謹的學者,大多數人既無思想,也無性情,只是攀援門戶、標榜聲氣。三、有兩種治學的方法:一是做平面的廣度的學問,也就是以歸納方法找出事物相互之間的關係的學問;二是由人生內部激發出來的深度的學問,要麼像宋儒那樣把收集的材料加以思辨、內證和實踐,要麼就是用文字將生命的共鳴共感呈現出來,「情與意,便在反省中純化、昇華。同時,這也是整個生命的純化、昇華。」

32.《過分廉價的中西文化問題──答黃富三先生》,《文星》1962 年第 53 期。

33.《有關〈秦始皇〉的劇本》,《徵信新聞報》1962 年 3 月 30 日。

該文係對日本人拍攝《秦始皇》劇本的評價。一、日本人拍攝中國的歷史劇,這是擴大中國文化影響的好機會,應該加以鼓勵。二、日本人對於秦始皇的拍攝,太多虛構和戲劇化,缺乏歷史事實的支撐;而臺灣地區所提出的意見,更是缺乏歷史常識之論。三、歷史劇本的編寫應該符合兩個基本原則:一是劇本的大輪廓、大方向、大綱領必須符合歷史事實,而對於穿插其間的小細節則可以適當戲劇化,以增加作品的趣味;二是劇本中出現的歷史人物,其生平經歷應該大體與歷史相符,為了避免單調和刻板,劇本中虛構的人物可以加以戲劇化的表現,以增加作品的藝術感染力。

34.《正告造謠污蔑之徒》,《民主評論》1962 年第 13 卷第 8 期。

35.《弗諾特對現代文學的影響》,《人生》1962 年第 23 卷第 11 期。

徐復觀認為,弗洛伊德的精神分析學在現代文學中有很大的影響,尤其是當前文學藝術的趨向,如果不追溯到弗洛伊德就很難找到合理的解釋。弗洛伊德以為人生的幸福,第一就是愛美,而美的魅力,是性的第一屬性。所以現代

文學藝術作品，大多是由性慾採取某種變形而加以昇華的。他以文藝復興時期的畫家利俄阿托和文學家喬伊斯、勞倫斯為例，認為弗洛伊德精神分析學之所以在文學上具有這樣大的影響，既有文學自身求變革的要求，更有時代背景因緣時會的結果。文章的最後，徐復觀認為現代文學藝術的出現，正體現了對傳統藝術觀念和形式突破、創新的努力，歐洲的自然主義文學到了福樓拜已經到達極致，而象徵主義文學藝術正是要從這種定型的停滯中逃脫出來，另開新境，而受弗洛伊德影響的心理主義文學，正體現了象徵主義文學新的探索。這篇文章的意義是，徐復觀積極肯定了象徵主義、心理主義文學藝術的歷史價值，由此可以讓我們更全面地把握徐復觀的現代藝術觀念。

36.《泛論形體美》，《華僑日報》1962 年 8 月 26 日。

中國傳統美學存在重德抑色、重教化輕形體的傾向，古典美學中不乏反形式美、反形體美的思想。在該文中，徐復觀特別強調形體美的重要性。一、美的體驗，總是從形體美開始的。中國傳統文化有重德輕色的傾向，「有德而無色的女性，有如又苦又澀的營養品，對人生總是一種缺憾。」而當前的時代，現代藝術也不再是美的昇華而趨向美的否定。徐復觀認為，女性的形態美，將成為美的永恆的定石，將成為扭轉當前藝術變態心理的強有力契機。二、感性的美，在美的價值衡量中，只能居於最低級的地位。美之所以可貴，因為它是縹緲的、想像的、可遠觀而不可褻玩的。感性的美往往經不起時間的考驗，形態美的自我完成，也常和英雄的自我完成一樣，只能訴之於悲劇。三、對於形態美的主體而言，如何擺脫這種悲劇呢？那就是由對形體美的追求，轉換為對倫理美、情感美、心靈美的追求，美也不能離開純淨雅潔的心靈。美的價值，主要在於使人通過形態去把握心靈所引起的想像。

37.《一件偉大傳記文學的誕生》，《民主評論》1962 年第 13 卷第 19 期。

從倫勃朗貧病以死說起，房龍通過為倫勃朗立傳來表達他對這個漠視藝術的時代的抗議。徐復觀認為房龍寫倫勃朗傳，就和司馬遷寫《史記》、曹雪芹寫《紅樓夢》是一樣的心境，都是把偉大的藝術家及其相關的時代，於不知不覺之間融入到自己的精神裏面加以表現。

38.《從文學史觀點及學詩方法試釋杜甫〈戲為六絕句〉》，《民主評論》1963 年第 14 卷第 4 期。

該文從臺灣師範大學國文研究所的一道試題談如何解釋杜甫的《戲為六絕句》一詩說起。一、徐復觀對試題的合理性進行考證，對《戲為六絕句》作

出進一步的解釋，指出杜甫並沒有看輕初唐四傑的文學地位，華麗中有風骨，便由柔麗而剛健、由卑俗而高雅、由局促而闊大、由浮薄而深厚，初唐四傑賦予了初唐詩歌新的生命。二、杜甫《戲為六絕句》所開創的詩風，融匯百家、兼容並蓄、涵宏光大，也是立基於「四傑」的基礎之上的。三、杜甫的《戲為六絕句》表明，在文學史上，凡是以自己的心靈與時代相融合，因而代表了一個時代的文學作品，便不會是「死文學」，而能永垂不朽的。

39.《臺北的文藝爭論》，《華僑日報》1963 年 5 月 24 日。

40.《看〈梁祝〉之後》，《徵信新聞報》1963 年 5 月 28 日。

徐復觀認為，電影版的《梁山伯和祝英臺》把文字上所寫的，用演員的動作覆活了過來；把尋常舞臺上所無法完全呈現的背景，用集中的、實驗的布景、選景，將氣氛烘托了出來。那麼，這部電影成功的地方在哪裏呢？一是在七情六欲的人間世中，顯出了一片純淨之愛。藏在人性深處的愛，本來是很純淨的；正因為是純淨的，所以其本身也是藝術的。通過藝術史、文學史來看，這正是一切偉大的藝術家、文學家所追求的方向，也是發掘不盡的源泉，因為適合真正人性所要求的藝術。其二感人的效果是由黃梅調創造出來的，曲子唱的腔調，即是情感自身的體現；腔調本身即是情感。「平劇」已經經過了漫長的發展，它的腔調太複雜、太高級了，因而它的美比較接近於音樂。而黃梅調則完全出自於黃梅民間，它的腔調，反映出民間自然流露出的素樸的情感，而又與自然的語言相去不遠，所以把它融入到電影的動作裏去了，使戲劇充滿現實感，大大強化了藝術效果。該文的意義在於，徐復觀認為民間藝術因為貼近生活，所以真實素樸，富有現實感，因而能感動人，這似乎對他在《中國藝術精神》中所開闢出的代表精英藝術趣味的「虛」「靜」「明」的藝術境界是一種有效的補充。

41.《答李漁叔先生》，《新天地》1963 年第 2 卷第 5 期。

該文主要是徐復觀就杜甫《戲為六絕句》的理解問題與李漁叔先生的商榷文章，主要探討了三個問題：一是關於杜詩注釋中的「趙曰」是不是「趙彥材」的問題，徐復觀認為根據手頭掌握的資料，尚無法斷定此「趙曰」一定是「趙彥材」所注。二是對「龍文虎脊皆君御」中「龍文虎脊」的解釋，李漁叔認為這是指良馬的特種形體而言的，徐復觀認為這裡是指通過不同顏色的馬比喻不同的文體。三是對「才力應難誇數公」一句的解釋。李漁叔認為「誇」應作「跨」，此處應作仄聲，讀平聲就「失黏」了。徐復觀認為音樂的聲律體現在

詩歌裏就是平仄,「誇」讀作平聲並不「失黏」。「誇示」乃就精神狀態而言的,並非現實發生的情形。

42.《環繞李義山(商隱)〈錦瑟〉詩的諸問題》,《民主評論》1963 年第 14 卷第 13、14 期。

43.《論難不怕錯誤,只怕說謊——補答李漁叔先生》,《新天地》1963 年第 2 卷第 6 期。

該文是徐復觀就杜甫《戲為六絕句》的理解問題與李漁叔先生的第二篇商榷文章。徐復觀首先指出李漁叔所說的「九家集注杜詩是研究杜詩所必讀的書籍」是說謊,因為「九家集注杜詩」除了四庫全書的抄本外,一般人是難以見到的。李漁叔所提到的「九家集注杜詩」應該抄自郭紹虞的《杜甫戲為六絕句集解》一文。其次,徐復觀通過對《集千家注杜工部詩》的版本形成的考證,對杜詩注釋的權威性以及以錢、仇、楊的杜詩箋注作為「共許」的合理性等問題進行了辨析。

44.《說謊與九家注杜詩的問題——再答李漁叔先生》,《新天地》1963 年第 2 卷第 8 期。

該文是對李漁叔《傲慢與偏見》一文的回覆,主要辨析了九家集注杜詩的版本、收藏、評價情況。徐復觀特別指出,欣賞詩歌須具備兩個要素:一是要有作詩的創作體驗,但僅僅有體驗還不夠,因為文學創作和文學批評是出於兩種心理狀態及兩種工夫的過程;二是要作有關的學問上的訓練和努力。

45.《中國人性論史・先秦篇》,臺中:「中央」書局,1963 年。

46.《一個藝術家的反抗》,《徵信新聞報》1964 年 1 月 1 日。

該文主要從導演李翰祥脫離邵氏影業來臺灣地區獨立拍攝《七仙女》談起,徐復觀認為這體現了一個電影藝術家對於庸俗資本家的反抗。李翰祥儘管在金錢、製作及籌備上都不及邵氏,然而依然克服了物質上的劣勢而拍出了較高的藝術水準,這激起了徐復觀的精神共鳴。徐復觀認為,一部好的電影,要有好劇本、好導演、好演員,「由捧角進而重視導演,這是社會對藝術欣賞的一大進步。」就影片布景而言,李翰祥拍的《七仙女》虛實結合,於虛無縹緲中露出的白玉欄杆引發觀眾無窮的想像,而呈現出更深的意境。就情節安排上講,李翰祥的電影情節靈活自然,不同的場景採用不同的手法、不同的分量來呈現,在藝術上更有表現力。

47.《關於〈一個藝術家的反抗〉一文》,《徵信新聞報》1964 年 1 月 7 日。

徐復觀在欣賞了李翰祥導演的《七仙女》後,從藝術的角度對其評價甚高,稱其為「一個藝術家的反抗」,也就是藝術對金錢的反抗。文章刊出後收到了很多謾罵,徐復觀寫此文是為了進一步說明,藝術批評不是文化宣傳,應該擺脫金錢的引誘、權勢的威嚇,而秉持良知和公心。

48.《孔子「為人生而藝術」的藝術精神》,《民主評論》1964 年第 15 卷第 1、2 期。

49.《韓偓詩與〈香奩集〉論考》,《民主評論》1964 年第 15 卷第 4、5 期。

50.《藝術的胎動,世界的胎動》,《華僑日報》1964 年 3 月 14、15 日。

51.《漫談國產影片》,《徵信新聞報》1964 年 3 月 24 日。

52.《國產電影的民族風格問題》,《自由報》1964 年 4 月 22 日。

該文主要探討民族藝術與世界藝術的關係問題。每一門藝術都有特定的藝術範圍,也有共同的精神根據。隨著歐洲民族國家的成立,而出現了「民族文學」這個概念。歌德提出由「民族文學」走向「世界文學」之後,對「世界文學」的界定又成為一個爭論話題。徐復觀認為,文學家是向人性更深更完全的地方探索的人,文學作品是對人性作更深更完全的表現。突破民族文學的偏見,使人性能表現得更深更完全的文學,即是世界文學。一、文體、語言文字等,都必定與某民族的傳統、社會有密切的關係,並且在文學中所象徵的事物,也一定是與作者的生活密切相關的事物,這就是民族風格的由來。二、人性的實存必然和某些人性深處未解的「問題」相關,文學、藝術對人性的呈現,實際上是人性對這一「問題」的回應。「問題」追問得越深,人性的呈現也就越深刻。因而,一個成功的作品,是世界的,同時也是民族的。因為人性的自身是世界的,觸動人性的問題及其表現的形式是民族的。三、徐復觀還談到了藝術技巧的問題,電影畢竟是一種需要高超技巧的藝術,這是不受民族傳統及社會影響的,也是電影不同於文學的地方。但是,僅僅只有技巧,還不足以成為藝術,電影藝術的起點、終點,依然是人性的表出。

53.《莊子藝術精神主體之呈現》,《民主評論》1964 年第 15 卷第 11、12、13 期。

54.《釋氣韻生動》,《民主評論》1964 年第 15 卷第 17、18、19 期。

55.《偶讀偶記》,《中華雜誌》1964 年第 2 卷第 7 期。

該文是對韓偓《香奩集》和李商隱詩歌的考證。徐復觀認為,韓偓的《香奩集》雖然收有韓偓一部分詩歌,但是有大量的他人的作品收在內,與韓偓沒有直接的關係。通過對《思歸樂》中「容殊玉易銷」的辨析,徐復觀認為這首詩來自《全唐詩》中張文收的「容殘玉易銷」,「凡是沒有經過追查根底的話,那怕是出自名家,也常常靠不住。」這是將初唐人的詩歌收入到晚唐人的詩集裏去的一個例證。徐復觀又以李商隱四首涉及崇讓宅的詩歌為例,對以往從李商隱與令狐綯的關係上去解釋這首詩的方法提出了批判,認為李商隱不止悼亡,還有怨憤之意,末聯言人生榮謝,表達了不願向其岳父王氏依草附木之意。

56.《〈學藝週刊〉發刊詞》,《徵信新聞報》1964 年 10 月 5 日。

一、藝術究竟應該對時代作何種反應?是順承性的反映呢?還是反省性的反映?「世界文藝復興運動」如何可能呢?徐復觀認為,文藝不存在古今中西的問題,只存在如何從現代危機中脫出而為人類獲得生存的保證與更好的生存的問題。二、當今時代的虛無主義氣息使人處於麻木不仁的狀態,對一切都失去了興趣,這是一個缺乏人文教養也最需要人文教養的時代。通過文學藝術可以將人從麻木不仁中喚醒過來,打開自我的禁錮,以開放的、嚴肅的、審美的心靈盡自己對時代的責任。

57.《藝術的社會性問題》,《華僑日報》1964 年 11 月 18 日。

該文主要介紹了斯本達《社會目的與藝術家的態度》一文,斯本達是英國著名的詩人和評論家,他認為不管是藝術為現實服務,還是為宗教服務,藝術依然有獨立於社會和宗教之外的自身特性,有自己的獨立王國。以極端抽象主義為代表的現代藝術,表現完全主觀的東西,走的是人性的扭曲、變異之路。在此意義上,徐復觀認為斯本達依然是從個人主義出發來解釋藝術的社會性,他並沒有瞭解到藝術中個人與社會在互相超越同時又「相融」「相即」的關係。

58.《中國畫與詩的融合》,《徵信新聞報》1964 年 12 月 7 日。

59.《現代藝術的永恆性問題》,《華僑日報》1964 年 12 月 13 日。

該文由現代藝術反思藝術的永恆性的問題。現代藝術家是一群感觸銳敏的人,把自己的絕望心理、對社會的不滿情緒和對理性、秩序的否定通過一種扭曲、變態的方式表現出來。徐復觀認為現代藝術沒有美的意欲,也不是創新,而是出自鎖閉的人性、心理狀態。真正永恆的藝術,應該表現正常的人性,並通過將客觀的自然、社會納入到心底進行美的觀照,呈現出人性之自然,這是

藝術的永恆性得以成立的根據所在。

60.《回給我的一位學生的信》,《徵信新聞報》1964 年 12 月 28 日。

61.《中國山水畫的興起》,《民主評論》1965 年第 16 卷第 6 期。

62.《唐代山水畫的發展及其畫論》,《民主評論》1965 年第 16 卷第 10 期。

63.《故宮盧鴻草堂十志圖的根本問題》,《東海學報》1965 年第 7 卷第 1 期。

64.《被期待的人間像的追求》,《華僑日報》1965 年 3 月 5 日。

65.《張大千大風堂名蹟第四集王選西塞漁社圖的作者問題》,《民主評論》1965 年第 16 卷第 13 期。

66.《西化與色情》,《華僑日報》1965 年 7 月 8 日。

67.《趙松雪畫史地位的重估》,《民主評論》1965 年第 16 卷第 16 期。

68.《中國文學中氣的問題——〈文心雕龍·風骨〉篇疏補》,見《中國文學論集》,臺中:東海大學出版社,1965 年。

中國文學中的氣的觀念來源於《孟子》,「浩然之氣」就是道德理性與生理作用合而為一後,生理作用向精神昇華的精神現象。曹丕提出「文以氣為主」來說明文體的根源,促進了中國文學的自覺;劉勰則以情性來說明文體的根源。徐復觀通過對《風骨》篇的糾誤和「風骨」概念的辨析,指出風骨在文學中的作用,就是氣在文學中的作用,氣是活的生命,文學中的「風骨」,正是把這種活的、昇華了的生命的節律,注入字句之中,使得文章也充滿生氣。氣在文學中的作用,既與藝術家的才相合,也須與藝術家的學相合,這就涉及到「養氣」的工夫。養氣,實際上通過一種修養的工夫,突破氣對於人的局限性,使其向精神上昇華,並給精神以向外實現的力量,由提高人以提高作品的養氣工夫,必然是每一位大文學家乃至藝術家的最根源的工夫。

69.《從裸裸舞看美國的文化問題》,《華僑日報》1965 年 11 月 18 日。

70.《中國藝術精神·自敘》,《徵信新聞報》1965 年 12 月 11 日。

71.《中國文學論集·自敘》,《徵信新聞報》1965 年 12 月 22 日。

72.《中國藝術精神》,臺中:「中央」書局,1966 年。

73.《永恆的幻想》,《華僑日報》1966 年 2 月 28 日。

在中國文化中,月亮是一個有情的存在,是一個蘊含了無數騷人墨客美的幻想的存在,是一個有著無數神話傳說的存在。人生的悲歡離合、人世的滄桑

喜樂，都可以通過對月亮的欣賞而得到情感上的滿足。這種至善至美的追求，是人從現實中陞進的一種力量，因而由藝術理性及由道德理性所發出的幻想，不是與真實相衝突，而是要求人發現更多更大更深的真實。

74.《懷念溥心畬先生》，《徵信新聞報》1966 年 11 月 15 日。

徐復觀從購買溥心畬的畫以及後來在臺中的交往說起，論述了溥心畬的藝術特色以及藝術教育觀。一、學畫先讀經，讀經是精神教養的源泉。沒有精神修養，僅僅以舞筆弄墨鑽營奔走的人，是半文不值的。二、書畫的「工夫」要在實踐中磨練，而不能靠口頭講解，「花五六年的工夫所摸出來的路數，三五分鐘就把它說完了。說完了以後，和學的人依然毫不相干。」只有在實踐中磨練到一定程度，再稍加指點就通了。三、藝術上超凡脫俗的境界來源於日常生活的修養，真正的藝術家和哲學家，大多在生活中也常常是一種孤獨寂寞的狀態，而與現實的人情世俗保持適當的距離，這也是溥心畬晚年的心靈狀態。

75.《摸索中的現代藝術》，《東風》1966 年第 3 卷 8 期。

76.《石濤〈畫語錄〉中的所謂「一畫」的問題》，《東方雜誌》1967 年第 1 卷第 5、6 期；《石濤之一研究》，臺北：臺灣學生書局，1979 年。

77.《石濤晚年棄僧入道的若干問題》，《東海學報》1968 年第 9 卷第 1 期。

78.《抽象藝術的斷想》，《華僑日報》1968 年 2 月 3 日。

藝術是通過自然形相的秩序以把握自然精神所蘊含的秩序，自然精神既不為其形相所拘，也不會離開形相而獨在。對形相的否定，也就是對秩序的否定，這是抽象藝術、意識流文學共同的手法。藝術家的任務不能僅僅依靠形式上的變異、變態，更重要的在於內在世界深度和廣度上的開拓。

79.《文學與政治》，《陽明雜誌》1968 年第 28 期。

80.《與張大千先生的兩席談》，《華僑日報》1968 年 2 月 15 日。

該文介紹了徐復觀與張大千會面所談的三個問題。一、石濤的《大滌草堂圖》及畫札的真偽問題，徐復觀認為張大千和其師清道人所藏的都是假的，日本人永原織治所藏的可能是真的。張大千認為考證應以墨蹟為準，永原織治所藏的《大滌草堂圖》及畫札都是他自己偽造的。二、張大千與畢加索會面的問題，畢加索的創作有摹仿中國藝術、日本藝術和非洲藝術的痕跡，他的藝術對西方文化帶有一點抗拒的色彩。三、張大千的大潑墨畫的創作動機。張大千說

自己的潑墨畫並非湊現代藝術抽象畫的熱鬧，而是取法於唐代王洽的潑墨，加以青綠、工筆交互為用，得無象之象。徐復觀認為張大千在技巧修煉上的成就，是兩三百年來少見的；而他在藝術創造上所作的努力，當代只有齊白石可比擬。然而從人格修養的角度看，張大千對中國藝術精神的把握，似乎還有進步之空間，也就是由技巧上向外用力轉向精神上的向內凝煉。

81.《環繞石濤的偽造偽鑒問題》，《大陸雜誌》1968 年第 37 卷第 4 期。

82.《石濤生平問題——答李葉霜、王方宇各先生》，《大陸雜誌》1968 年第 37 卷第 7 期。

83.《讀旡鳳〈清湘遺人的五端圖〉書後》，《中華雜誌》1968 年第 6 卷第 12 期。

84.《宋代的文人畫論》，《美術學報》1968 年第 3 期。

85.《我國繪畫中樹幹的顏色問題》，《大陸雜誌》1969 年第 38 卷第 10 期。

該文從一位愛好中國畫的外國人對中國畫樹幹的顏色的批評入手，徐復觀原先也認為以原色作樹幹的顏色似乎是一種技術上的簡率。在一次散步中，徐復觀頓悟這種畫法並非古人偷懶，而是古人體察入微，以此來作表現光線之一助。藝術的創造固難，瞭解古人在藝術上的用心和努力，恐怕是難上加難了。

86.《石濤生年問題的餘波——敬答王方宇先生》，《大陸雜誌》1969 年第 39 卷第 7、8 期。

87.《論蕭立聲的人物畫》，《明報月刊》1970 年第 5 卷第 6 期。

該文認為，真正的中國畫創作始於魏晉。魏晉時期最流行的是人物畫，但是魏晉人物畫和之前時代的人物畫最大的區別在於，以前的人物畫的價值，多決定於人物所繫屬的故事；而魏晉人物畫的價值，則決定於畫者能否傳寫出被畫者的精神，這就奠定了中國畫的發展方向。圍繞著中國畫史上的「傳神」概念，徐復觀將其追溯到莊子的「德」的概念，《德充符》中「德有所長而形有所忘」的「德」就是「神」，由形向神的突入，即是向人的本質的突入。神不為形所拘束，但神亦必須通過形而呈現。中國的人物畫是形神相即相融的作品，是具象與抽象融合無礙的境界。畫家的精神境界，決定了被畫者的精神境界。蕭立聲的人物畫，以山水畫之放逸精神入之於人物畫，故能傳人物之神而無匠氣；以人物畫的精嚴技巧入之於山水畫，故其筆墨輕而不佻、重而不滯，於虛靈幻化之中，有篤實倉樸之味。

88.《候碧漪女士的仕女花鳥》,《明報月刊》1970 年第 5 卷第 8 期。

該文認為,人格修養的境界與藝術作品的境界是相應的,中國詞人畫家常把花鳥與女子並稱,不僅是可以互見其美,而且亦可以互見其清。當然,這種詞人畫家,必定要由修養而得到一股清靈之氣,才可與女子和花卉魚鳥相通相感,才能寫出與之相稱的詩詞圖集來。

89.《評江清的樣板藝術》,《華僑日報》1970 年 10 月 12 日。

90.《釋〈詩〉的溫柔敦厚》,《華僑日報》1970 年 10 月 26 日。

該文認為儒家的詩教奠定了中國詩歌溫柔敦厚的基本性格。詩人將溫柔敦厚的情感,發而為溫柔敦厚的語言及語言的韻律,這就形成了詩的溫柔敦厚的性格。然而在專制政治下,由鄉愿的文藝理論解釋出來的「溫柔敦厚」則是苟全心理的反映,對現實中的醜惡、人類的大是大非問題,依然要假溫柔敦厚之名,這自然就造成了文論的空虛化和詩道的衰落。

91.《言行之間》,《南北極》1971 年第 6 期。

92.《自然與文學的根源問題——〈文心雕龍〉淺論之一》,《華僑日報》1971 年 3 月 3 日。

該文解釋《文心雕龍·原道》中「自然」的概念。「自然」一詞最早見於《老子》,《老子》中「自然」有四層含義:一是道自身的形成,道是「自己如此」之自然;二是道創生萬物之自然,「生而不有,為而不恃,長而不宰」;三是人性之「自然」,也即是人性本來就自由、樸實的本質;四是人生之「自然」,也就是人生之無為之本性。劉勰的「自然」指的是「自己如此」的含義。

93.《〈文心雕龍·原道篇〉釋略——〈文心雕龍〉淺論之二》,《華僑日報》1971 年 3 月 10 日。

該文將中國文學的精神追溯到儒家的經上,「文學出於六經,以尊聖、尊經者尊文學,並端正文學的方向。」道之文向人文落實,便是儒家的周、孔之文。世界文學有「為文學而文學」與「為人生而文學」兩大流派,徐復觀認為中國文論史上的「文以載道」所指的「道」,指的是儒家之道,在中國文化中只有儒家對現實人生社會有正面的擔當性。

94.《中國文學欣賞的一個基點》,《華僑日報》1971 年 4 月 21 日。

一、文學欣賞的過程,就是一個「追體驗」的過程。「體驗」是作者創作時的心靈活動狀態,讀者要對作品一步一步地追到作者的這種心靈活動狀態,才算真正說得上是欣賞。二、通過「追體驗」欣賞文學作品,應該有一個起步

的基點，就是對作品結構的把握，徐復觀列舉了四種綱領安排方法，對文章的不同結構進行分析。

95.《中國文學中的想像問題》，《華僑日報》1971 年 5 月 25 日。

該文認為，西方文論中提出了三種想像，分別是創造性想像、聯想性想像和解釋性想像，對應的大概是中國文論中「感」「思」等概念。那麼，究竟什麼樣的想像是文學的想像？什麼樣的想像是空想呢？徐復觀認為，由情感所推動的想像、與情感融合在一起的想像才是文學的想像。從想像中抽掉了情感，也就等於從想像中抽掉了真實。他通過白居易《長恨歌》中的「夕殿螢飛思悄然，枯燈挑盡未成眠」兩句的辨析，指出想像的合理性，不應當用現代科學的推理、考證的眼光來加以衡量，而是要由想像中所含融的感情與想像出來的情景是否相契合來加以衡量。

96.《中國文學中的想像與真實》，《華僑日報》1971 年 6 月 1 日。

該文主要是通過談中國文學中的想像的真實性問題進而反思研究中國文學的方法。文學的真實是由文學家的「發見」而得，而發見的最大工具便是想像。欣賞文學作品不是通過科學調查、實驗的路徑，而要通過想像而得的情感體驗加以把握。在此基礎上，徐復觀指出拿西方文化中一時的趨向、方法論，以判定中國文化的是非得失，是相當危險的做法。

97.《讀周策縱教授〈論李商隱的一首「無題」詩〉書後》，《大陸雜誌》1971 年第 42 卷第 10 期。

該文圍繞著對李商隱的《無題》詩的解釋問題，徐復觀對周策縱教授提出商榷。周策縱教授認為《無題》詩是李商隱詠歎漢武帝為李夫人死後招魂的故事的，徐復觀認為周對《無題》詩的解釋只顧在《漢武故事》及與此故事有關的材料上去傅會，卻全然不管如果按照他的解釋，各句在整首詩中是何意義。徐復觀經過逐字逐句的考證，認為這首《無題》詩是李商隱寫給自己的妻子的，表達了自己由涇原調秘書省校書郎時對妻子的思念之情。這裡的「蓬山」就是秘書省，也稱蘭臺，而「更隔蓬山一萬重」指的是李商隱即將進行的江鄉之遊。

98.《談抽象藝術》，《自由報》1971 年 6 月 16 日。

徐復觀認為，一般人所把握到的形相，是沒有精神的形相，是不完整的、沒有本質的形相，只有藝術家才能把握到與精神相融的形相。人只能把握到有秩序的東西，藝術家依然要通過自然形相的秩序，以把握自然精神所蘊含的秩序。用語言來否定秩序，這就是意識流的文學；以畫出的形相來否定形相，這

是抽象藝術的做法。現代藝術則把形相抽掉了，也就是把藝術品的某種秩序抽掉了，這使得現代藝術作品成為不能為人所把握的東西。今日文學藝術中的混沌所象徵的，正是混亂的人生觀。

99.《西漢文學論略》，《新亞書院學術年刊》1971 年總第 13 期。

100.《趙岡〈紅樓夢新探〉的突破點》，《明報月刊》1971 年第 6 卷第 9、10 期。

101.《我希望不要造出無意味的考證問題——敬答趙岡先生》，《明報月刊》1971 年第 6 卷第 12 期。

102.《由潘重規先生〈紅樓夢的發端〉略論學問的研究態度》，《明報月刊》1971 年第 6 卷第 12 期。

103.《自由中國的國劇運動》，《華僑日報》1972 年 1 月 12 日。

該文談到了京劇的魅力以及京劇人才的培養問題。京劇為什麼有這樣大的感染力？為什麼能得到這麼多人的欣賞？一、京劇產生自民間，保持著民間的淳樸的情感和想像力。二、京劇在長期的發展中，由許多名角苦心體驗、改進，使唱腔適合於喜怒哀樂之情感的表現，使音樂、服裝、道具、念白、臺步、動作都能互相生發，互相映帶烘托，形成圓滿而統一的氣氛、情調。三、在京劇人才的培養上，需要通過專門的戲劇學校的專門訓練，既要養成京劇的專才，也要為學生開出京劇以外的一般的出路。

104.《敬答中文大學紅樓夢研究小組汪立穎女士》，《明報月刊》1972 年第 7 卷第 4 期。

該文主要通過對潘重規及其弟子就《由潘重規先生〈紅樓夢的發端〉略論學問的研究態度》一文的批評，提出了治學方法問題。一、治學方法的獲得，必須以對知識的真誠作為先決條件。二、潘重規研究紅樓夢有兩個方面頗不真誠，一是抹煞重要的、與自己的預定意見相反的材料，用附會歪曲的方法採用不足以支持自己預定意見的材料作證據；二是對他所運用的材料，哪怕是極明顯的文義，也作偷天換日的運用。三、對文學藝術的欣賞，必定挾帶著觀者的想像力在裏面，但總要以若干可信賴、經得起考證的材料作根據，而不是胡編亂猜。

105.《老覺淡妝差有味》，《明報・集思錄》1972 年 5 月 30 日。

濃妝是刺激性的美，是用化妝品壓蓋著整個生命，只讓生命濃縮到「一點」的美，這種美容易因流於感官刺激而乏味。淡妝是存在於濃妝與質樸之間的儀

態，不是不妝，而只是淡淡地妝，既顯出了質樸中的美，又決不讓化妝品和服裝壓蓋了一個生命的本來純潔之姿。由此可見，徐復觀所說的「純素、樸素」，並非純任自然而來的粗頭亂服。美是需要通過人工加以改善的，稍微修飾是容許的，但絕不能過分，其原則是決不讓修飾「壓蓋了一個生命的本來純潔之姿」，即身體與心靈融合在一起的從容寧靜之美。徐復觀認為，誰能從淡中發現美，誰能領略淡即是美，才能談中國的藝術，才能窺尋中國的藝術人生。

106.《三個站立的人像》，《明報・集思錄》1972 年 6 月 2 日。

徐復觀認為，香港大會堂站立的人像雕塑反映了現代社會的文化症候。現代文明是一個技術文明，技術使我們的行走、上樓下樓、工作變得更加便捷，未來人的軀幹有可能漸漸退化，而大腦則無比發達。然而，處於過渡時期的現代社會卻是一個不思不想的時代，現代人的軀體無比強壯，而大腦漸漸萎縮，正如這三個站立的人像，軀幹雄偉、頸部微細，破壞了傳統莊嚴勻稱的美的形象。

107.《我的文學創作觀——二答趙岡先生》，《南北極》1972 年第 26、27 期。

該文是徐復觀對趙岡批判的回應，他站在考證的立場上反駁趙岡考證上的錯誤，以及趙岡以編造事實當作考證上的錯誤。趙岡的《紅樓夢》的考證，先建立在一個「傳記說」的基礎上，以小說為傳記，再按著此一邏輯追求證據，把《紅樓夢》的素材乃至創作動機，都看作是曹雪芹自身身世的寫照，這當然是有失偏頗的。徐復觀認為：一、《紅樓夢》裏肯定有曹雪芹自身生活的影子，但絕不止於他一人的身世和生活，而是吸收了他所能接觸到的許多素材，再加以想像之功、構造之力，創作而成的一部時代百科全書；二、考證的目的，是要把《紅樓夢》從自傳說、合傳說的死巷中解救出來，使考據的正常功能，與小說的正常意義，能夠相得益彰。

108.《能否解開〈文心雕龍〉的死結——〈文心雕龍〉淺論之三》，《華僑日報》1972 年 8 月 30 日。

該文認為，《文心雕龍》是以文體為中心展開的一部文學理論，通過對黃侃的《文心雕龍札記》的分析，認為范文瀾的《文心雕龍注》實際上是以黃侃的《文心雕龍札記》加上一些參考資料形成的，范著的影響其實是黃著的影響。然而，黃侃說劉勰所說的「道」不是儒家之道，而是道家之「道」，這樣就把《文心雕龍》全書重要的綱維全弄亂了，這是《文心雕龍》研究的一大死結。

109.《由精能向縱逸——讀唐鴻先生的畫》,《明報月刊》1972 年第 7
　　卷第 9 期。

　　該文由董其昌將畫分南宗、北宗談起,認為這種人為的劃分既無歷史根
據,而其抑壓北宗,也就是抑壓南宋院畫,乃是個人的偏見,這造成不少畫家
盲目追求簡易速成之法,也是清代畫壇衰弊的重要原因。南宗院畫名家經過由
能而妙、由妙而神、由神而逸的道路,唐鴻先生的畫就是南宗畫院精神的體現。
其花鳥已於厚重之中,溢清靈之氣。而山水則馳騁於抽象、具象之間,變幻於
既實即虛、亦無亦有之際,其由精能而縱逸,不期與南宗畫院諸名家神孚氣應。

110.《文體的構成與實現——〈文心雕龍〉淺論之四》,《華僑日報》1972
　　年 9 月 12 日。

　　該文認為,《文心雕龍》的「心」,《神思》篇中的「神思」,都是指創作時
「心」的活動。文體由人的情性所出,文體是人的情性的表現,所以中國文論
將文與人的心之間不可分的關係,較西方早一千年就提了出來。構成文體的主
體、客體各因素,在《文心雕龍》中稱為「條例」,這些因素構成普遍性的文
體。一個人的創作,必定將普遍性的文體因素,實現於二十類中的某一特殊的
類,而成為具體而特殊的文體。每一類特殊的文體,根據其體裁與題材,對文
體有其特殊的要求,作者須滿足這種要求,才可與其體裁或題材相適應。文章
分類之所以在中國特別重要,即在把每一類文章對文體的特別要求表示出來,
使學文的人有個依據。最後,徐復觀指出文體都是實現於特殊的文類之中而成
為特殊的文體,但特殊的文體必由普遍性的文體的修養而來,特殊與普遍,二
者其實是一體的。

111.《〈知音〉篇釋略——〈文心雕龍〉淺論之五》,《華僑日報》1972
　　年 10 月 10 日。

　　劉勰寫《文心雕龍》的目的有三:一是發揮「文章之用」以羽翼六經,挽
救文弊;二是由文體以指示學文的途徑;三是在由上述文體之分析、敷陳,而
導向對文章的欣賞。三者相互關聯,都指向「才童學文」,這也是《知音》篇
的中心。徐復觀認為,傳統欣賞文學作品不能「知音」主要有三個原因:一是
貴古賤今;二是崇己抑人;三是缺乏見識,附庸風雅。文學鑒賞的目的,在於
使人由文學欣賞以得到心靈的薰陶、啟發與擴充,就個人來說,首先要吸收與
自己氣性相合的作品以發揮自己的特性,同時也要吸收與自己氣性相反的作
品,以救自己的偏弊。其次就文章鑒賞而言,對於自己所不喜歡的文章,最低

限度要採取保留的態度，而不能把自己氣性之偏當作唯一的文章尺度去加以批評。

接著，徐復觀指出《知音》篇引導人如何培養鑑賞的識力。首先是直感，直感能力只能得之於實物經驗的積累，泛觀博取，這就是劉勰說的「凡操千曲而後曉聲，觀千劍而後識器」。其次，鑑賞的方法「先標六觀」，也就是六種鑑別方法，主要有文體是否適當、遣辭是否適合、能否通變、是否有新意、事與義是否得當、聲律是否合韻等，由文體涵攝以上諸要素。再次，鑑賞的方法「披文以入情」，也就是順著文字深入進去，與創作者的心靈相互接觸、相互融合，徐復觀稱之為「追體驗」，由作品的鑑賞而上溯到與藝術家同等的心靈境界，以心見心，才算真正讀懂了作品。玩味尋繹，正是鑑賞時的心靈狀態。

112.《關於〈生命閃光之美〉》，《明報月刊》1972 年第 7 卷第 11 期。

該文通過蔣桂琴女士在骨癌鋸斷腿、肺癌晚期仍然堅持演出京劇《紅樓夢》的事蹟，體現了徐復觀對生命之美的體悟。蔣女士 20 歲的短暫生命是掙扎向前的生命，每一掙扎的剎那，都像閃光樣的放射出生命的光輝。美，本是剎那間的感受，同時又是剎那中的永恆。竭盡最後一滴生命，以放射出生命最後的剎那之美的心靈，也是真、善、美統一的心靈。「真」的生命，正是用美與善來燒盡自己的生命，蔣桂琴女士的生命體現了徐復觀「美善合一」的審美理想。

113.《文之樞紐——〈文心雕龍〉淺論之六》，《華僑日報》1972 年 11 月 8 日。

中國文化的基型、基線，是由五經所奠定的，中國文學是以這種文化的基型、基線為背景而發展的。該文認為，劉勰所歸納出來的「文之樞紐」，是以五經為文體之雅的樞紐，為事義之文的樞紐，以楚辭為文體之麗的樞紐，為抒情寫境之文的樞紐。這主要有兩方面的原因：一是從「史」的觀點看，漢賦出自楚辭，楚辭在文學上佔有主導地位。二是從文學自身的立場看，劉勰固然重視人品、內容，以矯正當時的文風之弊，但他同樣重視文章形式的藝術性，他以「麗」「雅」並稱。這「麗」並非《詩經》素樸平淡之「麗」，而是《離騷》的朗麗、綺靡，楚辭之「麗」，乃由情所湧出，「麗」與情融合而為一。

114.《中國藝術雜談》，《新亞學生報》1972 年 11 月 11 日；《徐復觀雜文：記所思》，臺北：時報文化出版公司，1980 年。

該文其實是徐復觀在 1961 年臺灣地區「現代藝術論戰」中對藝術的功能

問題思考的延續，他以前蘇聯著名文學家索忍尼津《文學的使命是公理向強權作戰》為例，認為文藝是不同國家、民族和價值之間互相溝通的重要手段，「藝術家文學家，把自己的生活經驗，通過作品而傳給觀者讀者，使觀者讀者能因此而得到『陌生的經驗』，消化為自己的經驗，因而擴大了由經驗而來的價值標準，能通過藝術文學的陌生經驗之互相接觸而得到相互的瞭解調整……索忍尼津的話，是在極權閉鎖的環境中發出的無可奈何的話，不一定能得到理論與實際的驗證。但由不同價值的調整融合以得到人類的和平，倒與中國的藝術精神可以相符應。」與西方現代藝術的叛逆、破壞、搞怪不同，中國藝術的「虛」「靜」「明」精神，涵融了人與自然，使主客互相融合而昇華，成為主客相忘的混融一體的世界。中國藝術家突破精神的障蔽和技巧的抗拒，而創造出平淡天真的藝術精神，「正是擾相紛亂的社會的良藥，是變態心理的鎮魂劑」，這也成為中國藝術的基本性格。正是在這個意義上，自然是中國藝術的生命，它具有將人類變態、扭曲的心理恢復到常態的現代價值。

115.《畢加索的時代》，《華僑日報》1973 年 4 月 20 日。

徐復觀認為畢加索是一個偉大的藝術家，他的作品是時代的一面感光鏡子。畢加索的成功主要有三個因素：一、畢加索是素描方面的天才，從小就具有良好的繪畫技巧。二、畢加索自己的生命和個性在作品中得到了很好的融合。三、畢加索作品中體現出來的民族性、個性與時代精神相通。四、在此基礎上，徐復觀談到了藝術創造中的個性問題，畢加索受到追捧，與這個時代的狂熱、破壞、反抗、激憤等精神相關，一旦恢復到正常的社會狀態，畢加索可能會貶值。

116.《再論畢加索》，《華僑日報》1973 年 4 月 28 日。

一、藝術作品主要是兩個要素組成的：一是作者的個性；另一個是表現這個性的工具，也就是技巧。偉大的藝術家，一定是能夠把吸收來的技巧，經過自己的鍛鍊，使之成為表現個性的工具，而不至於為技巧所拘牽，或因技巧而埋沒了自己的個性，因而，藝術精神中的技巧一定不是單純的手的動作，而是「有個性的技巧」。二、個性是藝術的生命，藝術作品的精神、面貌，一定是屬於藝術家自己的，這就是畢加索的偉大之處。三、個性可以分為兩種：一類是生理的個性，一類是文化的個性。生理上的個性有賴於文化的個性而得以充實、提升和修正，沒有文化的個性，生理上的個性很容易萎縮。由民族文化凝結個性而成的民族性，是塑造生理的個性最強最早的力量。某一藝術家的個

性，同時也可能是某一藝術家所屬的民族性的某一方面的顯現。

117.《文之綱領──〈文心雕龍〉淺論之七》，《華僑日報》1973 年 5 月
15 日。

一、中國文學和西方文學的不同點，在於西方文學只順著純文學的線索發展，而中國文學則伸展向人生實際生活的各個方面，所以西方文學的種類少，而中國文學的種類多。在對作品的整理與把握上，中國文學分類的重要性要超過西方文學。二、曹丕、陸機對文學都是作橫斷面的把握，而劉勰則是作綜貫性的把握。曹丕、陸機比較重視文章的形式，也就是藝術性，而劉勰除了藝術性外，更重視文與人的關係、文在人生各方面的意義。三、徐復觀通過對《文心雕龍》和《文選》的分類比較，發現《文心雕龍》所包括的文學範圍比《文選》廣得多，分類較為簡單。其原因在於，蕭統的《文選》順著當時社會風氣，僅注重文學的藝術性，而排斥文學的實用性；劉勰想補救當時的風氣，就把實用性也包括在文學範圍之內。該文認為，劉勰的最大特點是能從發展的觀點上去把握文學。

118.《溥心畬先生畫冊序》，1973 年 7 月。

該文是徐復觀為《溥心畬先生畫冊》所寫的《序》。一、溥心畬畫作取法於北宋，格調甚高，毫無董其昌之後卑弱濡懦之習。二、文學藝術的高下決定於作品的格，格的高下決定於其人的心。心的清濁深淺廣狹，決定於其人之學，尤其決定於其人自許自期的立身之地。

119.《董邦達〈西湖四十景〉》，《明報月刊》1974 年第 9 卷第 3 期。

該文談董邦達的《西湖四十景》的觀感，稱此畫模山范水，力求逼真；而選勝搜奇，尤貴挹其精英，發其神髓。筆墨皆根柢古法，又不為古法所拘；精而不刻，工而不滯，西湖佳勝，躍然紙上，誠山水寫真中之佳作。徐復觀認為此畫也是學習中國畫的上佳摹本，學習中國畫，必由使筆用墨之根柢下手，低俗的作品壞人的習氣，而名家之作又過於高超玄妙，都不適合初學者。董邦達的《西湖四十景》凝神斂氣，極盡精能，代表著中國傳統繪畫的正途。

120.《中國人文精神與世界危機》，《明報月刊》1974 年第 9 卷第 7 期。

一、第二次世界大戰以後，西方社會技術加速發展，導致人的主體性喪失的危機，文學上的意識流小說、繪畫上的超現實主義等，就是這一時代危機的反映。他們反對合理主義，希望在無意識處找出一條路來。二、工業的盲目發展，人淪為一個純物慾的存在，人的價值觀念喪失了，由此導致民主政治僵化。

三、中國人文精神的核心就是「尊生」,「禮」的作用就是把人的生命、生活加以莊嚴化。周代人文精神的覺醒,最重要的貢獻就是發現了道德主體之心,它兼具主宰性和涵融性,兼顧個性與群性,生命要在生活中落實,生活要在生命中呈現,因而這種人文精神可以說是「形而中學」。

121.《中國畫史上最大的疑案——兩卷黃公望的〈富春山圖〉問題》,《明報月刊》1974 年第 9 卷第 11 期。

122.《在神木庇蔭之下》,《中華月報》1974 年總第 711 期。

該文認為人類的進步,就是從對器具實用性的要求向實用性與藝術性相結合的方向發展,最早的工藝品就是這樣誕生的。徐復觀以商周的彝器為例,認為中國有著悠久的工藝製造的歷史。彝器是權力的象徵,這種象徵的成立,是由對工藝品的崇拜,而把人內心對超自然力的神的要求,傾注在最突出的工藝品上。對彝器的崇拜客觀上推動了中國工藝行業的發展,提高了工藝品製作者的地位。不僅在彝器的銘文中常記有製器者的名字,在我國傳說中,對各種工藝創造者也常以聖人做代表,這顯示了中國傳統對工藝的重視。

我們民族的裝飾意識,首先表現在各種抽象圖案的彩陶上,進而發展為彝器上的抽象圖案,雜入雲雷饕餮的紋樣,再進而發展為衣服等級標誌紋飾,動植物、陰陽五行之氣都成為代表性的紋飾圖案。然後魏晉傳神的人物畫、山水畫開始成為裝飾的主要紋樣。山水畫之所以能長期發展,不僅是來自人與自然的融合,具現了人向宇宙無限空間伸展的要求。在山水畫中所獲得的精神自由解放,即是精神由污染而純真,由卑屈而高潔,以恢復人值得稱之為人的人格尊嚴的地位。

123.《中國畫史上最大的疑案補論——並答饒宗頤先生》,《明報月刊》1975 年第 10 卷第 2 期。

124.《答楊牧問文學書》,《幼獅月刊》1975 年第 41 卷 5 期。

該文主要談了兩個問題:一、唐代文學運動的源頭和依據來自於劉勰《文心雕龍》。劉勰提出「辭尚體要」,提出文學在政治社會中的作用,提出人格在文學中的決定性地位,並把史、子都納入文學的範疇,這都為唐代文學運動重視散文的價值、重視素樸的意義、重視儒家在人倫的承擔奠定了思想基礎。二、生活的藝術化。針對楊牧在教學工作中的厭離心理,徐復觀希望他能把教書生活「文學化」「藝術化」,在生活中發現人生的樂趣。

125.《一顆原始藝術心靈的出現——論臺灣洪通的畫》,《華僑日報》
1976 年 3 月 24 日。

洪通是一個鄉下窮苦的人,年近 50 學畫,而開畫展,引起轟動,徐復觀
稱之為「一顆原始藝術心靈的出現」。他認為洪通的意義有三:一、洪通作品
中的趣味。洪通把自己幻想中所連接、構造的形象,很自由地畫了出來。他的
畫只是把自己喜悅的無所為畫了出來,在奇異中不感到怪誕,在幼稚中不感到
低劣,使人有一份歡樂和暢的感覺。二、洪通作品的人生意義。徐復觀以「遊
戲說」為例,人在遊戲中可以獲得「無關心的滿足」,藝術雖然只是人類生活
中的一部分,但這一部分可以把許多糾纏困擾的問題掃除乾淨,以恢復生命的
寧靜、愉悅及純潔,使生活能重新出發,這正是洪通的藝術對人生的意義。三、
對洪通作品的評價。出自原始藝術心靈的作品,不一定是成功的作品,正如民
歌不一定是好的文學作品一樣,所以有進一步文化薰陶和技巧學習的必要。洪
通那顆未被名利所創傷所污染的藝術心靈值得我們所有人反思。

126.《瞎遊雜記之八》,《華僑日報》1977 年 8 月 12 日。

在美國紐約大都會博物館,徐復觀參觀了畢加索的《格爾尼卡》(注:他
沒有說畫的名字,筆者猜測可能是這一幅)以及該畫的眾多草稿素描,他認為
這幅以西班牙內戰為題材的作品反映了那個時代悲愴氣氛,「畢加索是儘量運
用他的想像力,要把內戰的『殘酷』情景,以最大的濃縮度,以最大的悲愴氣
氛表現了出來,由此而獲得驚心動魄,深哀鉅慟的效果。」現代藝術也可以表
現時代的精神,他對新寫實主義的興起也頗感興趣,這體現了徐復觀對現代藝
術的態度與臺灣地區「現代藝術論戰」時期相比,已經發生了一些改變。而馬
蒂斯的作品依然讓他深感厭惡,「現在依然沒有絲毫長進,寧願挨罵,也不能
假裝出內行的樣子,說出一兩句恭維的話。」

127.《王國維〈人間詞話〉境界說試評——中國詩詞中的寫景問題》,
《明報月刊》1977 年第 12 卷第 11 期。

從王國維的「境界」概念談起,徐復觀認為王國維對「境界」缺乏明確的
界定,只是寬泛地指「精神境界」或「寫景」。當王國維用這一概念進行文學
批評時,他就在「寫境」與「造境」、「有我之境」與「無我之境」中含混不清
了。王國維用寫實主義與理想主義來劃分「寫境」與「造境」,徐復觀認為這
是「由體驗與觀念的欠分曉而來的誇張」。他梳理了「境界」概念的歷史,指
出「境界」就是主客合一、情景交融,也就是賦予觀照對象以精神情感而形成

的「第二自然」。

128.《石濤之一研究・第三版自序》,《中華雜誌》1978 年第 16 卷 9 期。

129.《宋詩特徵試論》,《中華文化復興月刊》1978 年第 11 卷 10 期。

嚴羽在《滄浪詩話》中以「興趣」作為唐詩的特徵,以「以文字為詩,以才學為詩,以議論為詩」為宋詩的特徵。在評定詩歌好壞的標準時,嚴羽實際上是以唐人的詩歌作為標準,到了明清更出現了「詩必盛唐」的口號,認為宋詩不值一提。徐復觀認為:一、梅堯臣、蘇舜欽、歐陽修、王安石等人試圖從唐人濃麗膏腴的風格中擺脫出來,開闢出樸素淡雅、清新平易的新境界。二、宋代詩人大多是黃山谷的信徒,「江西詩派」實則是「山谷詩派」,黃山谷是瞭解宋詩的中心人物,「無意於文」「愈老愈剝落」是山谷詩的重要特徵。三、黃山谷的詩是要在簡易平淡的基礎上加強詩歌的藝術性,這不僅與韓愈的古文運動的文學革命主張潛通默契,而且也與後來的桐城派重視句法字法冥孚默契,「山谷的詩論竟約略地概括了古文運動的由源(韓愈)到流(桐城派)的規模,這說明了他的詩論是本末兼備的。」四、對文論史上討論宋詩的主要觀點進行辨析,宋詩尚意,「意」是經過理性的澄汰而更加凝斂堅實的情感,去除情感的矯飾,這就是「剝落」的真義。宋詩主氣,氣是詩人「生理的生命力」,詩人把自己的情、意貫注於文字之上,使文字中躍動著詩人的生命力,這便是「氣」。唐詩也主氣,與宋詩比不過是柔與剛之別而已。五、結論如下:(一)宋代詩歌直承唐代,又獨創新風,在詩學史上有自己的地位。(二)唐代門第觀念濃厚,唐詩中也有華貴氣、浪漫氣;宋詩則平淡素樸,富有平民氣息。(三)唐詩主情,宋詩重理,以理性處理感情,在感情中包含著一種價值上的反省。(四)唐詩中有充沛的情感,無論是宮詞還是閨閣詩,都情真意切,十分感人。宋代詩人受理學的影響,對情感較為抑制。(五)宋人壓抑的情感通過「詞」這一新的藝術形式而抒發,「詞」更適合抒委婉之情。(六)唐代可以以詩賦取士,宋代以經義取士,因而古文大盛,宋代的詩歌也受到了古文平易暢達風格的影響。

130.《看畫雜綴》,《華僑日報》1979 年 1 月 19 日。

該文談觀張大千、黃君璧、溥心畬三大家畫作的感受。溥心畬書法中的字與聯語,同其朗麗,同樣精彩照人。而他的《山居圖》,靜穆深穩,使人對之,浮心躁氣自然冰釋,乃五百年來一流作品。溥心畬的花鳥清靈嬌貴,是林黛玉型的化身;而張大千的花鳥,秀逸沉酣,是史湘雲型的遺韻。張大千的《黃山

松石》，浩氣淋漓，有一種江湖豪俠之氣。黃君璧所畫的瀑布和雲海，則與他熱情奔放的性格是一體的；而《竹韻泉聲》則用一種清輕淡雅的筆墨，化實為虛，化近為遠，把竹之韻、泉之聲都映帶出來了。

131.《中國文學討論中的迷失》，《華僑日報》1979 年 9 月 25 日、10 月 2 日。

該文對文學得以成立的根源及其發展的大方向進行了探討。一、白先勇在講座中提出五四以來的文學，因社會意識過剩，以致貶低了藝術的獨立性，限制了文學的發展。徐復觀認為，白先勇認為文學中的社會意識構成了對作品藝術性的損害是不公正的說法，作品中的社會意識恰恰是中國文學得以成立的根源。文學的心靈，是緣文學家所處時代中的問題而發，社會意識在文學創作過程中具有根源性的作用，「詩言志」「不平則鳴」正是這種社會意識的體現。二、中國文學的創作動機可以分為三類：一是由感動而來的，二是由興趣而來的，三是由思維而來的「外爍文學」。前兩者是「內發的文學」，第三種只是迫於外部的壓力、要求而創作的，只想以藝術的形式掩蔽空洞無物的內容。愛國精神和社會意識等包含著「功利主義」色彩的觀念會加強文學創作的動機，提高文學創作的素質，把中國文學的發展推向一個新的里程碑。三、生長在夾縫中的香港地區的文藝活動可以說是先天缺乏真正的社會意識，藝術性的低劣來自於內容上的空虛，我們應該鼓勵青年們培養內發的社會意識，提倡對中西古典文學的學習，對文學作品由內容的把握走向對藝術性的把握，更由藝術性的把握以加深內容的把握。

132.《從「哈哈亭」向「真人」的呼喚》，《華僑日報》1980 年 1 月 2 日。

徐復觀從自己 1969 年 6 月被東海大學強迫退休一事談到莊子的「真人」問題。一、爭民主自由即是爭取說真話的權利，爭取說真話的權利，必然要走向莊子所說的「真人」的立場。二、莊子所謂的「真人」，就是不勢利、不結黨營私、不同流合污、不因危險生死而改其節操，這和儒家的「忠信」「誠」其實並無二致。由此可以看出徐復觀秉持儒道既區分又會通的文藝觀。

133.《陸機〈文賦〉疏釋》，《中外文學》1980 年第 9 卷 1 期。

陸機的《文賦》是一篇意味精深、組織嚴整的文學批評作品。一、文學創作心理。「佇中區以玄覽，頤情志於典墳」，通過收集古典材料得到人格上的薰陶，把握時代精神；通過「收視反聽」集中精神於對象，醞釀出成熟的意象；再因枝而振葉，沿波而討源，「選義按部」，創造出優秀的作品。二、文學批評

的標準。文體有無窮多的變化，不同的體裁有不同的風格，文章的色澤韻律等表現效果，是由語言的藝術性決定的。文章的開頭必須千錘百鍊，在要義上籠罩全文，要在氣勢上震撼全局，「立片言而居要」。三、文學批評的方法。「余每觀才士之所作，竊有以得其用心」，也就是「追體驗」「以心印心」的方法，這是文學批評應該達到的境界，也就是以自己的創作體驗，與古人的創作體驗進行對話，印證古人的創作體驗。

134.《皎然〈詩式〉「明作用」試釋》，《中外文學》1980 年第 9 卷 7 期。

該文為皎然《詩式》中的「明作用」概念內涵的嘗試性疏釋。郭紹虞將「作用」解釋為「藝術的構思」，獲得學界廣泛認同。徐復觀認為，皎然《詩式》中的「作用」是和「體勢」分不開的，皎然既然已經用了「苦思」，應該不會又用「作用」二字代替「思」。他從皎然出身於和尚，其《詩式》可能受佛教影響這一視角出發，從「體用」關係的層面去解釋「作用」，「用」就是某事或者某物所發生的意味、情態、精神、效能等，「明作用」是表現境界的一種方式，「意度盤礡，由深於作用」，用藏於體中，體小而用大，也就是根據題材開拓境界的一種手法。

135.《海峽東西第一人──讀陳映真的小說》，《華僑日報》1981 年 1月 6 日。

陳映真是臺灣地區著名的鄉土文學作家，在 20 世紀六七十年代的臺灣地區「鄉土文學論戰」中，徐復觀旗幟鮮明地聲援鄉土文學作家。徐復觀在臺北治病時，曾和陳映真見過幾次面，從徐復觀對陳映真的《試論蔣勳的詩》《唐倩的喜劇》等文的評價，可以看出二人在對現代詩和西方現代文化的態度上有不少共鳴之處。徐復觀以陳映真的小說《第一件差事》為例，分析了陳映真小說的特點。一、陳映真善用「活的語言」，也就是將日常生活中的俗語、「帶有各種特性或個性的語言」和文學語言有機和諧運用，「新鮮而不晦澀，並且能保持特性中的共同性」，[註65]給讀者鮮活的審美感受，創造出新的文學風格。二、陳映真善於「隨機設喻」，「把具體的情節，化為若有若無的氣氛，使小說富有詩的最高意境。」[註66]使得他的作品非常生動形象。三、陳映真小說最

〔註65〕徐復觀：《海峽東西第一人──讀陳映真的小說》，《徐復觀最後雜文集》，臺北：時報文化出版公司，1984 年，第 9 頁。

〔註66〕徐復觀：《海峽東西第一人──讀陳映真的小說》，《徐復觀最後雜文集》，第10 頁。

重要的特點就體現在人性發掘的深度上，徐復觀從《第一件差事》中的胡心保的人生境遇，「反映出流亡在外的中國人的人性深處的呼喚」，進而反省到很多漂泊在外的中國人「無家可歸」的悲劇，這也代表了20世紀中國知識分子的心路歷程。

136.《儒道兩家思想在文學中的人格修養問題》，《海外學人》1981年第103期。

該文指出，中國的文學藝術的思想根基來自於儒、道兩家思想，因為只有儒、道兩家思想「由現實生活的反省，迫進於主宰具體生命的心或性，由心性潛德的顯發，以轉化生命中的夾雜，而將其提升，將其純化，由此而落實於現實生活之上，以端正它的方向，奠定人生價值的基礎。」這就奠定了徐復觀以儒、道藝術精神建構中國藝術精神體系的思想基礎。徐復觀從三個方面對人格修養與文學修養進行了辨析：一、人格修養可以促進藝術創作，但是藝術創作並非以人格修養為前提，文學反映的作者的性情，多為原始生命的個性，而非修養而來的個性。二、人格修養只是藝術創作的動機，但並非藝術創作的能力，要提高藝術創作的能力，還有待學問積累的技巧的訓練。三、韓愈所提出的「文以載道」觀念，加深、提高、擴大了藝術家的情感，開拓了文學作品的素質與疆宇，具有積極的作用。最後，徐復觀指出，從中國文學發展史來看，真正束縛文學發展和藝術家人格解放的，是長期的專制政治，而非儒家的人格修養。

137.《略論院派花鳥畫──為唐鴻教授畫展而作》，《百姓》1981年第3期。

該文以院派花鳥畫史入手，傳統畫史以「黃家富貴」與「徐熙野逸」為花鳥畫的兩大派，徐復觀認為宋徽宗才是院畫花鳥的開派者，這歷來容易被人所忽視。宋徽宗的院畫花鳥用筆圓勁，設色灑麗，卻歸於自然樸厚，筆墨兩相融合，形成一種莊重端嚴之美，在徐、黃之外另開一派。同時，徐復觀還對中國畫的現代意義進行了闡釋，繪畫乃人類心靈的表現，轉而即以影響於人類之心靈，我們的時代，需要祥和暢適的心靈，畫出祥和暢適的作品，以消解暴戾乖張之氣。中國畫的時代價值正在於此。

138.《中國文化中人間像的探求》，《百姓》1981年第7期。

在該文中，徐復觀談到了中國文化有儒家和道家兩種人間性格及人格形象。一、道家代表著真正偉大的藝術精神，就在於其「超世而未嘗離世」，既與現實世俗保持著距離又與自然、社會相處融洽，這在無意中契合了康德所謂

的「無目的的合目的性」審美特性。二、徐復觀1981年就明確提出了「儒道互補」的文化觀，「我很欣賞漢代許多思想家，以道家思想安頓自己的現實生活，以儒家思想擔當社會政治的責任。兼容並包，不感到有任何矛盾。」這也是他《中國藝術精神》中「儒道互補」美學觀的延續，也是八十年代以來大陸「儒道互補」思潮的濫觴。

　　139.《讀王利器的〈文心雕龍校證〉》，《明報月刊》1981年第16卷12期、1982年第17卷1期。

　　該文對王利器疏釋《文心雕龍》提出了批判，認為王利器只是把前任所校的集錄在一起，遠不及楊明照的校注；同時，王對《文心雕龍》的內容作了過分的歪曲：一、王利器站在階級論的立場上，認為劉勰追求「百字之偶」「一字之奇」，他的文論不是面向童子、俗人的，代表著封建士大夫的趣味，劉勰向上爬的思想，隨時都在《文心雕龍》中暴露出來。徐復觀認為階級意識對一個人的思想，有某種程度的影響，但並非決定性、絕對性的影響，隨每一個人在人格與知識的省勁而作各種程度不同的突破。二、王利器指出劉勰「不僅有意的跟著當時他所反對的文學形式走，而且他還在替這種文學形式尋找理論依據。」徐復觀指出，文學的藝術性，必然會表現在形式之上，《文心雕龍》一書，是以「文體」為中心而展開的。文體之「體」，是由形體之「體」轉過來的，人體是人的形式，文體是文的形式，劉勰認為人體是人的生命的統一，文體也是內容和形式的統一。文體主要包括兩個方面：一是作者的性情，二是題材所應包含的「事」與「義」。四聲的出現，是長期的醞釀推演而來，在語言學及文學上有其特定的意義。劉勰的《聲律篇》雖然受到四聲說的影響，但他有自己的思考，他不主張用四聲作詩賦，而是認為應該「飛沉」二聲迭用。劉勰雖然沒有做到文體的大改變，但他在《文心雕龍》中所表現的結構的完整、條理的清楚、說理的明晰、譬喻的深切，已經突破了傳統駢文的諸多限制。三、王利器認為劉勰在文、筆之分上，「想提高有韻的文，而壓抑無韻的筆」，劉勰的「務先大體」，不過是教人重文輕筆罷了。徐復觀認為《文心雕龍》自《神思》篇以下，主要是說明構成文體的各個主要要素，各個要素須由融和而得到統一，才能構成一篇完整的論文而有文體。《文心雕龍》中無韻之筆得分量，比有韻之文的分量重太多了。王利器以乾嘉學派的考據方法，斷章取義，誤解了所謂的文、筆的概念和關係，從而不能從整體上貫通理解《文心雕龍》的思想。

140.《文藝創作自由的聯想》,《明報月刊》1982 年第 17 卷第 3 期。

　　一、真正的文藝創作,一定是作家激於某些現實中的人和事所引發的感動或感憤,作家以其特出的表現力將許多人所共有的感動和感憤表達出來,以其特出的感悟能力把許多人不曾認識到的某些事物隱藏的本質發掘、彰顯出來,以喚起讀者的共鳴,這是文藝創作的意義。二、由這些感動感憤之心而凝聚成的作品,乃是黑暗中的驚呼、閉悶裏的哽咽、屠戮前的慘叫,表現了生命力的掙扎。

141.《中國文學精神·自序一》,《中國文學精神》,上海:上海書店出版社,2006 年。

　　該文犀利地指出了在文學的學術研究中存在的幾個問題:一、研究文學史的人,大多缺乏「史的意識」,大多是從自己小而狹的靜態視角去看待文學史上的人物和思想。不是以古人所處的時代來處理古人,不以自己真實的生活經驗去體認古人,而是常把古人拉到現代的環境中接受審判,這種刑訊逼供式的研究方式,無異於是對古人的一種「強暴」。二、文學史應該是「文學的歷史」,是通過文學作品發現有代表性的心靈活動,以及在此活動中真切反映出的人類生活狀態的歷史,在此視角下,文言文中有文學,白話文中也有文學。三、在文學研究中進化的觀念要有限度的使用,文學、藝術的創造,大多只能用「變化」加以解釋,而不能套上進化觀念的外衣無限制的濫用。

142.《中國文學精神·自序二》,《中國文學精神》,上海:上海書店出版社,2006 年。

　　該文交代了徐復觀從事文學方面研究的原因:一是出於濃厚的興趣,二是出於對中國文化的責任感。在《中國文學論集續篇》裏的十六篇文章,正是在這種機緣下寫出來的。徐復觀在文學研究方面的寫作主題及其變化的心路歷程,對我們瞭解其藝術思想的分期具有一定的意義。

143.《中國文學精神·自序三》,《中國文學精神》,上海:上海書店出版社,2006 年。

　　該文主要談了三個問題:一、文學家和文藝理論家對待文藝作品的差異。文學家常常以欣賞、詠歎的心境來讀書,他們與作品之間是相融相即的關係;而文藝理論家是鑽研揭露的心境來欣賞作品,他們與作品的關係是主客分明的關係,文藝理論家以理智處理對象。在此意義上,徐復觀認為兩者並非都是可以隨意轉換的,好的作家不一定能成為好的評論家,好的評論家也不一定能

創作出好的作品，只有在少數人身上，二者可以自由轉換。二、以「追體驗」作為研究文學、藝術的方法，「以追體驗來進入形象的世界，進入情感的世界，以與作者的精神相往來，因而把握到文學、藝術的本質。」三、介紹自己從《中國文學論集》到《中國文學論集續篇》的研究歷程，以及對於文學研究的整體計劃，對我們瞭解其文學思想的整體狀況具有一定的意義。

第三節　徐復觀美學相關文獻集略

徐復觀一生多次與人打筆戰，除了與劉國松的「現代藝術論戰」外，還有與虞君質詩和畫的論戰，與殷海光、李敖的「中西文化論戰」，與李漁叔解釋杜詩的論戰，與趙岡、潘重規關於《紅樓夢》考證的論戰，與饒宗頤等關於黃大癡山水長卷真偽問題的論戰等等，這些學術論爭也是 20 世紀中國美學和藝術史的重要組成部分，對中國美學、藝術的現代發展也產生了深遠影響。因而，對徐復觀「論敵」的相關論文的瞭解，有助於我們更好地瞭解這些學術論戰的過程，更完整地把握徐復觀的美學思想。

一、李漁叔：《傲慢與偏見──答徐復觀先生》

徐復觀先生在新天地二卷五期出版前，寫了一封信致該刊編者，為《答李漁叔先生》，旋經刊登。我看了以後，一笑置之，因一來我素性懶散，不動筆墨，二來徐先生這種文字，太不值得答覆了。徐先生對我前文指謫與駁正之處，沒有正面的答辯，只枝枝節節的說了一大堆廢話，最可笑的是：

一、杜甫六絕句中第三首龍文虎脊，徐先生一再說是馬毛，我們且照徐先生的解釋，抄下來看看：「縱使盧照鄰、王勃作文章，趕不上漢魏而倒接近風騷。那些馬毛，有如過都越國，遇著了這種大場面時，便好像在無意中絆上了石塊而跌了下去。」（參看《民主評論》第十四卷四期徐先生試釋六絕句本文）像這種不通的語句，竟出於一位大學教授之手，真夠令人搖頭歎息不置！徐先生試釋六絕句，有關此點，經我駁正謂：「杜原句龍文虎脊是用良馬為喻，以屬盧王，不是單指馬的毛色而言，」徐先生不認錯，還要強顏說是馬毛，而且查典證實，儘管查出馬毛的娘家，可是馬毛又怎能「作馭」呢？這只是馬毛在作祟，把這位徐教授的頭腦給攪昏了。

二、「跨數公」的「跨」字，徐先生引出詩中另一律令為一三五不論，他不明白七絕出自樂府，到初唐才蛻變成新體的絕句。凡是真正的絕詩，沒有失

黏的，六絕句正是新體絕詩，與杜甫其他古絕不同，無一不協平仄，內行人一看即知。至於一三五不論的說法，徐先生如果要徹底明瞭，還得另上一課。據我個人觀察，以徐先生試釋六絕句的程度，要搞通其中許多複雜問題，雖不必一定「望之來生」，但至少還得再下十年苦功。

三、徐先生在理屈詞窮之後，突然地說了一句妙語：「李先生若已是五十上下年年紀的人，則想達到我『不是研究文學』的程度，只好望之來生了。」這種洩氣的話，如果我不是從朋友口中知道徐先生是「五十以上的人」，很懷疑他是一撒賴的孩子。

因此，我不擬答覆他，以為事情從此告一段落了。想不到徐先生在新天地同卷六期，又發表了一篇《論誰不怕錯誤只怕說謊》的大文，真是越說越離奇，使人無法緘默。

一個人持身處世，最怕的是「傲慢與偏見」。因為傲慢，所以只覺得我自己了不起，永遠高高在上，其餘的人，一輩子也休想趕得我上。我的意見都是對的，而人家的則是「百分之百」的錯誤。如此，就很容易變成受成專橫。因為偏見，所以執偏概全，漠視當前事物，亂鑽牛角尖，自以為是。如此，就很容易變為偏激。這種以傲慢為體，以偏見為用的人，往往會信口開河，如攻擊錢穆、虞君質；或一口咬定瑠公圳分屍案，肯定柳哲生殺人。當他傲慢與偏見在作怪之際，未曾不搖頭晃腦，自鳴得意，然而那殘酷的現實，永恆的真理，是絕對不會饒人的，等到底牌揭穿，真相大白，被人家捏住把柄，吃癟了下不來臺，便只有打躬作揖，賠些小心，說不得還要張筵請客，把美酒佳餚堵人家的嘴。徐先生是不是這等樣人，我不知道，但念在同「是五十上下年紀的人」，又都覥顏為師，故願以老生常談的「有則改之，無則加勉」八字為贈。

可是徐先生似乎經常容易犯這種錯誤，他在第一次推論某教授所持有的武漢日報副刊一段筆記是捏造的，他說：「所謂筆記，一到有常識的人手上，便立刻可以斷定，百分之百是出於捏造的。」他接著又說：「連這樣的副刊，我判斷也是出於捏造的。」徐先生在當時只看到抄本，便大膽斷定全出捏造，他強硬的用那些什麼「立刻可以斷定」，「百分之百」等詞句，指謫對方，聲勢著實駭人，然而等到對方拿出原有的證據，他就只好支吾其詞不敢答覆了。這一次，對我引用的九家注杜詩，又發生懷疑，在他《答李漁叔先生》的文章裏面，還自知「見聞有限」而且鑒於前失，不敢確指為虛構，只說：「九家注杜詩，未聞影印流通，何能責研究者以必讀。」但接著這位徐先生忽然濁氣上升，

舊病復發，又來一次推斷，他推斷：「李先生連這一部書看都不曾看過。」於是一發狠，就又使出「查典」的看家本領來了。請看徐先生找書的經過。他說：「中央圖書館蔣館長接到我的信後，過了十好幾天，才覆信謂九家注杜詩已陳列善本室內，可以借閱。我一直遲到七月九日，才到臺北，始知道該館此所陳出的九家集注杜詩，是從四庫全書文瀾閣中散出，入安徽聚黻軒主人劉世行之手；最後始歸中央圖書館，厚裝箱放在臺中。蔣館長接到我的信後，才專人赴臺中運到臺北開箱；這是李先生寫他的大文時無法看到的。中央圖書館在臺中另有文淵閣四庫全書，內中當然有此書抄本臺，迄今尚未開箱，李先生更無從看到。然則李先生究以何因緣，曾研究過此書，而敢說出這是研究杜詩所必讀的書籍呢？此一問題，與李先生所要為林尹先生辯護的問題，毫無關係，無說謊的必要。在不可以說謊的地方還要說謊，難道說李先生的說謊真是習與性成嗎？」

照徐先生調查所得，那部九家注杜詩，全臺灣只有兩部；一是中央圖書館所藏，最近才經蔣館長派人赴臺中運到臺北開箱的；一是該館在臺中另藏的一部文淵閣四庫全書中，徐先生沒有看，過而「當然有」的抄本。除此之外，遍自由中國找不出第三部，就這樣，徐先生證實了我的「謊言」。於是他又下判斷了。他說：「李先生既不曾看到九家集注杜詩，然則李先生大文中，為什麼又會引出了九家集注杜詩的趙注一段呢？原來郭紹虞有《杜甫戲為六絕句集解》一文，郭一直住在北平，當然能看到此書，所以此文裏面也就引用了此書。臺灣有位先生曾將此文用油印印出，發給臺大、東吳、淡江等校的學生參考。李先生有機會看到了便傳抄不誤，以為這一下子便可以行詐得天衣無縫了。」

在徐先生慣用的那一套年久發黴的邏輯與推理下，又一口咬定，毫無商量。於是乎硬指我說謊而行詐，可算是情真罪當了。這篇大文一出，不懂那些「某再拜」的人士，以及或真或假為徐先生搖旗吶喊之輩，拍掌稱快，以為這樣一來，李某人就無所逃罪於天地之間了；就連平素關心我的好友們，也給我捏一把汗。

據我個人的想法，徐先生在「查典」找證據以後，應該這樣說：「據徐復觀找書的結果，九家注杜詩只此兩部，你李某人根據的是那一種版本？這部東西，現在何處？希望能拿出證據來，否則就是我說謊了。」這樣大家知道，很自然的會得到兩個結果。

第一是我能提出證據來，說得出這部書的下落，版本卷數，絲毫不差，以

答覆徐先生，既不損傷徐先生的「尊敬」，亦無害其為博學。

第二是我提不出反證來，那就慘了，儘管我早年家居曾研究過這部書，後來在北平上海又確曾見過，但事隔多年，並無佐證，從何取信於人。而全臺灣又只得這兩部，我寫文時，都沒有開箱拆封，這不是抄郭紹虞的油印本，又是誰的呢？果真如此，則我的謊言，可以不攻自破，徐先生便可以穩操勝算，奏凱班師了。

誰會料到徐先生不此之圖，而仍就採用他那最拙劣的推理方法，又是一口咬定。我們先看他對九家注杜詩的考證，他說：「因為九家注，四庫全書總目卷一百四十九，分明注出宋寶慶八年曾噩重刊本係內府所藏，而宋百樓所藏的自卷六至卷十一的殘本，亦已歸日本東京靜嘉堂。雖增訂四部簡明目錄本？而邵亭知見傳本書目卷十二謂內府藏即此本，四庫依之，則增訂四部簡明目錄標注之所謂『內府刊本』之『刊』字，當係藏字之誤。（徐先生注明此係中央圖書館喬先生之說，不敢掠美云云）」

準此，他接著又說：「天祿琳琅書目卷三宋版部，自第四頁到第八頁，對此書記錄甚詳，在乾隆甲午仲夏月御題中有『適以遣編搜四庫，乃斯古刻見漕司。希珍除遇殊驚晚，尤物暗章固有時。』又乾隆乙未仲春月御題中有『尤物寧論頭與晦，逢時亦有塞兮通，武英棄置今方出，絜矩人才默愒中。』蓋此書淳熙八年的原刻，天壤間已不可得見，而曾噩的校刻本，元明兩代，皆無復刻。故在武英殿發現時，殆驚為孤本，清高宗因之讚歎不置。而葉德輝書林清話卷九內府刊欽定諸書條，載內府刊本甚詳，中無久家集注杜詩，則喬君之卓見為不可易。如此，則除四庫抄本外，李先生將從何處能看到此書？」

至此，徐先生已把話說到盡頭，譬如著棋，滿盤皆死，無有活路。徐先生傲慢偏見，「習與性成」，他沒想到一個人最不智的事，是授人以柄，以面頰予人，而接受掌摑。假如這一部郭知達集九家注杜詩，萬一對方真能提出確切的證據來，這後果如何？能是我們想像得到的麼？「無意中絆上了石塊」而「跌得頭破血流」的味道，究竟不太好受。

說了好半天，到底這部郭知達集九家注杜詩，除掉徐先生所查出來的兩部以外，還有第三部麼？我們先看看四庫目略：「郭知達集九家注杜詩，三十六卷，內府刊本，宋淳熙本。寶慶乙酉曾噩重刊本，精甚、九行、二十六字。宋郭知連集注刻本，京版本……」

上面明明白白的說此書是「內府刊本」，三十六卷。此外還有宋淳熙本，

曾噩重刊本，以及京版本等。則可推知此書決不止一種版本，此書既非絕版，又非禁書，當時亦無版權，任何人可以自由鳩工鏤版複印，我們可以一口斷定天壤間就會絕無僅有嗎？

其次，事實擺在我們面前，如果我真讀過此書，則此書絕不如徐先生所說只有兩部，而究竟是否讀過，又不是空言可以塘塞的，因為這中間關係徐先生所懷疑的許多問題，可以得到解答。最重要的是清高宗御題此書卷首的兩首詩，為使讀者易於明瞭，特將兩詩並必要的注釋一起抄錄如下：「御製題郭知達集九家注杜詩平生結習最於詩，老杜真堪作我師。書出曾鏤寶郭集，本仍寶慶及淳熙。九家正注宜存耳，徐氏支離概去之。適以遣編搜四庫、乃斯古刻見漕司。（原注：此書舊藏武英殿，僅為庫貯陳編，無有知其為宋槧者，茲以校勘四庫全書，向武英殿移取書籍，始鑒察之，而前此竟未列入天祿琳琅，豆書策之遇合，遲早有數耶。）希珍際遇殊驚晚，尤物暗章固有時。重以琳琅續天祿，幾閱萬遍讀何辭。」

這一首七言排律，徐先生只在天祿琳琅書目中摘抄了四句。還有一首如下：「再題宋版九家注杜詩，兌氏之戈和氏弓，續增天祿吉光中。浣花眉列新全帙，全栗身存舊捲筒。（原注：世以藏經紙之未作經冊者為捲筒紙，最為難得，此書面頁用之。）尤物寧論頭與晦，逢時亦有塞兮通。武英棄置今方出，（原注：是書庋塵武英殿庫架不知幾許矣，茲以校勘四庫全書始物色及之，且辨其為宋槧善本，即此，不可以悟人材之或有流淪耶？）絜矩人才材默惕中。」

這是一首七言律詩，徐先生也只摘抄中間四句，我們詳細看了以後，即可以知道清高宗編定四庫全書以後，找尋善本校勘，向武英殿移取書籍；才發現這一部宋曾噩在廣東漕司任內精印的九家注杜詩。所以說是「適以遣編搜四庫、乃斯古刻見漕司。」而再三讚歎！按曾噩據陳振孫書祿解題謂其字子肅，閩清人。而凌知迪萬姓統譜，則云字噩甫，閩縣人，慶元中為上高尉，遷廣東漕使。這部郭知達集九家注杜詩，正是他在漕使任內所重刊。振孫所謂「刊版五羊漕司，字大宜老」者；亦即係此本。到了清高宗時，或為海內孤本。經發現後就把這部書列入「天祿琳琅」而視為拱璧了。我們讀了「重以琳琅續天祿」和「兌氏之戈和氏弓，續增天祿吉光中」等句，即可推知書的下落，但是我們必須知道這部曾刻的九家注杜詩，是清高宗取來校勘四庫全書中的內府刊九家注杜詩，僅僅只是校勘而已。並不曾把曾刻本掉換內府刊，在校勘以後，題詩歎賞一番，就將之列入「天祿琳琅」，而四庫全書中那一部，還是內府刊本，

所以目略上仍書「內府刊本」，並將另外幾重版本加以著祿。明白這一點，徐先生所提出「內府刊本」的「刊」字，應作「藏」字的問題，也就跟著解決了。

從清高宗題詩以後，凡續刻的宋郭知達九家注杜詩，卷首都有此兩首詩。（也許有些本子沒有，我未曾看見不敢瞎說）我所曾研究過和現在看到的，都是這種三十六卷八冊的線裝本。假定徐先生如再嫌證據不足，仍堅持該書全臺灣只有兩部的話，則請向臺北南港中央研究院傅斯年圖書館一查，館裏面還有一部《宋郭知達九家集注杜詩》靜靜地躺在書架上，也係三十六卷八冊線裝本，他的圖書編號是 1.9935/42。徐先生如肯去訪問他，想來是不是會加以拒絕的。

大凡傅學之士，都係由平昔慢慢累積而來，絕不是臨時獺祭之輩所可混充的，因為急時抱佛腳，知其一不知其二，是會弄得笑話百出的。我原始終保持學人風度，不作人身攻擊，也不會以誹謗罪控訴徐先生的，只從治學與論事的方法與態度上，給他以適當的糾正。

以下簡答徐先生三個問題：

一、「集千家注杜詩」是書的定稱，集千家注杜詩不止一種，正如黃鶴集的叫「黃氏集千家注杜詩……」一樣。高著何以不可稱引為「元高楚芳集千家注杜詩」呢？上冠篡人名氏，下列書名，有何可議？學例說：「宋郭知達九家注杜詩」，難道一定要在郭知達三字之下加一「編」字才對麼？

二、關於經薄為文的正反說法，我引元高楚芳集千家注杜詩的注解後，接著提出清人錢謙益、仇兆鰲二家注，然後再說「進一步看看宋人的說法，」理路層次井然，「對舉」之說未喻其意。

三、「宋人全稱命題」的說法，曾發近於纏夾。我是說解經薄為屬四傑的有趙彥材和劉後村，怎麼說是「解『經薄為文哂未休』的只有趙彥材、劉後村」呢？如果不能用「宋人的說法」，則徐先生可以證明趙彥材、劉後村為非宋人嗎？

徐先生這篇大文，一開始就引曲禮「幼子恒視無誑」，而大發議論。我是一個喜歡對對子的人，見了這種句子技癢，也就立刻搜索枯腸，想找一句陳語來作對。結果被我想出一句「論語」來，那就是孔子所說的「小子何莫學乎詩」。（去掉那個乎字，正是一副好對，一笑）孔門重視詩，教門人小子去留心學習，在「小子何莫學乎詩」的底下，緊接著說明：「詩可以興、可以觀、可以群、可以怨。」又說：「不學詩、無以言。」因為詩之教是「溫柔敦厚」的，以溫柔敦厚為禮，以興觀群怨為用，正是醫治傲慢與偏見的一帖良藥。而學了詩懂

得如何立言以後，亦即不會胡說八道了。我上次說徐先生不是詩人，徐先生吃虧的似正也在這裡。

最後，我希望徐先生實踐諾言，趕緊把有關討論師大國文研究所試題前後各種文字（就是婁良樂的文字也應在內）印成小冊子，公諸社會，而且希望我這篇文章是那小冊子上的最後一篇。

二、劉國松：《為什麼把現代藝術劃給敵人──向徐復觀先生請教》

八月十四日，香港《華僑日報》刊載了一篇徐復觀先生的大作：《現代藝術的歸趨》，題後有三行四號方體黑字，寫著：現代的抽象藝術，到底會走到那裏去呢？現代藝術家自身，不會提出這種問題；並且可能認為凡是提出此問題的，即是不懂藝術，即是破壞藝術。

徐復觀先生的文章，我已看過不少，甲乙二集《學術與政治之間》雖然沒有全部讀完，但是有關學術方面的文字，我都粗略地讀過，對徐先生的博聞強識與獨特的見解，甚為佩服；徐先生評論現代藝術的大作，這還是第一次拜讀，原來徐先生不僅是政治與文學史方面的專家，同時對現代藝術亦甚有研究與見解。關於文中所講的有些地方使人不甚瞭解，以一個後學的我，在此想向徐先生請教請教。

一、首先要請教的：卷首特別用大一號方體字標出的「現代的抽象藝術，到底會走到那裏去呢？現代藝術家自身，不會提出這種問題」，不知徐先生根據什麼如此肯定地下這個斷語？我是一個實際從事研究抽象藝術的工作者，以我的經驗與所知，使得我持著與徐先生相反的意見。我國是一個文化古國，可是我們在學校所讀的歷史卻幾乎沒有一本是偏重於文化史，而都以政治史為主。如果我們稍稍將目光轉向文化史和藝術史內裏去的話（無論中西），我們就會看到一個事實：無論文學或藝術上的一種新理論、新派別的產生與成立，都是由於一部文學家或藝術家在不斷提出「這個問題」──文學或藝術（現代的抽象藝術亦不例外）到底會走到那裏去呢？──而最後獲得的成果；如真像徐先生所說的那樣，只知蕭規曹隨，墨守成規的話，那麼就永遠還沒有新理論，新派別產生，當然也就不可能有抽象藝術，更不可能在抽象藝術中相繼不斷地有更新的理論，更新的派別（如抽象表現主義，空間主義，斑漬主義，抽象抒情主義，非造型主義等）產生。因此，我認為：現代的抽象藝術，到底會走到那裏去呢？除了現代藝術家自身，別人提出來對藝術的本身來講，是毫無

用處的。不知徐先生以為如何？

徐先生接著所說的「並且可能認為凡是提出此一問題的，即是不懂藝術，即是破壞藝術。」我不相信這是由於心虛的關係所說出來的話。徐先生沒像一般人似的將抽象藝術誤稱為印象派，足已證明其對現代藝術確有很深刻的瞭解，否則，也就不值一談了。

二、文內第二段，徐先生引用了卡西勒在人論中的話：「科學是發現自然的法則，而藝術則是想顯現自然的形象。」接著他說：「因此，形象是藝術的生命。為什麼他們要加以破壞呢？」這是否在表明徐先生自己的藝術觀和對藝術所持的立場呢？如果是，那麼徐先生是贊同「藝術是自然的再現」的理論了。但是，徐先生隨後又承認「藝術的形象，雖由自然而來，可是作品的每一形象，並不是模仿而是一種創造。」又否定了「藝術是自然的再現」而主張「是一種創造」，使得自己前後矛盾，無一確定而統一的藝術觀與立場。徐先生所謂的「主觀與客觀合一的結晶」的「一種創造」，是否在指藝術家「不是模仿」形象，而是將形象適當的誇張或變形，如果我的解釋不錯的話，這不是已答覆了自己前面所提出的「為什麼他們要加以破壞呢？」的問題了嗎？因為每一形象的誇張與變形都是對原有形象的破壞工作。

徐先生還引用了一個政治史上的例子，把現代藝術家比作陳勝、吳廣，把用抽象方法來破壞形象的過程，比作揭竿而起的草澤英雄之破壞一切規程法制。所以他說：「因此，目前的現代藝術家，只是藝術中以破壞為任務的草澤英雄；他們破壞的工作完成，他們的任務也便完成：他們自己也失掉其存在的意味。」假如徐先生此處所指的是現代藝術家是「達達主義」者的話，那是再正確不過的了。可是，根據他前文所寫的以及他特指以目前的現代藝術家，我有足夠的理由相信，徐先生所指的是「用抽象的方法」的抽象藝術家。這樣，這個譬喻就無商榷之處。讓我們再來翻翻西洋本世紀的美術史。當一次大戰發生歐陸人類相互殺戮，一部分藝術家對他們一向認為的世界唯一的西方文化發生懷疑，於是發起了一次對固有文化的全盤破壞運動，也就是他們自稱的「達達」運動。但是為時不久，達達運動中卻有一部分藝術家覺悟如此地破壞下去不是個辦法，於是又發起「超現實主義」運動，積極地在被破壞的藝術廢墟上，從事新的建設，形象雖已被達達藝術家們破壞了，但超現實以及後來的抽象藝術家們，都在破壞了形象中去追求新的造形，創造一種屬於藝術家個人的藝術世界而與上帝所創造的自然世界分庭抗禮。難道不見現代的抽象藝術

家們，整天不斷地都在那裏努力創造屬於自己的「形」嗎？

我總認為成者為王敗者為寇的政治現象，來譬喻藝術上新思想的交替，實在是一件非常滑稽可笑的事。

三、虞君質：《抽象平議》

前些時，劉國松學棣來看我，把他在報上發表的反駁徐復觀先生的文章拿給我看。我讀了他的文章，一併想到了近來有些朋友對於抽象畫的論調，一時覺得很多話要說。徐復觀先生原是我的熟朋友，雖然居浩然先生在《文星月刊》寫了《徐復觀的故事》，對他有很不客氣的指斥，但我仍覺得復觀有復觀為人治學的特長之處，不容一筆抹煞，但這並不是說，他就沒有任何缺失。譬如說，這一次他以一個對於現代抽象藝術一無所知的人（即有所知，也很膚淺，可以斷定！）居然有勇氣大發高論，指出現代藝術的歸趨等等，這不能不說他的一個重大的失策。我常想，人各有能不能，所謂「一事不知，儒者知恥」的時代，早已過去。全世界每天出書數十萬種，我們只有來一個「弱水三千，只取一瓢飲」的辦法，今天的學術界絕沒有「包辦主義」存在的餘地了，就讓你是三頭六臂，要包辦也包辦不了。恕我不客氣地說，一位國文教授把「國文」教好了已經算是不愧不怍，不虛此生了，為什麼忽發奇想，多管這些閒事？關於我自己對於抽象畫這一藝術的意見，以前在本欄中屢有論列，在此不須重說。現在我要說的，是針對目前流行的幾重意見，提供我的個人淺見，就正於好學深思的世人：

一、抽象畫絕不是「沒有思想的藝術」，因為所謂「抽象」，它的本身應該經過思想的簡述揣摩而得。

二、抽象畫是一種藝術，抽象理論是一種學術。吾人對於藝術也好，學術也好，贊成或反對都要持之有故，言之成理，不能連用庸俗的語言徒逞意氣之爭，爭而不勝，便憑空加入一頂帶顏色的帽子，必欲置之死地而後快。老實說，人之愛國，誰不如我？倘非證據確鑿，豈能予任何人以不擇手段的誣陷？

三、在藝術創造的園地內，工作者應該保持絕對的自由，這是我們身居自由世界者的一大權利。今天有人畫抽象畫也好，畫傳統畫也好，只要是符合於「真、善、美」的原則的，都應許是其共存共榮。一個作家無法把自己的作品捧上天去，這件事應該讓觀眾去做，觀眾的好惡決定作品的存廢，藝術的評價尺度自來是把握在觀眾手裏的。

四、抽象畫既不是破壞的,所以必然有其遠大的前途,但傳統的繪畫,卻更有其光輝的永存的價值。事實上,沒有過去的傳統畫,也不會有今天的抽象畫,傳統畫是抽象畫的母體。在母親生存的期間,我們要萬分珍視其存在;不幸去世了,也要永遠保有其遺留的典型。相對的,我們誰又贊成為了兒子的生存,不惜殺掉母親而後快?

五、傳統藝術之可貴,並不因抽象畫的興起而淪於滅絕。不但此也,為了配合我們目前所處的特殊時代與特殊環境,我倒盼望一些老年或青年畫家表現民族思想或民族精神的繪畫,因為抽象畫的風格畢竟是偏於「為藝術而藝術」的,在此時此地,作家們能群起多畫一些「具象的」使男女老幼都能感發興起的作品,此舉將為蒼生帶來無量的幸福!

六、抽象畫家多屬青年,年輕不免「氣盛」,「氣盛」必有「凌人」之失!寄語抽象畫的作者們,第一要謙虛待人,第二要寬厚容物,第三要努力接受傳統,學習傳統。走筆至此,接到了「藍星詩刊」三十五期,讀了該期余光中先生論《幼稚的現代病》的文章,頓覺天清地明,一天雲霧消歸烏有,寄語抽象畫的作者們,何妨虛心一睹此文?

四、虞君質:《藝術辯論──敬向中國文藝協會提出一個公開建議》

頃接貴會的通知,約我於週四參加有關現代藝術的討論,我除決定準時參加外,擬向貴會提議最好經常舉行有關現代藝術的辯論集會,即使「真理愈辯而愈明」。倘若我的提議幸被採納,我除了自動報名作為參加的一員外,最好能函請東海大學教員徐復觀君也一併參加,使大家都能一聽這位「冒充學者」(借用居浩然先生話)的高論。此外參加的人,當然愈多愈好,這是不待說的。

我並非在向徐先生挑戰,不過因為他寫「公開信」給我說了一大篇「莫名其妙的廢話」(借用他的廢話)。貴會既然關心現代藝術的問題,則正好趁此展開有關此一問題之辯。我對那曾被孫旗先生大罵過,被嚴靈峰先生小罵過,被居浩然先生痛罵過,被劉國松學棣指正過,尤其不久以前因對分屍案胡說八道,差一點弄得身敗名裂的「冒充學者」,雖然在內心羞與共同站在一個講臺上說話,但他現在又無故造謠說我託他設法去東海教書,因此覺得使他有機會暴露一下「大說謊者」的真面目,總是一件很難得的好事。

在此,我應該先把我的提議的動機說一說。我被徐君謬稱為「臺北藝術碼頭的龍頭」,這種只有流氓用的詞句,不知是否本自「文心雕龍的文體」?他

之看不順眼我在教邏輯，正同我看不順眼他教國文一樣，只要有人請教，盡可各行其是。事實上，在我教的邏輯課上，每年進修人數有增無減，今年各班人數總計為五百人，徐君若不以為然，盡可以使那些學生推選。至於我在前幾年曾去東海作了幾次演講，卻是梁容若先生推薦，而由唐守謙教務長親到舍間商請的，事實俱在，這與徐君何涉？今夏梁容若先生尚來舍間徵詢我能否考慮去東海專任的問題，這又與徐君何干？總之，徐君的一切自白，都同他的「文心雕龍體論」一樣，除了廢話，就是謊話，我曾說徐君為人治學有若干可取之處，是看他被居浩然先生罵得太慘了，稍加勉勵，促其向上，誰知他生性頑劣，畢竟上不了檯面。徐君罵我同居浩然先生是半斤八兩，而卻忘了他自己就連半兩重量也無！有位現任東海教授的朋友常常同我說：「你對徐某談飲食男女都可，就是不能談學術」，而這個可憐的人卻偏偏於跑臺北享受「無邊風月」之外，專好大言不慚的以「學者」自居，他是在認真扮演一幕人間可憐的悲喜劇！

閒言少敘，有關學術問題，非此短文能盡，必須辯論解決。至於舉行藝術辯論程序，愚見可分兩個步驟進行，今請一一詳說以供採納。

第一步：由貴會事先用廣告召集聽眾，並準備西洋現代出版的圖冊至少二十種，包括自後期印象派以迄目前生存的作家們（能有近於原作大小的複製品更好）。屆時任請與會者指定二幅，先由我同徐君即席說明其作家生平及圖風流派等等，若有一方面強不知以為知，除了無條件接受對方的指斥外，尚須擔負全部開會及廣告費用。

第二步：徐君曾反覆提到英國詩人兼批評家的 Herbert Edward Read，極為流行的大著《美術與產業》或《美術與社會》的原文中指定兩頁，由我同徐君即席朗誦逐句講解，倘一方有辭不達意之處，除了無條件接受對方的責難外，應向聽眾長跪叩首，懺悔欺世盜名的大罪！

如上云云，貴會倘能採納愚見，付之實施，則於第一次舉辦著有成效以後，未來參加辯論者一定會前赴後繼，內中定不乏「半斤八兩」之輩聞風響應，則所謂「文藝復興」，乃非徒託空言耳，寄語「冒充學者」，曷興乎來！

附言：倘貴會無意採納此議，請代為致意徐君，我仍願約他借貴會場所單獨舉行，因為貴會是全國文友集會之地，聽眾必多。如此盛會，徐君不會推託，因這比他在大度山目空一切的自我陶醉，更覺過癮多了！

第三章　徐復觀美學研究著作集評

　　白詩郎（John Berthrong）教授將現代新儒家比擬為中國的「京都學派」，這就意味著現代新儒家在現代中國美學史上理應具有一種關鍵的地位。現代新儒家美學思想廣泛而深入地攝取了中西美學的理論維度，他們的美學體系與中國藝術精神有著密不可分的學脈因緣，同時，他們又因身處中西文化交鋒劇烈的港臺或海外，有著強烈的中西比較、美學對話意識。近四十年來，海內外對徐復觀美學思想的研究著作達二十餘部，有所涉及者更多，本章選其要者加以介紹、評述。

第一節　徐復觀美學臺港及海外研究集評

　　1990/06，文潔華：《儒道傳統與當代中國馬克思美學中的「自然人化」觀——試論中國傳統美學現代化的可能》，香港中文大學博士論文（2015，文潔華：《獨與天地精神往來——當代中國美學新視域》，香港：中華書局有限公司）。

　　該文第二章「道家藝術精神論人與自然」探討了道家之「道」的美學內涵。該文認為，中國大陸當代美學的中心課題是主客體關係，尤其是圍繞著馬克思《1844 年經濟學哲學手稿》中的「自然人化」命題展開的爭論，形塑了中國當代主要的美學流派。事實上，李澤厚等美學家也曾用「自然的人化」來解釋新儒家的禮樂傳統，並用「人的自然化」解釋道家的精神，它不僅是一個哲學問題，也是一個美學問題，「涉及文化心理結構、積澱、人性塑造的問題」。因而，在「自然的人化」這一命題的視野下觀照現代新儒家的思想，也成為中國

傳統美學現代化的中心議題。

「自然的人化」涉及的基本問題就是主客體關係問題。該文第一章以追本溯源的方式思索儒家論藝術價值的根源，繼而檢閱儒家價值根源於藝術理論上引申而成的禮樂傳統。第二部分探討了老子及莊子論道的取向，檢閱道家價值根源於藝術及人生引申而成的觀賞精神及美學範疇，繼而探討「自然的人化」在道家藝術精神中的多層內涵以及與道家價值根源之間的關係。該文列舉了現代新儒家在儒道價值根源的幾種詮釋模式：牟宗三重談形而上學及道體由內而外的主觀性原則，以「智的直覺」超越主客觀的關係，入於形上大道同流中物我兩忘、主客泯滅的大化之境；唐君毅重新探討了宇宙論道體由外而內的客觀性原則，心物兩泯，「攝禮歸仁」；徐復觀提出融合儒道的「中和」之美，「不放縱歡樂或過度哀傷，才能與德性協調，達到藝術輔人修養行仁的目的」。〔註1〕禮樂傳統之所以能維持人文秩序，不能只是作為外在施加的規範，而是要使道德本身成為一種情緒，成為生命力自身的要求，因而「中和」的境界是自本自發的「圓照」與「遍潤」，超越主客體的關係，徐復觀稱之為「虛靜」。由莊子「心齋」「坐忘」所成就的藝術精神也成為後世藝術工作者嚮往的審美經驗。

在道家藝術精神中，「人的自然化」為基礎，「自然的人化」為表現，二者構成了一個循環，也建構了一個超越於主客二元對立的新的主客體關係的模式。該文總結了中國傳統的藝術精神，揭示了儒道藝術精神融合之可能──「易」體與儒道之「內心之學」。傳統的儒道心性依賴於人的價值自覺，是有待於通過轉化於人倫社會來完成的，從道德主體、價值主體轉化為認識主體、實踐主體。中國美學的傳統與現代能否建立延續與發展的關係，關鍵就在於傳統美學的現代轉化或者馬克思主義的中國化。〔註2〕

1998/06,李淑珍. *Xu Fuguan and New Confucianism in Taiwan (1949~1969): A Cultural History of the Exile Generation. Brown University, Ph.D Dissertation.* (《戰後臺灣文化史上的徐復觀》，美國布朗大學博士論文)。

李淑珍的博士論文是第一篇較為全面、深入地探討徐復觀美學思想的研

〔註1〕 文潔華：《儒道傳統與當代中國馬克思美學中的「自然人化」觀──試論中國傳統美學現代化的可能》，香港中文大學 1990 年度博士論文，第 64 頁。

〔註2〕 文潔華：《儒道傳統與當代中國馬克思美學中的「自然人化」觀──試論中國傳統美學現代化的可能》，第 435 頁。

究成果，其研究方法是「外在文化背景」與「內在思想理路」並進，力圖還原出 60 年代初臺灣地區「現代藝術論戰」的歷史情境與徐復觀藝術思想在應對現代藝術潮流時的複雜性和真實涵義，並且由藝術領域的言說延伸到更廣闊的文化範疇。

　　該文由徐復觀從大陸遷徙臺灣地區談起，嘗試將徐復觀的思想還原於他的時代中，以觀察這個入世極深的學者如何在學術與政治之間擺蕩變化。為了實現這個目的，作者遍訪其家人、弟子，搜集大批家書與友人通信，閱讀了不少未錄於文集中的散篇佚文，將徐復觀的一生分為大陸（1903～1949）、臺灣地區（1949～1969）、香港地區（1969～1982）三個時期，在其生命的前兩個階段都是波瀾起伏，直到生命最後的十年才臻於成熟定型。從一個才華橫溢、嚮往社會主義的貧苦青年，到一心想以共產黨的組織方式改造國民黨的高層親信，再到熱情衝動、霸氣十足的儒家民主衛道者，以迄晚年成為埋首書齋、淵博淡定的儒學大家，徐復觀的思想其實經歷了多重變化。該文雖然涵蓋徐復觀的一生，實際上三分之二的篇幅都集中討論徐復觀在臺灣地區的 20 年，也就是 20 世紀五六十年代的臺灣社會。這一段時間，正是臺灣地區的「白色恐怖」「文化沙漠」時期，除了經濟上的發展尚有可表之處外，政治、文化、藝術方面的建樹似乎不值得一提。但是，「沙漠」也有沙漠特殊的文化生態，徐復觀在此一時期的生命經驗成為他進行美學思考的現實根源。臺灣地區的中西文化論戰奠定了徐復觀美學思想的人性論基礎，徐復觀在論戰的基礎上寫了《中國人性論史・先秦篇》，對儒家、道家的人性論思想進行了細緻疏釋。然而，徐復觀仍感到道家思想中還有更為重要的意義未加以闡述。而 1961 年前後的臺灣地區的「現代藝術論戰」更是推動其美學思想展開的催化劑，徐復觀以一個「文化批評者」的立場來思考藝術這一重要的「文化現象」，其反省也投射出了對當前人類命運的關懷。該文從「外在文化背景」和「內在思想理路」兩個方面去探索徐復觀的美學思想，認為貫穿徐復觀對西方現代文化和現代藝術批判的，是他的儒家人性論理想。

　　從外在文化背景看，五六十年代的臺灣地區是一個文化斷層的失落時代，一方面是縱的文化斷層，國民政府禁絕了五四以來的文學藝術傳統在臺灣地區的傳播；另一方面是橫的文化移植，年輕人擁抱歐美現代主義，全盤西化已成潮流。徐復觀的美學思想源於他的日本之行，他在東京見到現代文明的形相，發現現代文明對個人主體性的壓迫以及人的思想性的消失，他通過對西方

文明的反省去觀照現代藝術的精神源頭。在 1961 年的「現代藝術論戰」中，徐復觀與劉國松展開了針鋒相對的辯論，他們爭執的主要有四大議題：一、現代藝術破壞自然形相的意義何在？二、風行一時的抽象畫是建設性的還是破壞性的？是永恆性的還只是過眼雲煙？三、現代藝術家何以自絕於社會？這個現象與 20 世紀其他文化思潮有何關聯？四、現代藝術有何政治意涵？它與集權體制及自由民主制度有沒有必然關係？「現代藝術論戰」是在政治高壓、經濟貧困、文化斷層的時代，不同世代對於不同的美學趣味的追求。究其實，徐復觀與劉國松都積極肯認中國山水畫的現代價值，相互之間並沒有那麼大的差異，體現的是不同世代對藝術的態度差異而已。徐復觀在《中國藝術精神》中揭示出《莊子》反專制統治、追求精神自由解放的現代意義，恐怕是有著切實的現實指向的。

從思想基礎看，立足於人性論的徐復觀是以「美善合一」作為其美學思想的基礎的。莊子和儒家都是「為人生而藝術」，但並不像西方近代美學家那樣，一開始就以美為目的、以藝術為對象去加以思考，從人格修養出發，把「虛靜」作為宇宙萬物乃至人生的本質。儘管徐復觀基本上認同儒家，但他也割捨不下對道家的情感。該文特別強調，徐復觀美學的「儒道互通」，是從道家思想中發現儒家的特質，而不是在儒家中尋找道家的痕跡。在「現代藝術論戰」中徐復觀批評現代藝術的立場，主要還是根據「文以載道」「藝以載道」的儒家美學，而不是莊子的藝術精神，是對社會的承擔，不是對現世的逃避。

除了梳理徐復觀的美學思想，該文還深入探討徐復觀與張佛泉、殷海光、胡適的結盟和交鋒，與現代主義青年藝術家劉國松等人的論辯，與臺灣地區本省文人莊垂勝、葉榮鐘、楊逵等人的交往，與東海大學美國基督教會勢力的對峙。透過徐復觀的相關文章，為我們呈現了上世紀五六十年代臺灣地區的社會的橫剖面，凸顯了那一時期複雜多元的價值衝突和文化觀念。最後，該文不只視徐復觀為一介新儒家，更將他看作 1949 年後渡海來臺的外省知識分子的一員，希望藉由對他的個案研究，進一步思索那一代人在臺灣史上的文化定位以及中國文化的現代轉型問題。

評析：這是第一篇以徐復觀的文化思想、美學思想為研究對象的博士論文。該文在兩個方面都為後來的研究提出了極高的要求，首先是有關徐復觀研究的文獻的豐富與完整性，直到今日罕有能超越者。其次是將徐復觀放到他生活的環境和時代中，剖析其美學思想形成的根源，時代、地域、年齡、閱歷等

都成為藝術精神的養分，對臺灣地區五六十年代社會文化的疏通，也是一般研究者很難企及的。當然，該文也有不少遺憾。一、沒有對徐復觀的思想進行分期，並比較不同時期徐復觀在生活境況、精神氣質上的異同，這使得該文注重外在大脈絡梳理，而忽略了內在小脈絡的精細化。徐復觀的美學思想也不是一成不變的，存在著研究對象、研究主題、研究重心的變化，這常為學界所忽略。二、將徐復觀的美學思想立基於儒家的「美善合一」，有以偏概全之嫌。在「現代藝術論戰」中，徐復觀明確秉持莊子美學對現代藝術反形相、幽暗的人性進行批判；在《中國藝術精神》中，徐復觀明確將中國繪畫的精神追溯到莊子藝術精神上，這如何解釋得通呢？劉建平的《徐復觀與二十世紀中國美學》正是針對這兩個問題而作出了更深入、更系統的邏輯分析。

　　1998/08，龔鵬程：《美學在臺灣的發展》，嘉義：南華管理學院。

　　在該書的第三卷「美學傳統的建構」的第二章「由哲學思辨建構傳統中國美學」中，龔鵬程認為臺灣地區由哲學思辨所作的美學研究，深受現代新儒家的影響，現代新儒家的美學是以「生命的學問」為主的美學體系。一、以方東美、唐君毅、徐復觀為代表的現代新儒家屬於利用西方理論建構的美學體系。也就是憑藉西方理論中美感與快感之本質定義、審美經驗的釐清，以及純粹知覺的探討作為進路，來建構傳統中國美學主客合一之特質，其中徐復觀、胡秋原比較有代表性。二、徐復觀的《中國藝術精神》從思想史的角度，以「為人生而藝術」的現世精神，為傳統中國美學精神建構其理論體系。該書對中國傳統藝術精神之建構，實可從兩種進路著手：一是以哲學思辨，二是以藝術理論，分別建構傳統中國美學與藝術精神之特質。孔子「為人生而藝術」的音樂教育，是由「下學而上達」的無限向上之人生修養而得，體現的是儒家「仁美合一」的審美理想；莊子的「心齋」之心，是中國藝術精神的主體，它所呈現的是絕對的精神自由解放，「心」處於「虛靜」的精神狀態時，就是美的觀照。但其終極價值並非以追求美為目的，而是以追求「人生的解放」為最終境地。此藝術精神落實於人生中，就是一種樸素的美。三、20 世紀 60 年代臺灣地區由徐復觀所建構的「為人生而藝術」的傳統藝術精神，主要著眼於人在現世歷史的真實處境，從中考察人的主體精神在具體情境的超昇與轉化，也為臺灣地區「生命美學」的開展奠定了理論基礎，其影響力主要呈現在對莊子美學的研究上。

2005，陳昭瑛：《「永恆的鄉愁」：徐復觀論儒家先秦美學》，《儒家美學與經典詮釋》，臺北：臺灣大學出版中心。

陳昭瑛在該書的第八章《「永恆的鄉愁」：徐復觀論先秦儒家美學》中，主要通過儒家的音樂思想來詮釋徐復觀的先秦儒家美學思想。首先，他在「整體性概念」下觀照徐復觀的先秦儒家美學思想，什麼是「整體性概念」呢？「整體性」指兩個以上之實體的合一，或指兩種以上之多樣或異質之存在狀態、功能或性質的交融。該文指出，「禮樂之治」是現代新儒家「永恆的鄉愁」，由「禮樂之治」所陶冶而成的社會及人的存在正是「整體性」的呈現。因而，「仁與樂的合一」是指個體與整體的合一，當社會中每個個體皆通過禮樂教化而成為仁與樂合一的個體，則由這種個體所構成的整體必是和諧的整體。「仁與樂的合一」從個體而言是指「一個人的人格」，從整體而言是指涉「一個時代的精神」。「美」不只是藝術的範疇，還是社會的範疇，儒家追求的不止是「人格美」的境界，還有「社會美」的境界。

其次，「禮樂之治」的核心是「仁」。禮樂的作用主要體現在三個方面：一是政治上「禮治」；二是在社會層面上的「禮樂相互為用」，使人己各得其所；三是個人的修養。徐復觀認為，人的修養的根本問題，乃在於生命中有「情與理的對立」，「樂」可以幫人克服這種對立，回歸於和諧統一的「情理相融」的境界。「仁」一方面涉及個體生命之內部統一，另一方面又涉及個體與個體之間的統一，亦即人性之中和，這一境界最能凸顯禮樂的藝術精神和儒家倫理學的美學特質。

第三，對藝術與道德關係的梳理。該文認為，劉若愚、施友忠、李澤厚等三位學者對儒家美學的批評是從「外在目的論」出發的，徐復觀對儒家美學中藝術與道德之關係的掌握體現了他對儒家美學中的根源性問題的真正理解，徐復觀對儒家藝術與道德的關係的理解就是一種「內在目的論」。「內在目的論」是一種有機生命的、整體性的觀點，黑格爾對「內在目的論」有詳細的論述，徐復觀也使用「有機生命」的概念對臺灣地區的現代主義進行批判。他所說的「根源性」「生發的關係」都指出了文學的藝術性與社會性構成的有機生命的整體。

最後，對藝術與現實的關係的闡釋。徐復觀認為藝術對現實有兩種關係：一是「順承性的反映」，一是「反省性的反映」。徐復觀認為當藝術成為反映現實的工具時便失去了獨立性。通過對中國畫現代意義的揭示，徐復觀認為「反

省性」的藝術為一種超越現實、克服現實之反映的藝術。事實上，儒家既然要求藝術有傾向性、價值感、意義感，就不可能完全忽視「順承性的反映」。徐復觀認為音樂有助於政治上的教化，也是強調藝術可以反映現實、影響現實的，這裡可以看出徐復觀對儒家美學的理解不無偏狹。同時，徐復觀認為樂不再是人格修養的主要途徑，造成了孔門藝術精神的轉化與沒落。這裡的「轉化」是指藝術精神消解於樂以外的人格修養工夫，則「孔顏樂處」之藝術精神，似乎不必在孔顏樂處之外去另尋藝術精神，這就消解了音樂藝術本身。

2010，黃俊傑：《東亞儒學視域中的徐復觀及其思想》，臺北：臺灣大學出版中心。

該書第四章「徐復觀對西方近代文化的評論」認為，徐復觀的美學建構以及對現代藝術的批判，都是他批判西方近代文化的一個面向，西方近代文化以機器為主宰取代了人的主體地位，具有「非人間」的性格。一、西方現代文化是一種技術化、感官化的文化，缺乏人類愛的文化精神。建立在殖民主義和種族優越感基礎上的西方文化，本質上是欺壓非西方世界的霸道文化。二、西方近代文化是一種反理性主義的文化，缺乏道德自覺，放任原始生命力的迸發，尤其是現代藝術中的幽暗、混沌的潛伏意識，是要徹底反對人性中的道德理性和人文精神。建立在這種不健康的個性主義基礎上的西方現代藝術是要從社會、歷史與文化中徹底「去脈絡化」的「個人」，而不是與社會網絡與文化傳統共生共感的「個人」。徐復觀的美學批判，本質上是一種文化批判。

2010/06，鄭雪花：《徐復觀美學思想研究》，新北：臺灣花木蘭文化出版社（成功大學中國文學所 1994 年度碩士論文）。

該文認為徐復觀美學思想的形成，從外緣來說，由反省時代的文化脈絡而來。在現代畫論戰中，徐復觀給予現代藝術激烈的批判，在批判中透顯了對於藝術品所繫的觀物方式和世界感的關切，這個主題後來在《中國藝術精神》中得以完全彰顯。從內在理路的發展來說，徐復觀美學思想是由人性論而來，乃是生命美學的進路。在此意義上，徐復觀關切的是「生命」如何在藝術活動中實現追求自由的可能；如何在審美觀照中通透萬物、擴大精神領域，達到主客相融相攝的境界；如何在創造活動中，經由藝術形相的構成，開顯存在的無限，在客觀世界中安頓自己。在歷史的脈絡上，徐復觀追溯著中國傳統的文學批評和繪畫品鑒中關於主體生命與藝術形相的觀點，尤其致

力於闡發「文體出於性情」和「氣韻生動」兩大美學論題，並強調藝術精神的主體「乃從整體的存在世界來加以界定，是人的價值意識於內在世界與外在世界的互動中的覺醒。」

在此基礎上，該文總結了徐復觀美學思想的幾個特點：一、徐復觀美學所關注的不是作品自主論所關注的作品內在的審美結構，而是一個以藝術精神主體為起點，以心物交融的藝術形相為重點，以宇宙秩序、人文秩序和美學秩序三位同體為最高藝術精神的美學系統。二、就其對藝術精神主體的關切而言，徐復觀指出以虛靜為體的超感性知覺具有直觀存在本質的能力，因而「直觀」不是平面的第一自然的直覺，而是立體的第二自然的洞見，藝術直觀是深入生命的底層的觀看之道。虛靜心體所開展的藝術精神在於呈現自我與世界的和諧關係，主體情性具有感通萬物的情性，主體情性能夠融通萬物，則具現在作品世界的便是天地之情，是人與自然的親和關係，是主體與客體的整體存在。在這樣的視角下，徐復觀認為儒、道兩家藝術精神的終極關懷都在「生的完成」，也就是主體人格的完成，提升人生的境界，成就人間的和諧，「為人生而藝術」才是藝術的本質。三、在對藝術形相的分析上，徐復觀肯定正常人性所要求的必是具象的藝術形式，通過這種藝術形式，呈現藝術家在紛擾不已的世間所保有的清明心靈和自由精神。而欣賞者亦可通過藝術形相的感發體驗，純化自己的心靈，進而提升人格的境界。四、就其對中國文藝理論的詮釋而言，徐復觀的詮釋體系有兩大特色：一是「復古通變」，帶有重建傳統以批判現代的意涵；二是顯發中國生命美學的意涵，在分析具體的作品和美學概念時，特別強調由內在生命顯現的形相世界乃是人與自然相互依存的和諧世界。

該文認為可以從以下幾個角度對徐復觀美學思想的價值進行評估：一、在人文研究方法的反省方面，徐復觀強調了整體性的歷史學方法以及開放的人本主義傾向對科學工具理性方法泛濫的反思。二、在審美理論內涵方面，徐復觀對於藝術精神主體的彰顯，對於藝術形相所繫的人與自然的關係，以及審美觀照的經驗結構都有精彩的論述，也是對抒情藝術的境界理論的承續和發展。三、在傳統美學的重釋方面做了三個方面的工作：一是重現傳統美學的本來面目，二是發掘傳統美學的豐富性與深刻性，三是發顯傳統美學的當代價值。四、在中西美學的會通別異方面，藝術是人自身的世界，徐復觀認為中西文化從藝術上的會通要來得容易而自然，「人同此心，心同此理」。但是畢竟中西美學有

不同的脈絡和概念，因而在會通之外，別異的工作也顯得尤其重要。唯有通過在各自的文化脈絡中尋根探固，確立各自的美學據點，再通過系統的對比參照，才能建立多元多層的現代美學體系。

評析：該文結構體系比較完整，對於徐復觀美學的詮釋方法、體系特徵、內涵分析以及問題反思幾個方面都進行論述，頗有新意和深度，在學術質量上甚至超過了不少當下的博士論文。在方法論的使用上，該文在分析人與作品之間關係時，並沒有對海德格爾把藝術本源與真理問題聯繫起來思考進行批判性反思，因而有不少誤讀。同時，對於徐復觀在中西美學的會通別異方面的論述，點到即止；在分析徐復觀在利用康德美學、現象學以及存在論會通莊子美學的思想時，對二者間的差異缺乏必要的剖析和反思，這是該文可以進一步深入的方向。

2014/01, Tea SERNELJ, "The Unity of Body and Mind in Xu Fuguan's Theory," *Asian Studies* II (XVIII).

現代新儒家徐復觀是 20 世紀具有重要影響力的臺灣地區哲學家，其理論貢獻是中國大陸與臺灣地區學界的關注焦點，然而這在西方學界幾乎完全被忽視。鑒於此，該文致力於探究徐復觀的哲學理論和認識方法論，重點考察其對於體認和創造性潛能「氣」的概念闡釋。一、傳統的身心關係與「憂患意識」密切相關，身體是人類存在的開始。「心」有時被看作是身體的一部分，有時被看作是身體的基礎，如「心正而後身修」，但總體而言，心靈比身體是更優先性的存在。二、在中國傳統哲學中，中心概念很少單獨出現，一般是以對立的二元框架出現，「氣」也不例外，它常常被視為具有雙重本體——當它出現在具體的生命領域時，「氣」被視為生命體的存在基礎「血氣」（「身體」）；而在超驗的層面上，它又被視為具有創造性潛能的「氣心」，即內在超越，這和西方從物質意義上去理解「氣」是截然不同。當人們從身心二元關係去把握「氣」時，就已經確立了「氣」在中國思想史上的本體地位。三、徐復觀還把「心」看作是一種認識方式，即「體認」。純粹感官知覺的減少能夠讓人實現更高水平的自我完成，也即莊子所謂的「心齋」「坐忘」的「體認」方式，在此狀態下，身體內在地與心靈統一起來並達成新的平衡、和諧。在徐復觀看來，這種統一意味著達到道德主體性和完全依仁而行的正確途徑，也即仁愛的、合理的、文明的、智慧的社會實踐之路。

2017/01, Loreta POŠKAITĖ, "The Embodiment of Zhuangzi's Ecological Wisdom in Chinese Literati Painting (wenrenhua) and Its Aesthetics," *Asian Studies* V (XXI).

該文致力於考察道家（主要是莊子）所主張的事物相互滲透、「相通而不相通」的生態思想與中國山水畫、竹畫的關係，具體而言，是畫家在創作過程中與所描畫的物（景）相和諧的思想，旨在從哲學和非歐洲中心主義的視角更加細緻地詮釋這一受莊子思想啟發、體現在中國文人畫中的獨特的物我和諧或「物我合一」的思想。因此，該文引入了幾種西方漢學家提出的概念模型，作為理解莊子認識論和宇宙論的特殊哲學方案，進而探討它們之於中國早期古典繪畫美學與理論中所呈現出的畫家與世界的關係的適用性。

2017/01, Tea SERNELJ, "Methodological Problems of Xu Fuguan's Comparative Analysis of Zhuangzi's Aesthetics and Western Phenomenology," *Asian Studies* V (XXI).

該文通過對徐復觀美學理論背後的思想來源的探索，試圖在比較分析中找出西方哲學和莊子思想之間的方法論關聯及其差異。一、現象學是西方現代哲學的重要流派，它企圖通過現象還原揭示實在的本質；而中華美學主張以審美意象顯示「道」，這就使得它先天具有了古典現象學的理論性質。這一點，徐復觀在《中國藝術精神》中也有所論及。二、徐復觀以莊子哲學的「虛」「靜」「明」等概念建構起了自己的美學體系。在他看來，莊子的美學思想與人的審美生活方式相關，人在審美式生存中所得到的精神的自由解放就是「道」的規律的呈現，這種審美化的生活方式即是莊子的「逍遙遊」，這是人生存在的最高精神境界，也是最高的藝術精神。徐復觀指出，「心齋」和「坐忘」正是達到這種藝術精神境界的有效方式，這和 19 世紀末 20 世紀初的西方現象學有一些相似之處。三、徐復觀非常謹慎地在西方哲學和莊子思想之間尋找對話的契機，他相信二者在通過心靈去把握美的方式及藝術精神上存在著某種契合。

2017/06，黃聲涵：《徐復觀音樂思想中的「和」》，臺灣地區中山大學碩士論文。

一、該文在徐復觀「心的哲學」視野下，重新梳理《中國藝術精神》中儒家思想、道家思想對「和」觀念的闡釋，從藝術上、社會中和人內心三個維度，提出了「音樂之和」「樂教之和」和「人心之和」的觀點。徐復觀開創了儒道

兩家對音樂藝術、繪畫藝術的各自美感，成就了儒道的藝術美學觀，最終以「和」貫通之，成為中國藝術精神的兩大主幹。二、使用康德《判斷力批判》中「依存美」「純粹美」的相關理論分析孔子、莊子藝術精神，儒家藝術精神因其強調社會教化，比較接近「依存美」；道家思想則以自然為歸趨，故接近「純粹美」。「樂」在徐復觀思想中佔有極大的分量，由「樂」所開出的「仁」與音樂合一的典型，也就是道德與藝術的合一，這就是康德所言的「依存美」。徐復觀在根本上是將「樂」當作一種提升自我修養及道德完善的工具，「寓教於樂」，而忽略了音樂本身的美。三、對音樂中的「和」及其限度進行反思。徐復觀在《中國藝術精神》中所談的音樂乃「古代音樂」，他沒有結合現代音樂的發展、理論、樂理基礎、和聲概念來探討「和」，這可能在相當程度上限制了他對音樂的認識和評價。該文闡述了現代音樂和中國古代音樂如何通過「和」來達成會通，試圖對徐復觀《中國藝術精神》作出「現代社會」的延伸和回應。

2019/06，林彥宸：《徐復觀與卡西勒：藝術精神主體的對話》，臺灣地區東海大學碩士論文。

徐復觀於 1982 年 4 月逝世後，其藏書和手稿由夫人徐王世高女士及其哲嗣捐贈予東海大學圖書館典藏。其中有不少尚未出版與整理的摘節翻譯手稿，不僅能夠幫助研究者更進一步瞭解徐復觀的思想，同時也能掌握到他構思以及書寫時的習慣和材料。為此，2016 年 2 月 1 日至 7 月 31 日，東海大學中國文學系協助圖書館開展整理徐復觀手稿的項目計劃。隨後，東海大學圖書館與中國文學系，於 2016 年 12 月 3 日合辦「文學‧思想‧藝術——徐復觀先生學術論壇暨東海大學圖書館典藏徐復觀先生手稿整理計劃成果發表會」。發表會除了邀請學者們再次討論，以及重新省思徐復觀的人文思想，最主要的目的在於向學界報告徐復觀手稿的整理情況。在這次會議中，學者們分享了東海大學精擇印製的手稿圖錄。

徐復觀手稿中摘譯卡西勒《人論》手稿的整理，填補了以往在徐復觀《中國藝術精神》中閱讀到針對卡西勒《人論》的引用片段時所產生的問題。以《中國藝術精神》引用卡西勒《人論》的段落數量來看，書中附注有 14 條引用，若再加上沒有仔細附注的可能更多。以《人論》章節的順序來看，摘譯手稿所摘節的內容，是《人論》的第一章至第六章，而《中國藝術精神》中的引用，則都是引用自第九章的內容。另外《兩漢思想史》中，也有引用卡西勒《人論》

的內容。有趣的是，《兩漢思想史》所引用的，是《人論》第十章的內容。《人論》摘譯手稿很可能是徐復觀在東海大學任教時期，為寫作《中國藝術精神》及相關著作的準備資料。

關於為什麼引用以及用什麼樣的視角與意圖去引用的問題，在整理摘譯卡西勒《人論》手稿的過程中，逐漸得到釐清與解答。從徐復觀翻譯卡西勒的《人論》的內容看，徐復觀比較關心《人論》中的「人性」主題，這不僅是為了因應時局的變化，也是從自身所關注的人性論史、藝術精神等問題出發。從徐復觀對卡西勒的《人論》相關翻譯資料的態度看，徐復觀一直保持著既未全盤接受也未完全反對的態度。該文從四個方面討論徐復觀與卡西勒之間、《中國藝術精神》與《人論》之間的內在聯繫，要點如下：一、藉由《中國藝術精神》認識徐復觀是如何理解中國藝術以及藝術本身，並且從他的理解當中觀察是如何與卡西勒《人論》聯結。二、透過《中國藝術精神》中拿來作為莊子及其藝術精神延伸與解釋的卡西勒《人論》段落，檢視徐復觀哪些概念與卡西勒相契，哪些又是自己另外展開的想法與思路。三、從莊子的「遊」之精神中進一步釐清「遊」對於人自身的重要性，並且從「遊」之精神中所透發出人之為人的主體性以及能動性的區別，以及徐復觀對此的區別與認知和卡西勒思想的關聯性。徐復觀在哪些部分使用了卡西勒的角度分析主體，又或者在哪些部分是專屬卡西勒的精神主體概念。而這一部分的釐清，最主要的材料就是徐復觀摘譯《人論》的手稿。四、徐復觀與卡西勒《人論》之間的關係，其關鍵在於文本本身的身份，而非裏頭的內容，從徐復觀摘節翻譯卡西勒《人論》的手稿中，省察摘抄行為本身的意義與思想上實際的聯結。徐復觀《中國藝術精神》奠定藝術精神這一主題的開展，摘譯卡西勒《人論》手稿的整理無疑有助於更進一步深入瞭解其思想的萌生、構築和形成過程。

評析：這是一篇學術質量堪比博士論文的碩士論文，臺灣地區學界細緻、嚴謹的學術態度頗值得我們學習。該文從徐復觀館藏的未刊稿來探究徐復觀寫作《中國藝術精神》與卡西勒《人論》之間的內在聯繫，無論是文獻上、視角上，還是立意上都頗有新意和原創性。徐復觀翻譯卡西爾的《人論》，主要是為瞭解、借鑒其思想，而非翻譯出版；徐復觀對於卡西勒《人論》的吸收，大致上是以對人的認識及其文化的內容為主，而非接受其美學思想與藝術觀念。該文著力於探討徐復觀與卡西勒，是如何看待精神主體，以及兩人思想上的異同，在這方面進行了細緻地耙梳整理，並給予了適當的評價。另外，該文

也向我們敞開了卡西勒對於當代新儒家學者們的影響，以及新儒家學者們對於《人論》的接受程度之比較等研究方向。在《中國藝術精神》中，除了卡西勒《人論》的引用外，被大量引用以及論述的還有圓賴三的《美的探求》，二者之間的關聯也值得進一步探究。

第二節　徐復觀美學研究專著集評

進入新時期以來，學界開始有不少研究者在深入梳理徐復觀美學的內涵、結構與脈絡的基礎上，試圖系統性地建構徐復觀美學和文藝思想的體系，這大大推進了徐復觀美學思想的研究，代表性的專著有：

2002/06，侯敏：《有根的詩學──現代新儒家文化詩學研究》，蘇州大學博士論文（上海：上海人民出版社，2003 年）。

該文認為，現代新儒家面對西學東漸的挑戰，以延續道統、復興儒學為己任，力求以儒家學術為主體，來吸收、融匯、貫通西學，以尋求中國現代化之路。百年來中國文論一直在「西化」的路上狂奔，我們沒有自己的文藝理論，沒有自己的聲音，新儒家詩學正是在此意義上，具有重要的思想意義和學術價值。

現代新儒家詩學在全球化語境下探索中國本土美學與藝術精神實現創造性轉化的可能性，從民族文化的立場出發，反對藝術無根的狀態，竭力為文化中國創造新的精神資源，主要有以梁漱溟、熊十力、馮友蘭為代表的哲性詩學觀，錢穆為代表的人生文學觀（文心即人心，即人的心性），唐君毅為代表的仁道美學觀，徐復觀為代表的藝術心靈觀（人性之學乃中國文化之精髓），方東美為代表的「生生」詩學觀，牟宗三為代表的審美範式觀等，闡述了新儒家詩學的文化觀照、生命聚焦、觀念綜攝、範疇轉換的豐富性、深刻性，以「人化論」「心化論」「生化論」「詩化論」為中心來建構中國美學理論體系。「人化論」是新儒家高揚的「人文之美」，它涉及人文精神、藝術人格和藝術人生化；「心化論」是新儒家強調的「心性之美」，涉及文藝的心靈化、心韻化和心齋化；「生化論」是新儒家所建構的中國式生命美學，涉及文藝的「生生之道」、生香活意和生命氣場；「詩化論」是新儒家崇尚的「詩意之美」，涉及中國傳統藝術的悟覺思維，包括興味之美、靈境之美和韻致之美。人格的化育、心靈的主宰、生命的創化、美感的體悟，是新儒家美學的總體框架。

　　在美學建構中，新儒家既掌握本體也重視方法。他們主張中國文論和美學必須在自己的主體性上進行自我提升與豐富，也必須在自己的主體性上吸收西方文化的營養成分，在時間向度上追求有民族特色的現代化，在空間向度上追求和而不同的世界化，試圖援引西學為我所用，他們對西方哲學、美學下過很大工夫。唐君毅研究黑格爾的精神現象學，牟宗三獨自翻譯《純粹理性批判》《判斷力批判》等，方東美的「生生哲學」則吸收了柏格森、狄爾泰、黑格爾、康德的思維方式自成一體，以圖達成中國傳統詩學與西方現代哲學、美學理論的會通。

　　該文對新儒家美學的歷史局限性和理論遮蔽性進行了三個方面的分析，分別是泛道德主義傾向、信念獨斷論色彩、心性決定論意味。在此基礎上，通過對「道」（錢穆：人生之道、徐復觀：天地之道、方東美：陰陽變化之道），「境」（錢穆：有我之境、唐君毅：立我之境、徐復觀：忘我之境、方東美：化我之境），「和」（錢穆：和合之美、唐君毅：中和之致、方東美：氣韻諧和），「遊」「心」等傳統文論的範疇的梳理，以中國哲學的「天人合一」、生命意識為中心，建構起既洋溢著東方神秘主義詩學的神韻又灌注著現代人生體驗的內涵的中國詩學，因而是「有根的詩學」，也是以傳統文論為主融合了中西美學的頗有價值的嘗試。

　　評析：侯敏的《有根的詩學》是中國大陸較早研究徐復觀文藝思想的博士論文，在選題上具有一定的開創性。同時，該文試圖在現代新儒家詩學研究的基礎上建構起中國現代的詩學體系，這也需要一定的學術勇氣。然而，該文對徐復觀的美學思想缺乏有深度的分析，在文獻資料、研究視野上有待進一步完善、拓展，例如該文完全忽略了徐復觀的《中國文學論集》《中國文學論集續篇》《石濤之一研究》和文藝論文的價值，沒有把握到徐復觀「心性」內在超越性的根本特徵，也沒有注意到「為人生而藝術」「憂患意識」在徐復觀藝術思想中的發用。

　　2004/06，王守雪：《心之文學──徐復觀與中國文學思想經脈的疏通》，華東師範大學博士論文（王守雪：《人心與文學──徐復觀文學思想研究》，鄭州：鄭州大學出版社，2005年）。

　　該文從徐復觀文學思想研究切入，通過開掘、追索、梳理，展示出徐復觀在中國文化傳統重建志業中，對於中國文學綱維性論題所作的重新疏解，論析其特點、意義和價值。該文主要是通過三個層面展開的：首先，是徐復觀本人

的層面。徐氏生平、思想、學術皆極為複雜，其文學思想與其整體學術思想及活動之關係極為重要，徐復觀關於文學之研討至為豐富，將此一系列重要問題之內容清晰、準確地展示出來，此為基本層面。其次，20 世紀中國學術思想史的層面。徐復觀生平八十年，貫穿中國社會歷史諸多重大變革。徐復觀之學術及文學，如一聚光點，如一電訊系統無數電纜之終端，通過他，四通八達，可以通向眾多學術論題的討論和解釋，諸如徐復觀與乾嘉學派、徐復觀與胡適、徐復觀與魯迅、徐復觀與桐城文派、徐復觀與國共兩黨、徐復觀與臺灣地區的鄉土化運動等等。從此層面打開的論域中，更能在比較中映照出徐氏學術之淵源、本來之生態、特有之價值。其中一些課題，已有學者作了研究，然而本文在留下的空地中做了開墾。再次，進入徐復觀所著力討論的問題系統。徐復觀的目的，乃著力於在中西文化交匯、古今學術變遷之宏闊背景下，重續中國文化之慧命。所討論的中國文學問題，乃是經過他的選擇，以「關鍵性」「綱維性」為準的。這些問題，有些是在長期歷史中被誤讀、曲解，有的則是自晚清特別是五四新文化運動以來被主流文化所毀壞，積滿了舊的灰塵或新的泡沫。現在，再次進入這些問題的討論，則不僅僅是場外的瞭解，而是參與其建設。所謂經脈之疏通，乃通其鬱滯促使其活轉，其意義蓋在於此。如此，則三個層面實為一體，最後之層面乃本文之落點。該文主要展開以下論題：一、徐復觀之文學因緣。此章並非徐氏生平事蹟之普泛介紹，而是追尋其文學成就之學術思想淵源，以後四章，所論一切問題皆可從此處找到發生的端點。從另一視角來說，則是將徐復觀放入 20 世紀中國學術思想史的背景，以見出其學深厚之根本、繁複之脈絡、宏大之氣派，由此亦可反觀 20 世紀學術思想史一些問題之底蘊。第一個論題，徐復觀最早如何與文學發生機緣，其早年求學的積累與其後的學術成就是怎樣的關聯。徐復觀業師王季薌，精桐城文，著作有《古文辭通義》等數十種，然而多亡佚。他對徐氏之文學思想及精神人格，影響甚巨。本文透過王氏之著作，對王氏影響徐氏之文學思想從學理層面予以探究。另一位老師黃季剛，徐氏曾從之攻《文心雕龍》，然而黃氏之學，源自章太炎。徐復觀問學熊十力以後，思想發生重大轉變，批評章黃學派，然而其思想中已不可排除地植入了多種學術流派的因素。二、徐復觀與 20 世紀主流文化的關聯。徐復觀深受五四新文化運動的影響，早年曾精讀魯迅、胡適之著作，其思想中強烈的社會批判精神，殆與此相關。然而，後來他對魯迅、胡適等五四知識分子的批評，構成其學術中的重要線索。本文對其中變化的內在邏輯進行了

論析，認為兩代「五四知識分子」之間是貫通的，徐復觀所代表的這一代知識分子比第一代（胡適、魯迅等）增加了厚度，就共同關注的問題討論來說，後者是前者的深化。三、徐復觀與港臺新儒家、學術界、文學界的關聯。徐復觀奔走於臺灣地區東海大學與香港新亞書院之間，前後創辦《學原》與《民主評論》，對港臺新儒家的發展作用甚大。而此一機緣，亦是其個人學術成就之重要保證。他與臺中文化界的融洽，與《華僑日報》長久的情誼，則是其文學創作及文學評論的重要機緣。他以充實的中國傳統文化涵養，吸納現代西方文化資源，打入現代文藝批評陣中，以鮮活的思想，澆鑄自己的理論，使其對中國文學綱維性問題的重新討論顯出最為強大的現代解釋力量。四、徐復觀與大陸學術界的關聯。徐復觀晚年有兩個夙願：一是祖國統一，二是中國文化再發生機。1976 年以後，兩岸三地之間交流增多，徐氏的著述開始與大陸學界有所回應。此種機緣，不但增加了其著述的現實品格，亦是支持其以衰病之體著述不輟之精神動力。其中一些史實脈絡，於此得到一定梳理。五、生命與理性的合一：心的文學觀。徐復觀的文學觀非得放入其學術思想總的構架中方能顯示，通過論述其學術思想之核心——心的文化，以見其大體，然後提煉其內容——生命與理性的合一，顯示其在徐氏文學觀念中的中心意義，繼而開掘在徐氏的文學觀念中，如何實現生命有理性，理性中有生命，面鑄成文學鮮活而偉大的品格。

評析：該文的相關研究擴展了徐復觀美學思想的視野。通過梳理徐復觀文學成就的學術思想淵源、文學思想、對《文心雕龍》的研究並探索其研究方法論。該書以「心的文學」立論，從徐復觀本人的學術思想、20 世紀中國學術思想史和文學批評三個層面入手，在徐復觀的《文心雕龍》研究、文學批評史的綱維研究以及文學研究方法等方面深入探究中國文學思想的經脈，把握到了徐復觀中國文學精神的核心——「心」的文學。然而，徐復觀雖有兩個文學論集，但最能代表其美學和文藝思想的，無疑還是其臨終之前念茲在茲的《中國藝術精神》，百餘篇文藝論文和一些相關藝術著作如《石濤之一研究》等也頗具有代表性，這些文獻在探究徐復觀文學思想時是不能被忽視的。

2005/06，耿波：《自由之遠與藝術世界的價值根源——徐復觀藝術思想擴展研究》，北京師範大學博士論文（耿波：《徐復觀心性與藝術思想研究》，北京：中國傳媒大學出版社，2007 年）。

該文沿著徐復觀美學思想的理路並在哲學向度上拓展，無論是對徐復觀

的心性哲學，還是對其藝術精神的呈現，都從價值根源上進行了探索和追問。真正的「價值根源」意味著人「置身其中」。在西方，從蘇格拉底到康德、尼采，在價值根源問題的解決上皆有缺憾。徐復觀因其豐富獨特的人生經歷和對於中國傳統文化中孔、孟、宋明理學之「心學」傳統的繼承，而將「心性」把握為價值根源。「心性」即人由不斷的實踐工夫向「內」「回轉」，而在自身現實生命中顯發出自律、超驗的「不容自己」的精神境界。在徐復觀那裏，心性分為儒學意義上的以「道德」為內涵的「心性」和老莊意義上的以「虛無」為內涵的心性。徐復觀的「心性」雖然向價值根源邁進一大步，但仍不是真正的價值根源，因為徐復觀的「心性」之超驗是一種「內在超越」。「內在超越」的本質即是將超越境界視為「預設」，而「預設」乃是個體私人意欲「對象化」的投射。這種個體私人意欲的內涵，在徐復觀的「心性」語境中是一種個體政治意欲。凋零的政治殘夢化為政治意欲滲透在徐復觀的「心性」中，導致「心性」在最細微處的「對象化」，失去了價值根源的深徹性。為了尋求真正的價值根源，可從徐復觀的「心性」前進一步：與徐復觀從「工夫」中向「內」「回轉」相反，將「工夫」體驗為「敬畏」，在工夫之「敬畏」中循「畏」去「遠」，在去「遠」的廣大境界中顯發出人之克勝私欲的人之「無」。境界的「遠」大與人之「無」在根本上保證了人的「置身其中」性，真正的價值根源由此顯現。工夫（敬畏）——去「遠」——人之「無」——人的「置身其中」，這是一個「遠」而復「返」的過程。在中國樂文化中，樂是聲息相通的「自由」交流，但「自由」的本質不是其本身，而是對承載此「自由」的「遠」大境界的開闢。因此，樂的本質即是以聲息相通的「自由」性去「遠」而「返」，對於價值根源作出指引與守護。在聲息相通之自由交流中的「遠」而復「返」，可稱之為「自由之遠」。從「樂」來指認「藝術」的本質，藝術即是在聲息相通的自由之遠中對於價值根源的指引與守護。在「中國藝術精神」的探討中，徐復觀認為藝術境界之所以能從「虛無」心性中湧現，是因為在「虛無」心性中顯發出主客之間非因果非前後的根源性關係。然而問題在於，在此「無己」的「虛無」心性中，主體性凸顯的「想像」卻是核心的生發機制，這表明其「虛無」心性並非價值根源。遵循海德格爾的指引，我們將主體凸顯的「想像」向自由交流的「雙向建構」中「回置」。在雙向建構中顯發雙重湧動，即自由交流對於境界的「開闢」和人在雙向構建之「克己」。「開闢—克己」使人「置身其中」，價值根源呈現。在雙向建構之「開闢—克己」的意義上，中國傳統山水畫對於

價值根源的指引有所局限，而民間藝術與現代藝術則意蘊豐厚。雙向建構之「開闢—克己」即是聲息相通的自由之遠。在對《文心雕龍》「文體」觀念的探討中。徐復觀認為「文體出於情性」，而「情性」又是「心性」的向外構造，因而「文體」出於「心性」，並以「氣」為溝通「文體」與「情性（心性）」的橋樑。然而，問題在於，因為徐復觀「心性」本身的對象性，所以其「情性」與「氣」皆是一種個體意欲的獨白，因此其「文體」也必然是一種獨白的話語形式。同時，個體意欲只有在雙向建構的自由之遠中才能剷除「獨白」性，成為「非獨白」意義上的複調個體，複調個體的藝術呈現形成複調文體，複調文體指向價值根源的開啟。通過以上梳理和剖析，該文認為，唯有在呼喚「他者」，開啟「遠」境的聲息相通之自由之遠中，人置身其中的價值根源才能得以湧現，藝術的真諦即在於此聲息相通的自由之遠中對於價值根源的指引與守護。

　　評析：該文認為徐復觀將「心性」體認為藝術的價值根源，藝術的價值根源在我們現實的心內，這也是徐復觀突破形上學去探討藝術根源的獨特學術貢獻。從海德格爾存在主義的視角出發，認為徐復觀的「心性超驗性」乃是內在超越，而內在超越意味著超越境界的「預設」化，有「預設」則個體之私欲就能乘機而入，最終使價值根源失去其根源性而淪為「對象化」，這一批判是頗有見地的。與徐復觀的「心性」視角不同，該文從超越的角度對中國藝術精神進行新的反思與概括，指出「中國藝術精神」是中國藝術傳統的價值根源之思，是中國傳統藝術從人「置身其中」的價值根源之地的湧現，並對這一價值的源頭以感性的指引。必須注意的是，該文並沒有批判性地反思海德格爾把藝術本源與真理問題聯繫起來思考以及認為藝術作品是真理的自行置入而成為價值根源等觀點，反而以此作為標尺來衡量徐復觀的藝術思想，這又何嘗不是一種預設？其結果是不僅不能在與徐復觀的「對話」中「前進一步」，而且還出現了不少誤讀，這種利用西方哲學理論詮釋中國美學的研究進路有牽強附會、隔靴搔癢之嫌。

　　2005/06，張晚林：《徐復觀藝術思想詮釋體系研究》，武漢大學博士論文（張晚林：《徐復觀藝術詮釋體系研究》，上海：上海古籍出版社，2007年）。

　　該書以西方詮釋學的理論框架為參照系，主要考察了影響徐復觀的藝術詮釋的文化傳統、時代因素和個人因素。通過梳理徐復觀的藝術詮釋體系的結構、脈絡和內涵，發掘其所具有的理論意義與現實價值。徐復觀藝術詮釋體系

的歷史背景主要有現代性的危機和現代主義在臺灣地區的泛濫。現代性的危機所造成的現代人的文化困境，即現代人虛無主義的價值觀決定了現代人在生活上「不思不想」，在文化上無「根」與放逐。現代主義之所以在臺灣地區出現和流行，其根本原因在於 20 世紀 70 年代臺灣地區的經濟的高速發展導致了個性的覺醒，而國民黨政府造成的「文化沙漠」的局面又沒有適合個性表現與發展的舞臺。因此，臺灣地區的年青人便引進嫁接了在西方已處於衰落之勢的現代主義。在這種情況下發展起來的臺灣地區的現代主義文學與繪畫，其基本特徵與價值追求是對中國傳統文學與繪畫的根本反叛。這樣，使得徐復觀從對自然形相的破壞、精神主體的閉鎖和暴力主義的傾向三個方面對現代主義進行了批判。可以說，通過對歷史背景的研究，為揭示徐復觀藝術詮釋體系的深刻內涵打下了論述的現實基礎。作者認為，徐復觀藝術詮釋體系的哲學基礎是以「心性論」為中心的人文主義和以「心」為中心的文化哲學。前者主要論述了三個方面的內容，即「心性論」的完成、「教」與「養」的問題和「物」的問題，這是徐復觀對中國文化基本內涵的分析。後者主要論述了徐復觀是如何從文化的歷史性層面的限制，而建立起他的「心的文化」哲學的。同時，在徐復觀那裏，「心的文化」是一種實踐性的文化，而不是一種形而上學，這是徐復觀對中國文化的基本性格的分析，也是徐復觀「心學」的特色所在。可以說，通過對徐復觀藝術詮釋體系的哲學基礎的揭示，為研究徐復觀的藝術詮釋打下了論述的理論基礎。以儒道人格修養為基礎的兩種藝術人生範型的確立是形成徐復觀「為人生而藝術」的藝術思想基礎。孔子所開顯的是仁與音樂的合一，這是道德與藝術在窮極之地的統一。對於這種人生，徐復觀著重分析了在孔子的「樂教」中「仁」與「樂」的價值根源的同一性，故音樂可以促進人生教化。通過徐復觀對「無聲之樂」的分析，孔子「為人生而藝術」的大旨由此被凸顯了出來。莊子所開顯的是純藝術的人生。對於這種人生，徐復觀主要借助了康德的美學理論論證了莊子的「遊」是一種審美心意狀態，因為它祛除了與世界的功利關聯，是一種無目的的自由狀態，因而是一種純藝術的人生。同時，他還利用胡塞爾的意向性結構理論，認為莊子的「虛靜之心」是一種純藝術精神主體。這兩種藝術人生範型在其藝術詮釋體系中的確立，為徐復觀把人格修養貫穿於他的藝術詮釋中找到了理論上的依據。

　　隨後，該書探討了儒家和道家的人格修養與文學的關係。這是徐復觀把人格修養貫穿於藝術佺釋中的一種體現，他認為這種關聯是孔子的藝術精神對

文學啟示的結果。徐復觀之所以把文學與人格修養關聯起來，是通過對《文心雕龍》的研究，消解了文學的形上本體，使文學建基在生命本體之上。而作為文學本體的生命又不是一個純個性的自然生命，而是一個作了修養工夫的德性生命，這個德性生命不只是一種個性的流露，亦必然要陞進至家、國、天下中，擔負其應有的社會責任。文學的個性與社會性在一個有修養工夫的生命體中得到了統一。而道家的人格修養與繪畫的關係，這是徐復觀把人格修養貫穿於藝術論釋中的又一體現，他認為這種關聯是莊子的藝術精神在繪畫中落實的結果。徐復觀分別從藝術形式、藝術風格和藝術修養三個方面論證了莊子的藝術精神是如何在中國繪畫中逐步得到體現的。在藝術形式上，中國繪畫是從傳人物之神到傳山水之韻，從彩色山水到水墨山水，這是因為「韻」和「墨」都是莊學精神的性格。在藝術風格上，中國繪畫的最高風格是「逸」的出現和「遠」的自覺。同樣，這也是因為「逸」和「遠」都是莊學精神的性格。在藝術修養上，中國繪畫是從「有法」到「無法」，「無」是莊學精神的性格。通過這三方面的論述，徐復觀指出畫的究竟義乃至藝術的究竟義就是成就人格之美，這就是「為人生而藝術」的本質。

綜上，該書對徐復觀的藝術詮釋體系的評價主要有三個方面的內容：一、為了不使藝術煽起人的無節制的激情和人性中的非理性成分，對藝術的規導與提撕，必須走內在的價值之路，即尋找到藝術的價值根源。具體而言，就是在人的生命的心、性尋找其價值根源，而不能走外在的強制之路，遵循一個外在的統一規範，這可以說是徐復觀藝術詮釋體系的最後結論。二、徐復觀藝術詮釋體系的限制主要表現在兩個方面，即文化保守主義的立場取消了藝術的相對獨立性。前者是因，後者是果。也即是說，他的文化保守主義的立場限制了他對藝術的看法。三、徐復觀藝術詮釋體系的啟示是：（一）拓展了現代新儒家的發展空間，（二）為我們構建中國現代美學體系提供啟發性的思路。

評析：該文在「心性論」的視野下，以西方解釋學的相關理論來解讀徐復觀，探討徐復觀如何面向傳統來建構他的藝術詮釋體系。從當代解釋學以及列文森等現代文化理論的視角切入，在方法論上頗有新意，對藝術的本質問題和現代新儒家哲學的分析也頗有創見，為我們深入理解徐復觀的藝術思想提供了諸多啟示。然而，這些理論在解讀徐復觀的同時，也重新詮釋和引導了人們對徐復觀的瞭解和定位，為這些理論所提供的感覺和思路所規限，以致不能貼近徐復觀自身的感覺和邏輯，不能貼近徐復觀生活的時代和徐復觀自身的生

命歷程去體會和發掘出其著作中流於這些思潮之外的思想意蘊，如徐復觀的
「中國藝術精神」形成的淵源、立論的基礎、思想的流變、中國繪畫精神與中
國文學精神的詮釋視角之間的異同等。正因如此，徐復觀美學和藝術思想中一
些極具張力的文化意識和生命體悟，以及此意識和體悟對我們當下的啟示，就
容易被忽略掉了。

2006/06，劉桂榮：《徐復觀美學思想研究》，中國人民大學博士論文（北
京：人民出版社，2007 年）。

該文從歷史的視域和現代性的學術視野出發，透過中西比較、「追體驗」
的審美理路、現象學的還原、詮釋學等現代方法，對徐復觀美學的思想淵源、
思維理路進行梳理和考察，而且著重從人性本根的生命蘊涵、「心的文化」的
美學詮釋、生命境界的會通、「憂患意識」所呈現的「天地境界」四個方面展
開對徐復觀美學思想的生命歸屬的探討，闡明和彰顯徐復觀美學思想的性格
本質、精神特質、意義所在及其得失，從而勾勒出徐復觀美學思想的基本內容
和發展脈絡。該文的結論是：一、文化的鄉愁不僅僅是一種悲情，使生命的歸
依成為一種可能，從而使歸家的路途呈現為一種精神的、審美的歷程。徐復觀
對「中國藝術精神」的闡釋正是一種「精神歸鄉」的旅程。二、徐復觀對美善
之圓融會通的美學詮釋正切中了中國文化精神生命的血脈，美善之圓融揭示
生命存在，意味著美善是人之生命的自然歸屬、自然呈現，二者沒有障蔽和疏
離，這裡美善所呈現的人生即是藝術的人生。徐復觀把這種美善的圓融會通當
作人類的共感來看待，美善的融通源自其人性論的基點。

評析：該文指出徐復觀美學思想的核心即是儒道圓融、美善圓融、藝術與
道德會通、個體與社會融合，較全面的論述了徐復觀美學思想的面貌和特色；
尤其是能深入到《中國藝術精神》《中國文學論集》等著作中，在細細爬梳的
基礎上對徐復觀美學思想作出新的詮釋和新的開拓，這種研究方法和思維進
路是筆者所欣賞的，顯示了徐復觀美學思想研究的新進展。該文也有兩點不足
之處：一、該文的邏輯性不強，幾個主要層面之間看不出有什麼邏輯聯繫，也
分不清主次，僅僅只是從幾個視角展開，而這些視角的邊際或者差異並沒有交
代清楚，由此呈現出來的徐復觀美學思想不成體系，稱之為「美學思想研究」
在邏輯性上略顯不足，這可能也是文藝學背景的學者研究哲學家、思想家背景
的美學家的通病。二、該書沒有結合繪畫、文學等具體藝術門類來探究徐復觀

的藝術思維脈絡，從而沒有把握到徐復觀在儒道圓融中又有區分、美善圓融中又有銓別這一根本的關鍵點，對徐復觀的美學思想贊同、附和過多，有價值、有深度的反省和批判不足。

2006/06，孫琪：《臺港新儒學闡釋下的「中國藝術精神」》，暨南大學博士論文（孫琪：《中國藝術精神：話題的提出及其轉換——臺港及海外新儒家的美學觀照》，廣州：世界圖書出版廣東有限公司，2012年）。

該文在將臺港及海外新儒學思想中有關詩學、美學的一系列論述加以提煉的基礎上，以比較詩學和文化研究等方法，探討徐復觀等人對「中國藝術精神」所作的或隱或顯的闡釋，進而發掘這一問題所蘊含的美學和文化層面的意義，關注他們貫通古今中西的研究路向及其學術價值，並在比較中分析他們在論點和方法上的得失。該文指出，徐復觀《中國藝術精神》的一個突出貢獻，在於他對儒道美學思想的會通。這對於「五四」以來中國學界將儒道思想對立的一面擴大化、絕對化的傾向是一種有力的反駁和修正。事實上，我們只有找到儒道精神的相通點，才能凸顯中國文化有別於西方文化的精神特質。由於臺港新儒家的美學研究兼有會通儒道藝術精神、融合中西美學思想及發掘傳統美學之當代價值等層面，將對中國當代美學的建構和比較詩學的研究都有著重要的啟發意義。

該文指出徐復觀主要探討了莊子與孔子的美學思想，卻很少提及孟子。第三代海外新儒家的代表人物杜維明正是看到了孟子在中國美學史上的重要地位，因而特撰文接著徐復觀往下講，為《中國藝術精神》補充了一個「續篇」，能夠把第二代、第三代的美學思想貫通起來，這也是該文的一個特色。

評析：該文從臺港新儒學的整體視野下，來探討他們對「中國藝術精神」問題的詮釋。主要採用比較研究的方法，通過對徐復觀的美學思想與方東美、唐君毅等現代新儒家藝術和美學思想的比較，來凸顯徐復觀美學思想的特點。另一方面，該文雖然注意到了徐復觀建構「中國藝術精神」的問題意識，可惜對徐復觀的闡釋過於局限《中國藝術精神》一書，材料和文獻上的局限使得該文對徐復觀美學和藝術思想在深度和廣度的把握上顯得不足。該書建構的立意高、涉及面廣，但是最後以「儒道會通」來定論徐復觀的「中國藝術精神」，結論略顯平庸，並沒有實現對「中國藝術精神」問題本身有更深入的分析和推進。

2007/06，張宏：《徐復觀中國古典美學研究論評》，山東大學博士論文。

　　該文著重探討徐復觀在思想史框架下研究中國古典美學的方法及其方法論指導下的中國古典美學研究，分析評價徐復觀從其獨特的美學視角出發對古典文體論以及古典畫論中「氣韻生動」等理論的研究。該文主要從三個層面論述評價了徐復觀在中國古典美學研究領域所作出的獨特貢獻：一、在方法論層面，徐復觀以其主體間性歷史意識，把對古典文學藝術和美學思想的研究納入思想史視域，以人文主義的「追體驗」方法把握中國藝術精神的主體和價值根源，這是徐復觀對中國古典美學研究立論的基礎。二、在本體論層面，對徐復觀借用康德的「第二自然」概念涵概、統攝古典美學中意象、意境、境界範疇並上升到美學本體論層面的研究進行梳理和歸納，以此為本體論核心，逐層展開對徐復觀中國藝術精神主體論、古典審美經驗論和創造論的論評，力求把徐復觀對中國古典美學集腋成裘式的研究整理到一個自然而然形成的綱維中，彰顯其以現代學術承續傳統學術、經學術復歸民族文化身份、實現古典美學的現代性轉換的努力。三、在古典藝術實踐論層面，抓住古典文論中的文體論和古典畫論中的「氣韻生動」論兩個核心問題，著重分析評價徐復觀古典美學研究方法論和本體論在其藝術批評實踐中的具體運用，辨明得失，理清曲直，在傳統與現代的張力結構中闡明古典美學的現代再生能力。通過對徐復觀的中國古典美學研究的分析探討，重現了古典美學核心層面的本來面目，闡發了古典美學的豐富性和當代價值，回答了古典美學實現現代轉換的可能性問題，這也是該文對徐復觀文化詩學、美學研究中一個薄弱環節的完善和發展。研究方法上，該文把徐復觀涉及到的重要命題、範疇和問題放到特定的歷史語境裏加以理解，在個案研究的基礎上進行理論概括，除了把徐復觀的美學貢獻給予總結概括外，更試圖反省以主體間性模式研究古典美學的價值與局限之所在。

　　評析：該文採用專題研究的形式，主要從「第二自然」的概念、《文心雕龍》的文體論及「氣韻生動」的美學辨析等幾個方面對徐復觀古典美學思想展開論述。以專題「論評」的形式寫作博士論文，在專題研究上有一定深度，但相對而言缺乏內在的邏輯性、系統性，看起來更像是幾篇論文組合而成的，問題意識比較缺乏。另一方面，從章節上看，該文研究視野、文獻皆流於偏狹，既不符合徐復觀這樣「通博型」學者的思想個性，也沒有指出所探討的這幾個概念之間的內在關聯性，章節聯繫流於鬆散。

2010/06，劉建平：《20 世紀「中國藝術精神」問題研究——以徐復觀
為出發點》，武漢大學博士論文（劉建平：《徐復觀與 20 世紀中國美學》，
北京：中國社會科學出版社，2015 年）。

該書認為，學界對徐復觀美學思想的研究已然不少，然而，無論是對徐復
觀美學思想的內在脈絡、線索、體系、思想特點的梳理，還是對徐復觀與 20
世紀中國美學發展之間內在根源性的聯繫的探索都顯得很不夠，由此也影響
到了對他在 20 世紀中國美學史上地位的評價。總的研究思路是：從縱向上，
挖掘徐復觀美學思想的緣起、內在脈絡、思想特點及核心內涵，為我們理徐復
觀的美學思想開闢新的視角；從橫向上，在 20 世紀中國美學發展的大視角下，
以徐復觀為出發點，反思 20 世紀中國美學家對「中國藝術精神」問題的探索，
在新的語境下對這一問題作出新的回應。

徐復觀的美學詮釋方法主要有由「憂患意識」而生歷史情懷、由對歷史文
化的追溯而生時代使命的文化自覺，這是中華民族人文精神的主線，也是徐復
觀藝術詮釋的起點。徐復觀通過考據與解釋並重、以歸納補訓詁、「以心印心」
等藝術詮釋方法，既訓詁考據，又發揮義理，歸納綜合，對中國藝術精神進行
了創造性的現代詮釋，這種嘗試可以看作是中國傳統訓詁考據的注釋方法向
現代詮釋學邁進的典範。該書通過統計分析方法，釐清了徐復觀的美學思想是
由現代藝術、繪畫和文學三條線索展開的。徐復觀站在人性論的立場上，一方
面繼承了中國傳統美學藝術精神的特質，另一方面又通過對西方近現代美學、
藝術思想的吸收、融匯建構了「中國藝術精神」體系。他通過對莊子之「道」
從思辨上作觀念式把握和從「工夫」過程上作體驗式把握的辨析，對莊子作出
了創造性的審美化詮釋，這是有其合理性的。徐復觀在儒道互補、詩畫融合的
詮釋傳統之外又敏銳覺察到了儒道美學、繪畫和文學之間的差異，從而突破了
以儒家美學為主導的固有詮釋模式，在儒道區分的視野下把莊子「虛」「靜」
「明」的藝術精神作為中國藝術精神的主體，並特別標舉莊子精神追求自由解
放、解蔽現代文明危機的現代意義。以莊子美學論繪畫、以儒家美學論文學正
體現了徐復觀對中國藝術精神的獨到理解。中國畫作為莊子藝術精神的現實
落實，具有對治心靈異化、陶養生命情感、提升生存境界的現代啟蒙價值。文
學是徐復觀「中國藝術精神」體系的另一條重要線索。徐復觀晚年由繪畫轉向
文學，既有還原儒家美學真面目的歷史責任感，又有時代精神的激蕩和對現實
專制政治的「感憤」等因素的影響。在儒、道、釋互補的視野下，徐復觀通過

對「文以載道」「溫柔敦厚」等概念的辨正，發掘了中國文學「文以載道」的「道統意識」和「不平則鳴」的批判精神，並以儒家美學為主體來完成新的中國文學精神的建構。中國文學繼承了儒家美學的代表——「樂」的藝術精神，形成了「文以載道」的文學觀念和「文如其人」的品評體系。然而，「文以載道」將德性內化於文學中，忽略了個體的內心感受而傾向於社會層面上的話語生產，這就使它難脫「工具」的特性。徐復觀沒有對中國文學「文以載道」及批判傳統中的這種倫理—藝術的兩面性作出區分，這就沒有從根本上解決文學如何走出為專制政治服務的歷史命運的問題。

在對徐復觀美學思想內在理路的發掘之後，該書又在 20 世紀中國美學的宏闊視野中梳理徐復觀對中國美學的影響，這主要體現在他參與的幾次論戰中。徐復觀美學思想的形成與 20 世紀中國美學的發展是同步的，甚至在很多問題上具有前瞻性。臺灣地區 60 年代「現代藝術論戰」及臺灣地區 70 年代「鄉土文學論戰」的過程和體現出的時代精神，既可以看作是「五四」新文化運動啟蒙精神的延續，又可以看作是 80、90 年代以來中國大陸中西文化衝突的預演，這些論戰是中國美學史的重要組成部分，然而學界研究甚少。通過對徐復觀與劉國松、方東美、唐君毅美學思想的比較和剖析，凸顯了徐復觀與 20 世紀中國美學之間本源性的聯繫。

最後，該書總結了徐復觀對 20 世紀中國美學的影響。這些影響主要在三個方面：一、徐復觀提出了「中國藝術精神」問題，這一問題不僅貫穿徐復觀美學思想的始終，同時也是 20 世紀中國美學的重要問題。二、徐復觀在儒家美學之外，注意到了莊子美學的重要價值，對李澤厚「儒道互補」觀念的提出以及劉綱紀等其他美學家對莊子的論斷產生了重要影響，甚至影響到了中國美學家詮釋莊子的模式。三、通過反思以徐復觀為代表的 20 世紀中國美學家對「中國藝術精神」問題的解決方案，我們很容易發現 20 世紀中國美學家從解蔽現代性的視角出發所標舉的藝術精神大多是一種隱逸者的審美趣味，所標舉的藝術的價值傾向大多是反省的價值。他們不能客觀地評價禪宗對中國藝術精神的影響，對中西藝術精神所作的很多類比、互證、定位也顯得勉強而模糊，因此他們所開出的藝術精神，在本質上依然是在傳統美學與藝術概念上的再理解。這種精神與中國現代的時代精神和世界藝術潮流在某種意義上存在相悖的一面，並沒有真正揭示出中國藝術精神的實質。中國藝術精神是否具有普適的價值，能否成為現代人類文明的重要組成部分，完全取決於它與人類

生存的普遍經驗及現代世界的發展命運疊合的程度。中國藝術精神的現代重構，也正萌芽於它與人類的生存命運、人類的終極追求所產生的共鳴、互動及其自我發現、自我更新和自我創造的過程之中。

評析：該書無論是對徐復觀美學思想中儒道分疏的路徑闡釋、發掘上，還是將徐復觀放到 20 世紀中國美學發展史以及港臺地區 20 世紀六七十年代的社會文化中進行剖析都頗有新意和創見，是一篇在徐復觀美學研究的深度和廣度上皆有所拓展的力作。然而也有一些細節問題可以進一步探討。一、徐復觀所謂的「文化主體性」在當代中國文化語境中卻是個偽命題，他無視文本的歷史性在當代視閾下所呈現出的開放意涵，對文本「原意」澄清的努力實際上抹殺了文本的生命力。二、對徐復觀美學思想中的具體問題，如「氣韻生動」「第二自然」及「莊子美學」命題合法性等，都涉及較少，還有進一步拓展的空間。

2010/06，石了英：《臺港及海外華人學者美學視野下的莊子闡釋》，暨南大學博士論文（劉紹瑾、佀同壯、石了英、馮暉：《道家思想與中國現代美學》，北京：人民出版社，2021 年）。

該文以臺港及海外華人學者的莊子美學闡釋成就為研究對象，研尋其譜系，梳理其脈絡，發掘其問題，揭示其經驗，反思其弊端。一、臺港及海外華人學者莊子美學闡釋的路數主要集中在三個層面：一是對莊子論「美」、論「藝」的思想進行美學分析，二是以西方美學思想來闡釋莊子哲學中的相關範疇、概念，三是在「比較」層面之外大大利用了「影響」層面來闡發莊子美學的特質。臺港及海外華人學者的莊子美學闡釋都呈現出「六經注我」的傾向，徐復觀更是希望通過莊子「藝術精神」的闡釋來建立區別於西方的中國式藝術精神。二、徐復觀的最高審美理想是陰陽、剛柔、明暗相融滲合，這一點顯然是儒道兩家美學理想的綜合，但是徐復觀卻無視儒家的「剛健」之氣對於藝術的影響，僅從莊子的至剛至柔去樹立精神源頭，徐復觀對於禪宗之於中國藝術的影響的認識是極片面的。在此意義上，可以說徐復觀所闡釋的「莊子藝術精神」不能不說是一種「片面的深刻」。三、徐復觀有意無意之中把儒家藝術精神同化、潛隱到老莊藝術精神中，這就使得老莊藝術精神因攜帶了太多儒家藝術精神的影響，從而實現了儒道的會通。徐復觀持「藝以載道」的文藝觀來疏釋老莊藝術精神，續承的依是宋明、現代新儒學們的精神傳統。徐復觀所持的一種以儒為本位、貫通道禪的視野，這也為臺港現代新儒家諸位學人普遍所肯認。

評析：該文視角較為新穎，試圖從莊子闡釋的視野下理清徐復觀美學思想的思維理路。在評析臺港地區莊子美學研究的狀況時寫得非常精彩，在評價徐復觀莊子美學研究的意義時，指出徐復觀一方面展開、深化了錢穆、唐君毅所述及的莊子之「藝術精神」心齋之心與藝術境界，另一方面也契合方東美的「生命美學」理論詮釋為人生的藝術精神，與牟宗三以康德美學闡發莊子在思路上有著一致之處，這是非常獨到的見解，還可以進一步展開論述。相對而言，在分析徐復觀詮釋莊子美學的思想部分要遜色一些，如前所述，以「儒道會通」為徐復觀美學的基礎，這並不是深刻，無論是李澤厚的「儒道互補」，還是李淑珍的「儒道相通」，類似的論述頗多，並沒有揭示徐復觀美學思想的個性。

2013/06，洪雅琳：《徐復觀的〈莊子〉研究》，南京大學博士論文。

該文認為，自《莊子》問世的兩千多年來，歷朝歷代都不乏莊子其人其文的研究者。戰國先秦時呂不韋的門客所著的《呂氏春秋》、漢代劉安（前 179～前 122）及其賓客所著的《淮南子》、魏晉郭象的《莊子注》，唐代成玄英（公元 608 年～不詳）的《莊子注疏》、睦德明（550～630 年）的《莊子音義》、宋代王安石的《莊周論》、蘇軾（1036～1101 年）的《莊子祠堂記》、宣穎（字茂公，生於明末清初）的《南華經解》、林雲銘（1628～1697 年）的《莊子因》、胡文英的《莊子獨見》、清代郭慶藩（1844～1896 年）編的《莊子集釋》等，皆對莊子作了較深入的研究。而 20 世紀上半葉的莊學研究多不勝數，就如章炳麟（1869～1936 年）、羅根澤（1900～1960 年）、胡適（1891～1962 年）、郭沫若（1892～1978 年）、錢穆（1895～1990 年）、馮友蘭（1895～1990 年）等。而 20 世紀下半葉的中國大陸與港臺的莊學研究者，則多作《莊子》美學研究，如張恒壽（1902～1991 年）的《莊子新探》、劉笑敢的《莊子哲學及其演變》、崔大華的《莊學研究》、劉紹瑾的《莊子與中國美學》、顏世安的《莊子評傳》、陳鼓應的《莊子今注今澤》等。徐復觀在《中國人性論史・先秦篇》及《中國藝術精神》中對《莊子》作了創新的詮釋，自成一格。徐復觀曾言道：「治思想史的人，先由文字實物的具體，以走向思想的抽象，再由思想的抽象以走向人生、時代的具體。經過此種層層研究，然後其人其書，將重新活躍於我們的心目之上，活躍於我們時代之中。我們不僅是在讀古人的書，而是在與古人對語。孟子所謂『以意逆志』，莊生所謂得魚忘筌，得兔忘蹄，得意忘言，此乃真是九原可作，而治思想史之能事畢矣。」同時，徐復觀也以解釋學的思想對中國文化中的經典詮釋賦予以具有現實取向的「實存的」（existential）特

質，而不至陷於虛無飄渺的形上學的玄思。徐復觀以思想史的研究方法，對莊子的人性論以及莊子與中國的藝術精神的關係，作了全面深層的詮釋與剖析，並從中引用西方美學理論加以比較論述。該文以徐復觀的思想體系與治學方法為本，進而從他對莊子的人性論、莊子與中國的藝術精神的兩大層面加以探討與剖析。一、由於徐復觀對《莊子》的興趣正是源自於他對人性論的研究，因而先就徐氏對莊子人性論及莊子自由觀的詮釋進行探討。二、闡釋徐復觀對莊學研究的一大創新成果，即莊子的「道」即等同於藝術精神，進而論述莊子的藝術精神與中國的藝術精神的關係與影響。該文指出，徐氏不僅提供了構建中國現代美學體系的致思理路，也啟發了後學對莊子美學思想理論的研究，甚至拓展到了中國心靈哲學的研究。徐復觀對莊子的「再發現」，不僅開啟了研究莊子美學方面的新途徑，尤為難得的是其研究所得的豐碩成果，更是直接或間接地啟迪了後人對中國人學思想史、中國人學思想以及中國心靈哲學等方面的研究。

評析：不同於之前對徐復觀美學作整體研究或比較研究的論文，該文集中於徐復觀對莊學詮釋方法的探究，這也是徐復觀美學思想中比較有特色的部分。該文論述了徐復觀深刻影響了近四十年來中國大陸學界對莊子的詮釋，有一定的學術價值與貢獻。不足之處是，對徐復觀審美化詮釋《莊子》的限度及其有效性缺乏深入的反思。

2013/06，馬林剛：《道德與藝術的雙重變奏──徐復觀文藝美學思想研究》，山東大學博士論文（北京：中國社會科學出版社，2015 年）。

該文以「仁學」作為徐復觀文藝美學思想的起點。在徐復觀的文藝美學體系中，「心」被賦予了深廣的精神內涵，「心」即「境」，「心性」為本，體現了中國的美學和藝術理論源於人的道德心理和精神結構的顯著特徵。徐復觀提出「追體驗」和「第二自然」的藝術創作方法，通過調動自我的體驗，接通研究對象的精神體驗，在還原「第二自然」的過程中實現古人和今人、作者與讀者、研究者與研究對象的對話。該文緊緊圍繞徐復觀建構「心的文化」和「心的文學觀」，以價值根源和實踐理想為探尋點，一方面對現代多種多樣的文化思潮作出了有效回應，另一方面在中國傳統文化的根性意識中強化中國藝術精神。該文試圖在人性論的視角下系統地研究徐復觀的文體論、根源論、創作論、價值論等思想。

評析：該文從「美善圓融」的視角去把握徐復觀的文藝美學思想，這也是

學界討論這一問題的慣常視角。同時，該文試圖系統研究徐復觀的文藝美學思想，但是最終又沒有建構起一個有體系的理論框架，又缺乏對具體問題的細化分析，文獻的使用較為單一粗疏，條理性、邏輯性都有待加強。

2015/06，汪頻高：《港臺新儒家之道家觀研究──以唐君毅、牟宗三、徐復觀為中心》，武漢大學博士論文。

該文以港臺新儒家的代表人物唐君毅、牟宗三、徐復觀為中心，探討他們的道家觀，將現代新儒家與儒道關係作一整體性、綜合性的研究。港臺新儒家都重視儒道之會通，都以莊子為道家之積極意義的代表，對道家精神的理解和詮釋都有「攝道歸儒」的傾向，都持一種開放的儒學觀，致力於傳統與現代的對接。該文分別以「求心之善」「求真之理」「求生之美」來概括唐君毅、牟宗三、徐復觀的道家觀，揭示了唐君毅、牟宗三、徐復觀作為港臺新儒家這一群體在道家觀的內在邏輯理路以及精神上的相通性和統一性。

該文的第四章「求『生之為美』：徐復觀道家觀研究」介紹了徐復觀對老莊思想的闡釋，從《中國人性論史・先秦篇》到《中國藝術精神》中的「莊子的『再發現』」，該文通過對「生命的藝術境界」為儒道共同的人生境界、莊子的「虛靜之心」與儒家的「仁義之心」相通、「為人生而藝術」是儒道藝術精神的本質等方面的分析，得出了「儒道會通」的看法。

評析：這是一篇中國哲學方向的博士論文，較少牽涉具體的美學問題。對徐復觀以莊子精神來闡釋中國藝術精神，多是以介紹、闡述為主，而少深入分析和辯難。至於以「儒道會通」來總結徐復觀的道家觀乃至「中國藝術精神」問題，也是學界普遍的看法，在核心美學問題的研究上缺乏新見。

2015/06，朱立國：《徐復觀藝術思想研究》，東南大學博士論文（朱立國：《傳統與現代之間的徐復觀藝術思想研究》，北京：九州出版社，2023年）。

該文從藝術學的角度，來闡釋徐復觀對藝術本體的認知，明確其思想的產生語境，關注研究藝術的方法和對藝術現象的認識，並揭示其思想在現代社會的價值和意義。徐復觀對藝術原理的研究主要著眼於藝術作品、藝術創作、藝術欣賞和藝術功能四個方面，通過他的專著和相關的藝術雜文、藝術批評等，徐復觀建立了一個比較完善的藝術認知。徐復觀還通過對繪畫的研究來研究整個中國藝術，這種「以點帶面」的研究方法，對當今「一般藝術學」的研究

有很好的借鑒意義。

評析：作為博士論文，該文創新點不多。雖然強調從藝術學的角度研究徐復觀的美學思想，然而在「徐復觀與現代藝術」「徐復觀與劉國松為代表的『五月畫會』」等部分從結構、觀點到注釋並沒有在李淑珍的《徐復觀論現代藝術——就臺灣文化生態及儒家人性論雙重脈絡的考察》和劉建平的《20世紀「中國藝術精神」問題研究》等博士論文的基礎上有多少開拓。另外，「第二自然」「藝術終結」「中國詮釋學」等也多是張宏、張坤等學者論述過的老問題，缺乏新意。

第三節　徐復觀美學研究章節集評

1991，蕭瓊瑞：《五月與東方——中國美術現代化運動在戰後臺灣之發展（1945～1970）》，臺北：東大圖書股份有限公司。

該文認為，就今日的眼光檢視，徐復觀對現代繪畫的瞭解並非十分深入，但衡諸其他支持現代畫的論者，如虞君質等，也不見得比徐復觀高明到哪裏去。反而徐復觀雖身處畫壇之外，能自另外的角度，有心去檢討現代畫壇發展的本質與趨向。即使「現代藝術論戰」後來的發展，離題稍遠，但徐復觀關懷現代藝術和人類的命運、探索中國畫的現代價值並投身藝術討論的歷史性角色，仍是值得重視的。

1993，董小蕙：《莊子思想之美學意義》，臺北：臺灣學生書局。

該書雖謂莊子思想之「美學」，但全書並沒有那麼濃厚的西方美學的思辨色彩，而是僅借用「美學」之名，以道盡《莊子》之神韻。《自序》開篇曰：「美學給人的印象往往是嚴肅的、學術的，不免偏於冷硬」，「但當接觸到莊子思想的精神境界之後，我才知道『美學』不外乎真實的生命，它是有溫度的，是可以貫徹到人生的」。前一個「美學」是西式的、「冷硬」的思辨美學，後一個「美學」則是中國的、莊子有溫度的「神韻」美學，這種說法便無意中為中國美學和西方美學判然劃分了界限，確立了其發論的立足點。

全書分五章：第一章「緒論」和第五章「結論」，中間三章為書的內容主體。第二章為「莊子思想析論」。因分析路線「主要就人生而言，故是屬於莊子思想之生命論」而闡述莊子「生命之學」的各節又依「導出人生問題之所在」「樹立理想境界——天道精神」「說明人生乃一高舉飛躍之歷程」「指出切實之

修養工夫」「通過修養後之個人精神的自由」「精神自由之人，其處世態度理想境界之說明」的內在理路，「歸結莊子思想之最後理想在天人合一」，而達致「天人合一」的方法則需依賴主體的內在實踐。第三章為「莊子美感特質」。「美感」一詞容易讓人想起其依賴於感官的特性，但依這種「常理」很難把握作者的意圖。在作者看來，「莊子的美感是『境界的美』」，「是從個人感官的快適超脫出來，拂去紋飾雕琢的表面榮華，深入精神層面的絕對之美」。這裡將「美感」界定為「美」，按一般的邏輯很難講得通，作者的這種表達方式本不要求我們拘泥於語字的表面，而應結合語句整體所揭示的意義加以理解。第四章為「莊子思想所開顯之美學意義」，將莊子思想滲透進現代藝術理論，是因為「莊子首重之修養的觀念」，「可以彌補今日藝術理論中專講才氣創造者之不足處」。這種力圖以莊學救現代藝術之弊的做法，和徐復觀在《中國藝術精神》中對中國畫現代意義的詮釋如出一轍。

　　綜觀全書，該文對莊子思想的梳理並沒有一個「先在」的西方美學理論的框架去「架構」莊子的「美學體系」，而是較多採用了形諸明確語言的感悟，這種方法可以說是徐復觀所提出的「追體驗」方法的延續。

　　評析：董小蕙在《自序》中便說之所以會走進莊子的世界「主要是因為讀了徐復觀先生《中國藝術精神主體之呈現——莊子的再發現》這篇文章」。實際寫作過程中，該文也多次徵引徐復觀《中國人性論史·先秦篇》和《中國藝術精神》中的觀點，而這兩部書在徐復觀看來則是「人性王國中的兄弟之邦」。對於莊子的許多概念的理解如「虛靜」，該文則在相當程度上沿用了徐復觀的觀點。此書可以看作是徐復觀《中國藝術精神》影響下形成的，是對莊子美學的進一步詮釋。

　　1997/07，李維武編：《徐復觀與中國文化》，武漢：湖北人民出版社。

　　1995 年 8 月由武漢大學和臺灣地區東海大學共同舉辦了「徐復觀與現代新儒家發展學術討論會」，這是中國大陸舉辦的第一次徐復觀思想專題討論會。《徐復觀與中國文化》是這次會議的論文集，共收錄了研究徐復觀美學與藝術思想的論文 7 篇（劉綱紀、蕭萐父、李維武、夏可君、李西成、張法、胡曉明），要點分別是：

　　劉綱紀：《略論徐復觀美學思想》。

　　徐復觀先生的思想有兩個特點：一是他是近代以來，比較少見的哲學家兼

為美學家、一身而二任的學者；二是他是比較早引進西方哲學與美學來研究闡明中國古代文藝與美學並自覺地建構中國傳統藝術與美學理論體系的美學家。該文認為徐復觀在美學方面主要有以下三個方面的貢獻：一、徐復觀從中國哲學史、中國古代人性論的角度系統分析了儒道兩家的美學思想，特別是對莊子思想的藝術精神的分析很有創見，開啟了莊子美學研究的「範式」。二、他把對儒道兩家美學的分析應用於對歷代中國文藝理論，特別是對中國畫論的分析，提出了不少新穎的、有哲學深度與啟發性的看法。三、徐復觀在研究闡發中國古代藝術與美學精神的現代價值時，對西方現代藝術進行了批判，在反省審美現代性的同時提出了他自己對美學問題的不少重要看法，這有待於我們進一步整理與歸納。

蕭萐父：《徐復觀學思成就的時代意義》。

該文指出，徐復觀通過對中國傳統繪畫及歷代畫論的研究，著重發掘中國藝術精神中的主體意識和藝術境界中所實現的人格自由。他在孔孟儒學中發掘出道德自律與人格獨立的主體性原則，他在莊學、玄學中又發掘出審美觀照與藝術自由的主體性原則。徐復觀既然肯定了人不僅是道德主體，而且是藝術主體，也就承認了主體的多元化，由此可推衍出學術思想上綜攝融貫的多元化。

李維武：《徐復觀對道家思想的現代疏釋》。

該文認為，通過對道家人性論的闡釋，徐復觀得出如下結論：老莊在否定了現實的人生社會之後，又從另外一個角度，給予人生社會以全盤的肯定。徐復觀通過《中國藝術精神》進一步開闢出道家的特殊價值，他指出由孔子所顯出的藝術精神，是道德與藝術合一的性格，這種藝術精神立足於仁義道德，需要經過某種轉換才能成就藝術；由莊子所顯出的藝術精神，是徹底的純藝術性格，莊子本無心於藝術，他所成就的是藝術的人生。莊子所說的美、樂、巧不是對藝術的作品而言，而是對藝術的人生而言。他是要從世俗感官的快感超越上去，以把握人生的大樂。這種大巧、大美、大樂的本質，就是使人的精神得到自由解放。「遊」深刻體現了自由的藝術精神。

在此基礎上，徐復觀對中西藝術精神進行了比較，莊子所得是全，一般美學家所得是偏。莊子的藝術精神是由藝術修養所得，而一般的美學家則是從對特定的藝術對象、作品的體認加以推演而立的。在徐復觀看來，莊子的藝術精

神及中國畫不僅有歷史的意義，而且有現實的意義。尤其對現代緊張、分裂的人類精神，具有對治的現代價值。徐復觀對莊子的發現不僅僅是莊子的精華，而且也是中國人文精神的精華。

夏可君：《試論徐復觀對「莊子的再發現」》。

該文認為，徐復觀的《中國藝術精神》是新儒家之中最系統、最獨特的挖掘中國藝術精神的專著。首先，莊的有所成包含兩個方面：一是形上思辨之「思」，一是人生體驗的藝術之「詩」。而要達到對「道」的體悟，必須經由修養的工夫。莊的技術是本真的技術，是「無用」與「和」的遊藝之技，通過心齋、坐忘，以達到主體精神的自由解放。徐復觀為我們區分了坐忘與心齋之不同，前者是消解、徹底的中止世俗判斷欲望之心，後者是建構、美的觀照與「虛」「靜」「明」之心，揭示了心的主客合一之境與藝術共感之特質。其次，該文指出徐復觀對於西方美學只是略知皮毛，他利用西方美學詮釋莊子顯得有些斑雜失序，現象學意義上的「心」具有實施中止判斷的消解之心和構造之心的兩重性，徐復觀有時將這二者等同，認為消解之心的「無己」「喪我」的坐忘境界就是審美境界，有時也能作出區分。但他多是用胡塞爾的現象學來比附心齋之心的積極功能，卻對坐忘之心的消極功能注意不夠。第三，莊子的最終落腳點是人生的藝術化，即「思」與「詩」的結合，那麼如何用語言體現出這種統一呢？徐復觀區分了兩種言說狀態：一是未經藝術化以前的「沉濁」現實態，一是藝術性轉換以後「不譴是非」的超越態。一方面是忘知、忘言即不言，另一方面是重言、寓言與卮言，這即是「道」有言與無言的問題。該文試圖通過對海德格爾的哲學去解決莊子中「有言與無言」「說與不說」的悖論，通過對莊子的坐忘之心與「三言」的結合，一方面用「三言」消解俗世之言辯，另一方面又映像本真之言，莊子文本因其本真性從而具有了被無限打開與豐富擴展的解釋可能性。

李西成：《〈富春山居圖〉的藝術精神》。

徐復觀在《黃大癡兩山水長卷中的真偽問題》中的諸篇重心在作品真偽，很少談到作品的藝術問題。該文認為，從中國藝術史上來看，哲學對畫論有著重要的影響，孔子以藝術（多指音樂）為修身之資，故其論藝是以藝術為對象，以修身為目的來探討。莊子本無心於藝術，但卻將藝術當作人生體驗來論道，其所追求的道乃是一種完整而理想的人生。莊子的理想是把人生從現實名利

的桎梏中解脫出來，解脫的方式不能求之於天，不能求之於人，只能求之於心，心即是精神。精神的自由解脫正是藝術的指導原則，為求藝術精神的完全解放，繪畫題材在隋唐以後逐漸轉向對創作技巧限制較少的山水。元四家的高人逸士皆信奉全真教，黃公望生活的時代背景、修養工夫及個人信仰與老莊有著莫大的關係。該文從體性論、言意論及意境論三個方面討論《富春山居圖》的藝術精神。體性論主要指作品風格與作家個性的關係，《無用師卷》用淺絳著色，意味著一種消極內蘊的心情，這也正是元人隱逸時代精神的體現。從言意關係看，《無用師卷》可謂「言近旨豐」。山景雖用董源之披麻皴，但其皴係以濃淡不同乾筆多次層疊下拖而成，用披麻寫近山，用淡墨寫遠山，以曲紋寫近岸之水，以橫筆寫遠岸之水。高樹婀娜多姿，低樹墨點成林，有筆墨處自是圖畫，無筆墨處也有詩意。從意境論的角度看，《無用師卷》在構思和經營位置上別具匠心。全卷的中心線常被拉近推遠，拉近時上不見峰頂，下不見山根；推遠後則高處群巒起伏，低處輕濤拍岸，逸淡有致，來去自然，這種散點透視產生了一般作品不易看到的移動效果。共鳴、回味、聯想的效果，正是黃公望作品的偉大之處，也完全契合於徐復觀所說的「真正的大匠，便很少以豪放為逸，而逸多見於從容雅淡之中。」

張法：《徐復觀美學思想試談——讀〈中國藝術精神〉》。

該文指出《中國藝術精神》顯出了徐復觀以哲人眼光看藝術而來的一種獨特而又深邃的學術氣魄。該文認為，《中國藝術精神》不是分門別類，一一羅列，逐步歸納，最後得出結論，而是直抵精神，然後站在精神的高臺上放眼整個繪畫史，讓中國藝術精神的主體——莊子精神呈現出來，這是一個重大的學術發現。徐復觀把整個中國繪畫的歷史主線歸結於對莊子精神的發揚光大，但又並不把它與整個中國藝術精神對立起來，表達了藝術與道德、宗教的相通性，三者都在一種偉大的人格、一種成人成物的追求、一種大超越和大自由中會通融一，構成了人類心靈的普泛之光。中國藝術精神的現代意義，在於人類心靈在根本層面上的相通性，通過世界語境中的美學對話，不是要為中國傳統在世界思想體系中劃分等級地位的問題，而是對傳統的創造性轉換的問題。該文最後指出，真正的藝術應該站在人類理想的高度來批判和揭示當下社會的有限性，應當對當下社會人的處境的有限性給與一種人文關懷。徐復觀拈出中國藝術精神就是要有助於文化和人格的現代塑造，緩解現代社會由於競爭、變化、工具、機械給人性帶來的片面化、單向度的精神危機，這是徐復觀的著作

又一個通過古今對話以激發思考的用意。

胡曉明：《思想史家的文學研究——徐復觀〈中國文學論集〉及〈續篇〉讀後》。

該文認為，徐復觀作為以治思想史而著稱的學者，以思想史家之眼光，透視中國古典文學，是以形成《論集》和《續篇》的最顯著特色。二書在篇目上，《文心雕龍》研究約占四分之一，有關杜甫、王國維及儒家美學的約占四分之二。《文心雕龍》是瞭解中國傳統文學思想的一大關鍵，而杜甫、王國維以及儒家美學都含有中國傳統文學的重大問題。徐復觀將主要精力傾注於經典命題和名家詩作，顯示了思想史家把握對象的卓異特識。《文心雕龍》的核心是「文體」，這是徐復觀的一大發現。徐復觀認為，從鈴木虎雄、青木正兒到劉大杰、郭紹虞以及今天的港臺學者，共同的謬誤就是把《文心雕龍》上篇說成「文體論」，下篇說成「創作論」或「修辭學」。徐復觀認為「文體」實際上包含著「體要」「體裁」「體貌」，最後統一於「情性」這樣一個文藝學語義系統，「文體」可以說是關乎《文心雕龍》本身的體系、全書的主旨、全書所論文學特性等一系列問題的理解。

儒家美學的命題是這兩本書的另一個重點。儒家思想在何種意義上被古代文學家奉為「金科玉律」？自然無為的道家思想，何以見得不比儒家「思無邪」之類更為束縛詩人的創造力？徐復觀認為，從世界古代文學史來看，中國文學最為顯著的特徵就是憂患意識，而在憂患意識的背後，是在專制統治下痛苦呻吟的古代詩人的面影，「真正束縛文學發展的最大障礙的，是長期的專制政治。嘉定把諸子百家的著作，都從文學作品去加以衡量，則先秦的作品，把《詩經》、《楚辭》包括在內，凡成為中國文學發展的高峰。」徐復觀還認為僅僅從「侈麗閎衍之詞」去闡釋司馬相如，意味在他所留下的作品中，僅有藝術形式的價值，而沒有藝術內容的價值，這是千古以來對他最大的誤解。要理解司馬相如，必須沉浸下去，體認與他那個時代互相關聯的問題和感受。這種銳利的批判眼光，體現了徐復觀對中國文學精神的深刻理解。

該文還指出，這兩本書中探討的儒家思想與中國文學的關係，與《中國藝術精神》所把握住的躍動在中國藝術中的道家思想靈魂，隱然有著生命般的呼應。徐復觀反覆論證「人與文體之間根源性的關係」和「激勵剛勁的生命力的表現」，這是由儒家人格的修養轉化為藝術涵蘊的充實，由向人的本質的迫進以提升藝術創作的根源力量。由對人格修養方法論的重視，徐復觀思想的另一

個重要特色就是他提出的「追體驗」的詮釋方法,所謂「追體驗」首先是要進入對象世界,其次是通過進入作家詩人的情感世界,追尋作家詩人的生命人格,以與作家詩人的精神相往來,進而擴充自己的精神世界。當研究者對他的研究對象不斷作這種「追體驗」的努力,在這個過程中讀者之情不斷被提升為作者之情,作品的世界不斷被內化為讀者的世界,由這種循環而達到超乎作者與讀者的新的融合,真正意義上的闡釋就建構出來了。像徐復觀這樣在文學、藝術、歷史、哲學等方面都達到較高造詣的人,臺灣地區很難找到第二個了。

2000/05,黃克劍:《百年新儒林──當代新儒學八大家論略》,北京:中國青年出版社。

該書第八章《一個中國人在文化上的反抗》中認為,徐復觀以一種莊子式的藝術精神,把農村的體驗和鄉土的情感融進自己不願以形上概念作表達的證悟中。徐復觀對中國藝術精神的闡釋是從老莊之辨開始的,莊子對老子思想的發展和落實主要體現在兩個方面:一是把「道」「天」「無」「有」等觀念的客觀品格、形而上學品格,消納到一種人生內在的精神境界中;二是把老子求「常」時對「變」保持相當距離的態度,轉變為「縱身於萬變之流,與變相冥合,以求得身心的大自由,大自在」的態度。在此基礎上體悟到莊子的「道」,與一個藝術家在藝術創造中所呈現的那種藝術精神在本質上是完全相同的,也就是人生自身的藝術化。這種「遊」的藝術精神一方面有其「獨與天地精神往來」的超越性,同時又有「不傲倪於萬物」的「即自」性,從根蒂處陶育了此後中國的藝術精神,尤其是涵潤於中國繪畫甚至音樂中的那種獨特的精神。徐復觀對中國藝術精神的闡釋和對西方現代文化、藝術的批判,始終貫穿著他對由西方文化所主導的時代所面臨的精神危機尤其是「人」的危機的思考。

2001,李維武:《徐復觀學術思想評傳》,北京:北京圖書館出版社。

該書第四章《心性之論》中第四節「中國藝術精神的反思」探討了徐復觀對中國藝術及其精神價值的現代疏釋。徐復觀認為,孔、孟儒家的主要貢獻在中國道德精神的形成,那麼老、莊道家的主要貢獻則在於中國藝術精神的形成。中國藝術精神與中國道德精神,可以說是交相輝映。那麼什麼是藝術精神呢?把主觀生命的躍動投射到某一客觀的事物上去,借某一客觀事物的形相把生命的躍動表現出來,形成晶瑩朗澈的內在世界,這就是藝術的精神境界。由孔子所顯發的藝術精神,是藝術與道德合一的性格,由孔門通過音樂所呈現

出的為人生而藝術的最高境界，即是善與美的徹底諧和統一的最高境界。由莊子所顯發的藝術精神，則是徹底的純藝術精神的性格。在此基礎上，徐復觀對莊子的藝術精神進行了十分深入、細緻的考察，莊子「體道」的人生觀落實在藝術家的身上，由此可成就藝術作品；落實在普通人身上，則可成就藝術的人生，這當然要通過「心齋」「坐忘」等方式達到「虛」「靜」「明」的心靈境界才能實現。在此意義上，西方藝術精神所涉及的實際上是藝術精神的現象，莊子則抓住了藝術精神的主體。

徐復觀通過對中國思想史和中國繪畫史圓融於一體的考察，指出莊子的藝術精神雖本旨不在藝術創作，但卻對中國藝術發展產生了很大影響。莊子所凸顯出的「心」，最終演化為中國藝術的創作，存在於中國的人物畫中，更存在於中國的山水畫中，他實際上揭示了以莊子為代表的中國藝術精神所具有的美學的和藝術的雙重意義。以莊子為代表的藝術的人生境界，以其獨特的形式，凸顯了對自由的祈向和追求，實質上抓住了美的本質。這種自由的祈向和追求難以在現實中安放，從而促成了作為中國藝術主幹的山水畫的發展，從美學中又開出了藝術的意義。在這種藝術的人生和藝術的創造中，主體與客體、人間世與自然界、「成己」與「成物」都有機地融合在一起，這是中國藝術精神的特點。

在徐復觀看來，在莊子藝術精神影響下產生和發展起來的中國畫，不僅在歷史上有其偉大的成就，而且在現代仍有其重要的意義。以莊學、玄學為基底的中國藝術精神，寄意自然、玄遠淡泊，與現代工業文明社會以及由此而來的激烈的競爭、異化、孤獨、絕望的精神狀態，處於對立的地位。但這並不意味著莊子藝術精神及山水畫等傳統只能成為思想史、藝術史上的古董。徐復觀恰恰認為只有傳統才能起到「鎮魂劑」的作用，中國的山水畫就是一支對「現代文化的病痛」具有良好療效的「鎮痛劑」。雖然徐復觀對西方現代藝術的批判不無偏激之處，但他通過這種批判對中國畫的現代價值所作的揭示，確實獨到而有見地。也即是說，中國畫所體現的是中華民族對精神自由的祈向和追求，體現的是中國人的生命躍動和生存智慧，體現的是中國文化的特點與精神。

2001，張少康等：《文心雕龍研究史》，北京：北京大學出版社。

該書中《徐復觀的〈文心雕龍〉研究》一節專門探討徐復觀在《文心雕龍》研究上的得失。張少康認為，徐復觀對《文心雕龍》的研究獨具創見，頗有理論深度，徐復觀強調劉勰把儒家之道提到哲學的高度來加以把握，又把哲理之

道落實為儒家之道，這是符合《文心雕龍》的體系特徵的。徐復觀之所以能有這樣的見地，和他對中國古代哲學史、藝術史都有精深的研究是分不開的，體現了一個思想史家思考文藝理論問題時的思想特徵。

2002，李山、張重崗、王來寧：《現代新儒家傳》，濟南：山東人民出版社。

該書第七章《挺立在政治與學術的風口的勇士——徐復觀傳》對徐復觀的其人其學進行了介紹。在藝術史的巡禮中，徐復觀對孔子表示了最大的崇敬，認為孔子仁美合一的典型，是道德與藝術的統一，是中國藝術精神的典範。而由莊子所開顯的藝術精神，則是徹底的純藝術精神的性格，並落實在繪畫上。徐復觀並不同意將《中國文學論集》與《中國藝術精神》並稱為「姊妹篇」，因為它並不是有計劃的、系統的著作，只是批判當前學界文學史研究的幾個誤區：一是普遍缺乏「史的意識」，二是白話文言之語言問題擾亂文學的發現，三是進化觀念在文學上的濫用。徐復觀認為我們要建構自己的批評理論話語，不能一談藝術批評，就想在西方文化的屋簷之下找一棲身之地，研究中國文化也應如此，應在工夫、體驗、實踐等方面下手，但是也不應盲目排斥西方的批評方法，抹煞思辨的意義。思辨應以前面三者為前提，然而思辨才可以把體驗與實踐加以反省、貫通、擴充，否則思辨只是玩概念，為理論而理論。

2003，肖鷹：《體驗與歷史——走進歷史之鏡》，北京：作家出版社。

該書第三章《藝術的現代性體驗》從三個方面概括了徐復觀以西方文藝理論闡釋莊子藝術精神、以莊子來梳理中國繪畫思想的獨特貢獻。一、徐復觀系統地闡釋了孔子確立的儒家藝術精神，從而深化了我們對儒家美學思想的理解。二、徐復觀還參照西方的美學理論體系，闡釋了莊子以其人生哲學為核心的藝術精神體系。三、徐復觀以由莊子確立的藝術精神體系梳理了魏晉以來的中國音樂史、繪畫史，對其中的諸多概念、命題和思潮進行了非常有創造性的詮釋。

2004，張毅：《儒家文藝美學——從原始儒家到現代新儒家》，天津：南開大學出版社。

該書第四章《新儒家的心性論與文學思想》中有「靜觀心性以悟道」一節，談到心性修養的工夫與情感體驗是一致的，離不開老莊「虛」「靜」「明」的工夫。「靜觀」是一種直覺體驗，萬物皆從靜中生，這是一種具有自我體驗性質

的內視返觀，要求心中虛而無物，排除一切知識成見。同時，靜而無擾，沒有私欲雜慮，保持虛靜的心態。靜坐觀心是宋明新儒家出入釋老而返歸儒學的心地工夫。至於「明心見性」，需要就裏體認參悟，全憑內心直覺，注重虛靜澄心和專一積久後的豁然貫通。新儒家講的本心，由佛之清淨心下一轉語，指聖賢民胞物與的仁心，即天地生物之心。心體虛靜，能容納映照萬物，造化之天光雲影盡在吾心之中，有受自然造化感發的吟詠性情之作。

該書第六章《現代新儒家的生命哲學和美學》第三節「智的直覺與中國藝術精神」對牟宗三以儒家心性之學會通康德哲學建構的主體寂虛心齋的藝術精神、徐復觀以孔子為代表的儒家與以莊子為代表的道家兩個典型建構的「中國藝術精神」體系進行了介紹，從樂教到文體體現的都是儒家為人生而藝術的精神。徐復觀不僅贊同孔學即仁學的說法，還進一步指出仁是孔子從自己具體生命中所開闢出的內在人格世界的一種自覺的精神狀態，孔子為人生而藝術的精神，不僅是仁者人格向藝術中的沉浸、融合，也是自己生命根源之地的性、情的藝術表現。從生命的心靈活動中發掘出藝術的根源，把握人格自由和精神解放的關鍵，讓中國純藝術精神的本體從道家的莊學中呈現出來，是徐復觀中國文藝思想史研究的一重要理論建樹。儒道兩家都注重人格修養，追求成己成物，都以內在超越的智的直覺去體道或悟道，但是儒家對本心仁體的體認屬德性之知，成就的是道德主體；而道家虛靜心體的直覺活動，使「美的觀照」得以成立，是純藝術精神的性格。莊子所講的心之「虛靜」，乃是從成見欲望中的一種解放、解脫的工夫，也是解脫以後心所呈現的一種狀態，亦即人生修養所到達的一種精神境界。以虛靜為體的人性自覺，落實在藝術人格上，可以用一個「遊」字來概括，這是藝術家人格修養的起點和終點，也是其以虛靜為體的藝術心靈的全幅展開。

2005，章啟群：《百年中國美學史略》，北京：北京大學出版社。

本書第五章《徐復觀的美學研究——什麼是中國藝術精神？》對徐復觀的美學思想進行了介紹與反思。該文認為，藝術精神中蘊涵著一個民族文化最根本的理念，它主要是來自哲學或宗教，徐復觀的《中國藝術精神》就提出了孔子藝術精神和莊子藝術精神這樣的兩個審美典型。孔子藝術精神是「為人生而藝術」，它以藝術的盡美（樂）與道德的盡善（仁）融合為理想。美與善的融合，也就是情與欲的融合過程。莊子的精神體現在人生中，就是一種藝術精神，莊子對中國繪畫精神的影響是最根本、最本源性的，徐復觀對這一過程的論證

和梳理具有首創之功，在學術史和文化史上具有不一般的意義和價值。

在此基礎上，該文對徐復觀美學思想提出三點質疑和批判：一、《莊子》的「道」與中國藝術精神的最高意境是否相同？說「道」與中國藝術家呈現出的最高藝術精神相同，或者說「道」的本質是藝術精神最高的意境，實在是牽強附會，不能成立。二、《莊子》中的得「道」者是否具有一種藝術的精神或境界？徐復觀把「中國藝術精神」「中國文化中的藝術精神」「中國人生活中的藝術精神」等概念混為一談。三、《莊子》有自然美的觀念嗎？美不是莊子所宣揚和讚賞的東西，中國藝術的精神與《莊子》的思想和境界也不能簡單等同，徐復觀沒有在本質上揭示《莊子》對於中國藝術精神的內在影響。通過對《莊子》文本中的「道」「得道者」「自然美」等概念的辨析，作者的結論是：徐復觀先生著作的邏輯混亂，幾乎掩蓋了《中國藝術精神》中一些有價值的思想。

2006，王南溟：《藝術必須死亡──從中國畫到現代水墨畫》，上海：上海書畫出版社。

該書第八章以《水墨的東方化：從林風眠到臺灣現代美術運動到東方主義》為題，在第三節「精神的流失：徐復觀的《中國藝術精神》」和第四節「虛構：水墨畫的『東方現代化』」中，對徐復觀的藝術價值論提出了嚴厲的批判。該文指出：首先，1987 年大陸出版《中國藝術精神》是尋根文化的重要理論支柱，它契合了 20 世紀八十至九十年代內地新文人藝術的復古理想。徐復觀對現代美術運動的抵制是無知的，他只承認藝術的抽象價值，而不承認抽象主義的價值，抽象主義同樣是有規律的，並非一味盲目的顛覆和破壞。徐復觀強調反省性的反映，貶抑順承性的反映，這就使他的藝術之思逃避了藝術的當代性。莊子精神是中國傳統文人最陶醉的精神，可以幫助我們逃避社會壓抑而不用反抗，「隱逸」的延續會喪失人的精神，而不是獲得人的精神。在此意義上，《中國藝術精神》只是對沒有精神的中國藝術的描述，而不是什麼新精神的嚮導。其次，徐復觀為中國藝術建立了一個完整的莊學體系，這是一個精神的避難所，裏面藏著懦弱、油滑、偽善的精神。精神應該提供一種以物質異在、與現實異在的存在，它決不能在傳統藝術中存在，而只存在於現代藝術和後現代藝術之中。再次，中國畫的「復興」就是「復舊」。如果藝術的整體結構沒有改變，中國畫的某些價值必定會受到舊結構的規定和制約，其價值也只能在原結構中發揮既定的功能。現代中國畫史就是文藝復興論視野下的畫史，而不是現代主義的畫史，所謂的「創造性轉化」只是對「復舊」的一種美稱。新範式

的建立才是真正的中國藝術史的革命，它不是中西藝術精華的簡單拼湊，而是一種結構設計，是一種新結構、新元素的組合，原先的價值符號被容納到一個新的價值符號結構中，價值才能獲得新的意義。另外，該書對「東亞工業文明與儒家文化」之間的關係提出新的反思。東亞的工業文明不是一種「內生性」的現代化模式，而是一種「依賴式」的現代化。同理，中國藝術這種「依賴式」「採借式」的現代化恰恰是藝術現代化的障礙，中國藝術的現代化應該是從現代化走出自己的道路，而不是迴避依賴而以所謂的「現代化的第二個事例」的空洞口號耽誤了中國藝術的現代化過程。

2007，史愛兵：《20世紀：學人與藝術》，中國藝術研究院博士論文（史愛兵：《20世紀以來中國學人與藝術關係研究》，北京：人民出版社，2017年）。

該文「下篇」第五章《虛靜之象──道家藝術精神的提出》提出由儒家仁心開出的是「仁善之音」，由道家虛無之心開出的是中國繪畫的玄冥、虛靜之象。我們也看到儒家的仁心體現於藝術精神上更多是內涵性的東西，而道家虛無之心體現於藝術精神上更多是藝術創造的心靈狀態、創造心境。相較於儒家而言，道家的精神是純藝術精神。徐復觀用西方現代藝術、美學觀點重新解讀《莊子》，但解讀的中心依舊沒有離開中國的心性論，即為莊子的虛無之心。徐復觀這個一筆不能畫的人卻從大量的畫論、畫史資料的研究之中，神遊玄想，推理論證，尋找到了山水畫的根源價值──「心」，並破解了這個「心」的密碼。

2008，李維武：《大家精要──徐復觀》，昆明：雲南教育出版社。

該書第七章《中國藝術精神的疏釋》對徐復觀的美學思想進行了深入剖析。第一節「莊子與中國藝術精神」指出，如果說孔孟儒學的貢獻在於中國道德精神的形成及其向現實生活的開展，那麼老莊道家的貢獻就在於中國藝術精神的形成及其向藝術創造的轉化，《中國藝術精神》第二章《中國藝術精神主體之呈現──莊子的再發現》以近六萬字的篇幅闡發了莊子的藝術精神，這一章也是徐復觀闡釋中國藝術精神的畫龍點睛之筆。第二節「由思的世界到畫的世界」認為莊子藝術精神對繪畫產生影響是通過魏晉玄學實現的。山水畫的出現，是莊學在人生中、藝術上的落實，在山水畫中主體與客體、人間世與自然界、「成己」與「成物」有機融合在一起。第三節「中國畫的現代意義」提

出中國畫所呈現出的寄意自然、玄遠淡泊、物我兩忘的和平境界，對於現代人類的孤獨、焦慮、絕望的精神狀態是具有很好療效的「鎮痛劑」，對於精神的自由、精神的純潔、恢復生命的疲困具有積極作用。同時，徐復觀對西方現代藝術所作的根源性的否定，也是他文化觀上的一個重大缺憾。

2009，吳志翔：《20世紀的中國美學》，武漢：武漢大學出版社。

該書對20世紀中國重要的美學家如梁啟超、王國維、蔡元培、魯迅、呂澂、朱光潛、宗白華、鄧以蟄、滕固、蔡儀、徐復觀、李澤厚、陳望衡等人的美學思想進行了介紹和評述。該文認為，現代新儒家在美學上取得卓然成就的主要有兩個人：一是徐復觀，一是方東美。第十一章《徐復觀的新儒家美學：中國藝術精神》分別介紹了儒家藝術精神和道家藝術精神的內涵。徐復觀始終把美和藝術看成是「生命的躍動」，美不能束縛於有限的形態而應趨向超越形相之美的「大美」，人也不應該耽溺於輕薄的快感而應追求超越感官之樂的「大樂」。徐復觀以「為人生而藝術」來概括中國藝術精神，其目的也就是要回答：我們如何安頓自己的身心？我們如何找到精神的家園？

2010，曾繁仁主編：《中國文藝美學學術史》，長春：長春出版社。

該書第二編第二章《港臺當代文學美學研究》指出，從中國古代的藝術理論與藝術形式中發掘、整理文藝美學學術資源，也是文藝美學研究的重要領域之一。在這一方面，最具代表性的學術論著有：徐復觀的《中國藝術精神》、蔣勳的《美的沉思──中國藝術思想芻論》、高友工的《律詩的美學》《中國抒情美學》等。該文認為，徐復觀的《中國藝術精神》對於中國古代藝術精神所展開的研究，並不是在分門別類的基礎上鋪陳，然後再提煉出來的精神，而是直接從精神的高度往下落實。徐復觀對於中國古代藝術精神的解讀也帶有自己的「前理解」，由此也不可避免地產生了對於我國傳統藝術精神的某種遮蔽。

2012/10，鄭笠：《莊子美學與中國古代畫論》，北京：商務印書館。

該書在細讀《莊子》文本的基礎上，闡釋了莊子對中國古代繪畫境界論、神韻論、透視論、性情論以及墨戲論的影響，探討了莊子對中國古代畫論影響的具體方面和表現方式，如從意、象、境來闡釋莊子的道對繪畫境界的影響，從神、氣、韻來闡釋中國繪畫的內在精神，從樸、淡來闡釋莊子的淡泊心境對中國畫風格特徵的影響，從樂、適闡釋莊子對畫家「自娛」「墨戲」等遊戲精神的影響。該文明確指出，探討莊子思想對中國繪畫的影響最具影響和規模的

研究，當推徐復觀的《中國藝術精神》，由莊子美學探討中國的精神進而窺見中國藝術的精神源頭，徐復觀有開拓之功，成為大陸、港臺及海外莊子美學研究公認的開山鼻祖。從《中國藝術精神》第二章的內容來看，已經覆蓋了「美、樂、巧、遊、無用、和、心齋、藝術的共感、想像、美的觀照、藝術的人生觀、藝術創造、藝術欣賞」等大陸可能到八十年代末才開始涉及的命題。徐復觀一開始對藝術精神的理解，就不局限於莊子論美的零星言辭，而是將其置於人生論視野中整體觀照，將莊子的人生境界與中國藝術精神的契合稱作「不期然而然的會歸」，這成為莊學界的名言。另外，徐復觀對每一個範疇的考察並非孤立地進行，而是重視研究諸範疇之間的關係，如「遊」的基本條件是「無用」與「和」，並通過中西比較辨析中西思想之間的異同，以其同處會通於西方美學，以其異處彰顯莊子的個性。該文同時也對將莊子思想與美學、莊子的道與藝術精神簡單等同起來的研究方式加以反思。

2013，聶振斌：《中國藝術精神的現代轉化》，北京：北京大學出版社。

該書曾以《稽古徵今論轉化——中國藝術精神》為題在 2010 年上海錦繡文章出版社出版過，在第八章《現代轉化案例述評》第四節「徐復觀的《中國藝術精神》」中，作者對徐復觀的「中國藝術精神」問題研究進行了介紹與評價。一、高度評價徐復觀闡釋中國藝術精神的學術貢獻，徐復觀抱著極大的同情心和理性去研究中國文化，發掘中國藝術的人生價值，是對五四以來思想上的撥亂反正之舉。《中國藝術精神》三四十萬字雖然只論述了古代音樂藝術和繪畫藝術兩個門類，但其理論深刻而具有普遍意義，「尤其對莊子哲學思想和藝術精神，論述之深刻，分析之透徹，觀點之鮮明；對歷史資料把握之豐贍，考察之細緻而深入，治學態度之真誠，都使我受益匪淺，由衷地感到敬佩。」〔註3〕二、儒家的禮樂之教雖有現實的政治目的，但它也有超越政治目的更高尚的人格精神要求，也有藝術化、審美化的一面。莊子對現實人生保持一種虛靜之心性和「獨與天地精神往來」的人格，這種精神的呈現就是藝術的人生。魏晉人士對自然美的發現，以及山水在人身上所引起的藝術上的自覺，才是莊學的歸結之地。「氣」和「韻」各自代表不同的審美理想，「氣韻生動」也就是二者統一而形成的剛柔相濟的美。「氣韻」和「生動」實際上是神似和形似的關係。三、對徐復觀闡釋「中國藝術精神」的反思。「中國藝術精神」不是一

〔註3〕 聶振斌：《中國藝術精神的現代轉化·序言》，北京：北京大學出版社，2013 年，第 2 頁。

成不變的，要在歷史發展的視角下探討中國藝術精神。同時，中國藝術精神的「根源之地」和表現也不是一個孔子、一門音樂和一個莊子、一門繪畫所能涵蓋得了的。

2014，宛小平、伏愛華：《港臺現代新儒家美學思想研究》，合肥：安徽大學出版社。

該書以方東美、唐君毅、徐復觀和牟宗三為代表，來探討現代新儒家中的美學思想特徵及學術貢獻。第三章「徐復觀美學思想研究」分別從「徐復觀的為人與為文」「徐復觀的中國文化精神」「徐復觀論中國藝術精神：為人生而藝術」「徐復觀論現代藝術」「徐復觀的審美方法：追體驗」等幾個方面，比較全面介紹了徐復觀的美學思想。徐復觀是以治思想史見長的，他的美學思想也是以思想史為主線的。在《中國藝術精神》中，徐復觀認為中國文化中的藝術精神只有孔子道德與藝術合一的儒家藝術精神和由莊子所顯現的純藝術精神，兩者都是「為人生而藝術」，這是徐復觀美學思想的獨到之處。徐復觀還對莊子進行了一系列再發現，從而把中國藝術精神的主體落實在莊子身上，並通過史論結合、中西對比的方法，對中國藝術精神進行了富有新意的再發現和再闡釋。與唐君毅、牟宗三等同時代的新儒家相比，徐復觀摒棄了那種獨尊儒術、貶抑百家的狹隘心態，以更全面、更冷靜開放的眼光看待中國文化，肯定儒家以及道家思想的世界性貢獻，給中國美學的現代性帶來了新的視角。與余英時、杜維明、劉述先、成中英等第三代新儒家想比，徐復觀算是比較有深度的美學討論，認為莊子對中國藝術精神的貢獻主要還是在繪畫理論上，第三代新儒家的理論主要集中在純粹的哲學和歷史哲學方面，美學在他們的思想中還沒有真正顯現出來。該書對徐復觀美學思想的論述比較全面，但缺乏問題意識，在學界對徐復觀美學思想研究已經比較深入、細緻的背景下，還平鋪直敘、面面俱到的論述，是否是一種有效的學術研究方式？由此導致觀點平實，新意不多。

2016，侯敏：《現代新儒家文論點評》，廣州：暨南大學出版社。

該書編選了徐復觀的《傳統文學思想中詩的個性與社會性問題》《詩詞的創造過程及其表現效果》《〈文心雕龍〉淺論之四——文體的構成與實現》等幾篇文章，在選擇現代新儒家文論的標準上顯得較為零碎隨意，沒有交代、論證這些文論如何能代表徐復觀的文藝觀。另外，編選的文論沒有明確的主題，也

沒有集中的問題，點評顯得較為粗疏，就此存目。

2016，汝信、王德勝主編：《美學的歷史——20 世紀中國美學學術進程》（增訂本），合肥：安徽教育出版社。

該書第十章《民族審美心靈的再造——徐復觀與二十世紀中國美學》係劉建平撰寫，對徐復觀美學的思想淵源、結構體系、與 20 世紀中國美學之間的關係以及對徐復觀在中國現代美學史上的地位評價等幾個方面進行了全面而深入的闡釋，結論是：在 20 世紀中國美學史上，徐復觀是一個承上啟下的人物。從他對「五四」新文化運動以來「人生藝術化」思潮的承接和發展來看，他在中國當代美學史上是與梁啟超、宗白華同等重要的美學家；從徐復觀對中國美學和藝術精神的現代梳理、開陳出新的努力來看，他的「中國藝術精神」理論與李澤厚的「積澱說」可謂是改革開放 30 年來對中國社會影響最大的美學理論，他對 20 世紀下半葉以來的中國美學界又起著重要的啟蒙和引導作用。該文對徐復觀這樣一位 20 世紀中國美學史上的美學大家的美學和藝術思想進行了細緻辨析，並對其在 20 世紀中國美學史上的地位給予了客觀評價。

2017/03，李松主編：《中國美學史學術檔案》，武漢：武漢大學出版社。

該書認為，《中國藝術精神》是在材料梳理的基礎之上寫成的，因此各部分之間存在緊密的聯繫。從內容上看，《中國藝術精神》有三個部分：一、以音樂為中心的孔子的藝術精神及其沒落。徐復觀認為從孔子那裏就有了對音樂的最高藝術價值的自覺，他之所以點出孔門所張揚的「善」與「美」和諧統一為藝術的最高境界，是為了矯正當時那種浮泛而急躁的不良藝術風氣。二、莊子作為中國藝術精神之主體及其影響。儒家在經過漢代儒家的政治化改造後，大多淪為「鄉愿之徒」或「腐儒」，而道家所成就的藝術人生，落實在遠離社會現實的山林之中。徐復觀從四個方面進行了論述：一是魏晉時期藝術自覺產生，二是藝術自覺之後中國山水畫的興起，三是宋代文人畫的意義，四是山水畫與莊學和禪宗之關係。三、對畫史上一些錯誤的批駁與糾正，如荊浩著作的真偽、董其昌劃分畫為南北宗標準的混亂等問題。

從研究方法上看，徐復觀既長於材料考據，又善於理論建構，主要採用了以下三種研究方式：一、知人論世，尤其是在對趙松雪的歷史地位進行重估時更是以「同情之瞭解」去分析人物的內心世界；二、以史證論，該書是在大量的歷史和文獻的閱讀整理基礎上形成的觀點和框架；三、中西比較，將中西美

學家的思想進行相互比較和印證。

在肯定徐復觀對莊子藝術精神作出新闡釋的基礎上，該書也指出了《中國藝術精神》的兩點不足：一、對莊子思想過於重視，不可避免地導致對儒家和禪宗的忽略；二、中國藝術的研究重點放在繪畫上，忽略了音樂、舞蹈、文學等藝術門類所表現出來的藝術精神。

2018，陳昭瑛編：《徐復觀的思想史研究》，臺北：臺灣大學出版中心。

該書為臺灣大學人文與社會科學高等研究院 2009 年 12 月 5、6 日舉辦的「徐復觀學術思想的傳統與當代」學術研討會以及 2013 年 9 月 28 日舉辦的「徐復觀先生的政治思想」學術研討會的論文結集出版。書中「藝術思潮與美學」部分收錄研究徐復觀美學和藝術思想的論文共有 3 篇（李公明、何乏筆、陳昭瑛），要點分別是：

李公明：《徐復觀與現代藝術思潮：以 20 世紀 60 年代臺灣現代藝術論戰中的徐復觀為中心》（李公明：《論臺灣現代藝術論戰中的徐復觀》，《文藝研究》2011 年第 5 期）。

該文以 20 世紀 60 年代臺灣地區「現代藝術論戰」中的徐復觀為中心，探討他對西方現代藝術的認知水準、他對堅持中國傳統藝術精神與引入西方現代藝術所引起的價值衝突、他對中國現代文化精神的發展宣導以及當代儒學如何面對時代危機的挑戰等一系列的問題。首先，該文具體分析了臺灣地區「現代藝術論戰」的背景，有兩個方面值得注意：一、傳統關於「現代藝術論戰」的研究容易局限於徐復觀與劉國松、虞君質、居浩然本身的「文戰」，視野較為狹隘。二、徐復觀對現代藝術的瞭解程度並非像他的對手所說的那樣是個外行。1960 年徐復觀到東京後，閱讀了大量日本翻譯的西方現代思想和文藝著作，並通過參觀美術館、觀看文藝表演等方式瞭解現代藝術思潮，這使得他身處畫壇之外而能從文化的角度反思現代藝術的本質與趨向，這本身就具有重要的思想意義和歷史意義。

其次，徐復觀為何要從政治的角度看待現代藝術？這場論戰的爆發背景正值臺灣地區處於政治高壓的環境之中，在 1961 年 8 月 14 號徐復觀《現代藝術的歸趨》發表之前，雖然有一些保守人士發表意見，但並未對現代繪畫的發展構成什麼重大威脅；而徐復觀提出現代藝術的意識形態屬性「才直接威脅

到現代藝術的存在」。〔註4〕李淑珍對這個問題有以下三點看法：一、徐復觀是從文化角度、人類命運關懷的角度切入現代藝術的政治問題，不是單純進行政治定性；二、必須把徐復觀對現代藝術政治屬性的論斷放在更廣大的對西方現代文明的評價上來討論，他的批判是以儒家的人性論為根基的；三、無論是東方還是西方，現代藝術都曾與現實政治有著重要的聯繫，徐復觀與劉國松只是參照的對象有些時空錯位而已。而何乏筆認為還可以從政治本身的角度來看徐復觀對現代藝術的認識，不能因為文化角度就迴避乃至遮蔽了政治角度。徐復觀離開的是政黨的政治，重返的是人性的政治、生活的政治、人民大眾的政治。他選擇的是一個全方位的、整體的和動態的從政治看待藝術的道路，這恰好體現了其學術思想體系中「脈絡化」特徵和整體化的特徵。反倒是他的政敵劉國松在「現代藝術論戰」時指責徐復觀把現代藝術劃給「敵人」，為蘇俄「開路」。而在80年代以後，劉國松來到大陸宣傳他的抽象畫，卻閉口不談政治，只談藝術，如此反覆多變，人格上高下立見。

再次，徐復觀對科學藝術問題的認識如何影響了他對西方現代藝術思潮的批判？徐復觀站在中華文化本位論的立場上反對以西方現代藝術顛覆中國藝術精神，現代文化是一種理性分裂的文化，現代文明對個人主體性的壓迫，導致人的思考能力消失了，成為沒有精神主體性的存在。徐復觀以中國藝術的境界、平淡天真的品格為尺度，對流行於現代藝術中的許多病態、習氣進行辛辣的批判。又以現代藝術來反思傳統藝術，以畢加索為例，徐復觀認為畢加索是偉大的藝術家，他的作品把時代悲愴的氣氛表現了出來，是時代的一面感光鏡子，可見他對現代藝術並非一味批判與排斥，而是通過中西藝術精神的比較思考民族性創新的問題，他對新寫實主義頗感興趣並認為其與中國繪畫精神相通也證明了這一點。可見，徐復觀的傳統藝術觀和現代藝術觀存在充滿張力的「互釋性」：從徐復觀的傳統藝術觀來理解他的現代藝術觀，從他的現代藝術觀來反省他的傳統藝術觀。

另外，由這次臺灣地區「現代藝術論戰」凸顯出了不同代際之間價值觀念、審美觀念差異的問題。徐復觀對代際之間文化「斷裂」「失落」「反抗」較為關注，在《從裸裸舞看美國文化問題》中注重代際分裂和反抗的問題，他認為中國人的代際關係較西方國家穩定，但是不夠分化也意味著保守落後，同時老一

〔註4〕蕭瓊瑞：《五月與東方──中國美術現代化運動在戰後臺灣之發展（1945～1970）》，臺北：東大圖書出版公司，1991年，第313頁。

輩留下太多吹騙奸狡的積習，需要深入反省。

　　何乏筆：《（不）可能的平淡：山水畫的跨文化反思》。

　　該文以文人的山水畫為媒介，試圖建構起阿諾多的《美學理論》（1970 年版）、朱利安的《大象無形》和徐復觀的《中國藝術精神》（1966 年版）之間的對話通道。《大象無形》對中國畫論及其哲學意涵的探究，顯現出山水畫及相關畫論所隱藏的當代意味。阿多諾在主體性及在哲學層面上，試圖平衡凝固與流變，同時拒絕主體性（或概念）的同一化與消解，這種「不落兩端」的思維與朱利安「既非離去亦非膠著」的雙重結構頗為相似。一直以來，有關古典文人山水畫的討論很難擺脫陳舊的思想機制，文人山水畫常常被排除在現代藝術之外，山水畫的當代意涵被看似過時的繪畫主題、材料和筆法所遮蔽，這一狀況也被中國藝術和美學現代化（其標準是西方話語規定的）的過程進一步強化了。

　　一方面，漢語學界熟悉西方藝術和美學的學者很少願意投入到對中國藝術的深入探究之中；另一方面，熟悉中國繪畫史的學者如徐復觀卻因其反現代主義的立場而阻礙了他能夠更積極開闢融入藝術哲學的跨文化思維。在此背景下，朱利安對文人畫的討論有助於我們釐清文人美學與現代美學的關係。文人畫雖然重視形式上的相似，但此面向卻屬於「能量聚集與力量結合」的「圖—象」：山水畫所關注的是形式的變化，是「轉—形」、是能量狀態的過程，因而文人畫能避免「膠著」於形式的危險。這種以「自然氣化」為核心的藝術觀與筆墨藝術關係，以氣氛、身體感及情境出發的美學系統可以稱之為能量論美學。西方現代主義美學主要運用行動能量與身體強度的肯定和開發為主軸，是以感性認識論為基礎的知覺學。

　　朱利安反對以西方古典繪畫的標準來衡量山水畫，提出了山水畫的當代性問題。他將形式的物質性與精神的溝通性理解為氣的兩向度，「氣」既是形式向度與精神向度的構成要素，又置於兩者之間，因而「氣」的形式向度與精神向度的能量關係成為中國畫論的核心，重點在於能量及其轉化：從不可見流變為可見、從可見流變為不可見的過程，而這一能量論的藝術觀往往為歐洲古典畫論所輕視。能量美學由具體和日常的呼吸經驗出發，透過對形體的一呼一吸、一進一出、一聚一散的修養，達至兩者的通透關係，亦即似乎遙遠不可及的精神自由，「氣韻」概念就體現了形式與精神兩向度之間的調和關係。氣韻體現於虛與實、有形與無形、陰與陽之「間」，關鍵在於兩者之間的千變萬化，

即顯現與消失的無止境轉化，「氣化美學」奠基於「間」的理論和實踐關係上。

徐復觀將平淡及其對文人美學和思想的意義歸結為老莊思想，他忽略了儒家對「淡」的看重，尤其是「中」與「平淡」的關係。對於徐復觀而言，「柔」不離剛大之氣，「平淡」則是融合了陽剛與陰柔的生命狀態，並非「合於自然陰柔之美的是淡」。在此意義上，「淡是由有限以通向無限的連結點」，指向了「遠」，「遠」召喚著脫離目視的無限性，暫時使精神得到解脫和解放。徐復觀與阿多諾在構思內在超越性時顯現了不同的偏向，但二者卻共同關注藝術的內在超越性問題，這就為當代新儒家美學與西方馬克思主義的批判理論之間的跨文化對話提供了可能。

陳昭瑛：《音樂與政治：徐復觀與阿多諾的音樂美學研究》。

由於對感性世界的重視，徐復觀和西方馬克思主義都重視文學與藝術，儒家和馬克思主義在美學理論方面存在驚人的相似性。該文以徐復觀對孔子音樂精神的闡釋和阿多諾的音樂思想為例，探討儒家與馬克思主義美學之間的對話的可能性，進而揭示新儒家美學的當代性意義。

阿多諾贊同貝克爾主張交響樂的本質就在於形成「感覺的共同體」的力量，他認為聆聽者的喜悅來自於「自己的肉身被共同體擁抱」的感受，然而收聽收音機卻不能達到這樣的效果，也就是機械複製並未將聆聽者的臨場感複製出來。臨場感即自己的肉身被共同體擁抱的感覺，臨場感的消失意味著感覺共同體的消失，通過收音機收聽交響樂失去了美和音樂的本質，即個人間的彼此相連和相互認同。他多次提出藝術應形成「感覺的共同體」，交響曲是「人民大會的美學化形式」。徐復觀非常強調音樂教化對於養成一個群體的共同情感的意義，孔子談音樂已經預設了音樂是一個社會化的媒介，其目的就是建構阿多諾所言的「彼此相連而又互相認同」的價值，最後達成價值的認同。孟子尤其強調「獨樂樂不如眾樂樂」，能喚起共同的感覺和情感的音樂，就是好音樂。荀子以音樂來促進社會和諧，「禮別異，樂統同」，音樂喚起群體的共同情感，這和阿多諾強調交響樂形成共同感覺之力是非常接近的。

在音樂與政治的關係上，阿多諾認為「藝術不具形成社會之力」，輕視音樂的政治作用。儒家重視音樂對於獨立人格養成的作用，感動的共同體是由眾多具有自己人格的個體共同構成，成為個體也就意味著意識到自己是共同體的一份子，與其他成員有同情共感的關係。阿多諾和徐復觀對音樂的看法非常接近，他們雖然認為音樂應該為人民或大眾所享用，但是兩人都不認為現代音

樂的大眾化、通俗化是合理的，藝術的人民性並不等於藝術的通俗性。徐復觀和阿多諾都認為現代藝術有「反主體」的傾向，前者認為「非主體性」是通向「反人性」「非人間性」的，而後者則認為文化工業是反主體性、反個性的，二者都認為現代藝術並不能給藝術的未來提供希望。真正的藝術應具有內在目的性，由深刻的仁的精神與社會意識出發，形成凝練的形相和風格，給與人以美的享受和生活的希望。

2021，劉紹瑾、俍同壯、石了英、馮暉：《道家思想與中國現代美學》，北京：人民出版社。

該書以道家思想為出發點，一方面，從 20 世紀中國美學現代進程的視野下觀照道家美學的影響，深入探討道家文藝美學的現代生發、現代闡釋、現代影響、現代參與，以打通古典與現代的理論意識；另一方面，用道家美學在現代「老樹生花」的歷史經驗，有力展現了傳統道家美學通向現代的蓬勃生機，以及道家美學的世界意義和現代價值。這是一本多人合作的書，對道家思想在 20 世紀上半葉、20 世紀下半葉以及在當代藝術創作實踐（京派小說）中的影響進行了梳理。在該書「中編：臺港及海外華人學者闡釋下道家美學的新發展」中，將道家思想納入臺港及海外華人美學形成的「大中華美學」的宏大視野中加以觀照，其中第六章「儒道匯通：臺港新儒家視野中的道家藝術精神」、第七章「中國藝術精神：徐復觀對莊子美學的現代闡揚」基本是石了英博士論文中的相關內容，在此就不復述了。